图书馆有害生物综合管理

上海图书馆典藏中心 编著

上海科学技术文献出版社
Shanghai Scientific and Technological Literature Press

图书在版编目（CIP）数据

图书馆有害生物综合管理/上海图书馆典藏中心编著．—上海：上海科学技术文献出版社，2023
 ISBN 978-7-5439-8866-8

Ⅰ．①图… Ⅱ．①上… Ⅲ．①图书馆—图书防虫②图书馆—防霉 Ⅳ．① G253.6 ② G251

中国国家版本馆CIP数据核字（2023）第220282号

责任编辑：张雪儿
封面设计：合育文化

图书馆有害生物综合管理
TUSHUGUAN YOUHAISHENGWU ZONGHE GUANLI
上海图书馆典藏中心　编著
出版发行：上海科学技术文献出版社
地　　址：上海市长乐路746号
邮政编码：200040
经　　销：全国新华书店
印　　刷：商务印书馆上海印刷有限公司
开　　本：720mm×1000mm　1/16
印　　张：15.5
字　　数：253 000
版　　次：2023年11月第1版　2023年11月第1次印刷
书　　号：ISBN 978-7-5439-8866-8
定　　价：88.00元
http://www.sstlp.com

编委会成员　宾　锋　陈培文　顾彧平
　　　　　　　马雯浩　吴　榕　谢文绮
　　　　　　　　（以姓氏拼音为序）

序

图书馆是人类记忆的栖息地,是人类文明成果得以记录、保存和延续的重要场所。收集、整理和保存承载中华民族精神和时代记忆的文献资料是图书馆的重要职责和使命。文献保护是图书馆确保馆藏文献得到有效保存和保护、维护文化遗产完整性的一项重要工作。

上海图书馆(上海科学技术情报研究所)(以下简称"馆所")于 20 世纪 70 年代开始开展文献保护工作,围绕图书防霉与虫害防治陆续完成了"拟除虫菊酯防蠹纸""超高频杀虫机"等文化部科技进步获奖项目。进入 21 世纪以来,馆所持续加强防蠹纸的研发迭代,最新的"防蠹纸 2 号"在为本馆古籍提供长期安全保护的基础上,也为国内图书馆界和档案馆界提供了一种长效可行的纸质文献(档案)防虫防蛀解决方案。

随着人类对生态环境可持续发展理念的认识日益深入,文献(文物)保护从被动的"抢救""修复"转化到更为主动的预防性保护。化学方法防虫防霉所带来的负面影响引起图书馆界的思考,持续地依赖化学方法防虫防霉可能并不是可持续的方案。

有害生物综合管理(integrated pest management,简称 IPM)起源于农业生产领域,在文博领域的应用旨在尽可能避免使用化学方法,依靠维持良好的保存环境和内务管理营造一个不利于有害生物生存繁衍的环境,从而起到保护藏品的效果。因其科学系统的管理体系和出色的防治效果,IPM 成功被联合国教科文组织正式引入藏品保护工作中,越来越多的国外文博机构开始开展 IPM 实践工作并陆续取得防治佳绩。

馆所典藏中心于 2016 年成立,专门负责馆藏文献的保存、保护、保障工作,这一转型发展既是管理模式的创新,也是管理流程的再造,从组织架构及管理范式上为 IPM 在馆所的落地与实践奠定了基础。在馆所的大力支持下，典藏中心组织专门工作组研习了国外 IPM 标准和资料、国外文博机构 IPM 实践案例和方案模板等，还先后派人员赴日本国立国会图书馆、大英图书馆进行专题考察调研，并于 2018 年起于上海图书馆淮海路馆开展 IPM 实践。我们以虫害监测为切入点，通过对图书馆典藏环境中虫害隐患的查摆与梳理，形成问题反馈清单，建立长效治理机制，在将传统化学方法可能对健康和环境产生的负面影响减少到最低程度的同时，有效控制了有害生物的数量水平，确保了馆藏文献的长期安全保存，践行了图书馆人对"传承文明、服务社会"初心的坚守。

本书在系统介绍 IPM 概念与内涵的基础上，围绕政策制定、措施与程序等内容进行了详细论述，特别是辅以若干"上海图书馆实践案例"，增强了参考性和实用性。我们希望，本书既是馆所推进 IPM 工作融入馆藏文献预防性保护体系的一份阶段性总结，亦是与国内图书馆界同仁共享的一本 IPM 实用指引。

本书是由共同参与馆所 IPM 实践的多位作者合作完成的。宾锋承担了全书的策划、统筹、组织、审稿和统稿工作。全书各章节撰写的具体分工情况是：第一章由宾锋、马雯浩撰写；第二章、第五章的第三、五、八节由谢文绮撰写；第三章，第四章的第三节，第五章的第七节由马雯浩撰写；第四章第一、二、四节，第五章的第六节由顾彧平撰写；第五章的第一、二、四节，第六章，第七章由吴榕撰写。

在本书撰写过程中，我们参考和引用了许多专家学者的研究著述，在此致以诚挚的谢意！同时感谢许磊对本书初稿提出的宝贵修改意见。

本书付梓之际，我们仍觉馆所 IPM 实践依然在坚持、积累、沉淀的路上，远未达成熟之时，但我们愿意将这一路的经验和缺憾与国内图书馆界同仁分享，希冀得到更多专家学者的批评指正，同时也希望与图书馆典藏工作者共勉，共同守护、传承中华民族的文化记忆。

编 者

2023 年 7 月于上海图书馆

目 录

第一章 引言 ·· 001

  第一节 文献与文献保护概念 ·· 001

    一、文献和文献保护概念 ·· 002

    二、文献保护分类 ·· 002

  第二节 常见有害生物及其防治方法概述 ·· 003

    一、常见有害生物 ·· 003

    二、古代文献防虫、防霉方法 ·· 003

    三、现代文献防虫、防霉方法 ·· 004

  第三节 IPM 发展新趋势 ·· 008

    一、从 IPM 到 IPPM ·· 008

    二、面向馆藏整体的文献保护 ·· 008

    三、充分发挥科技保护的支撑作用 ·· 009

第二章 IPM 的概念与介绍 ·· 011

  第一节 IPM 的概念与内涵 ·· 011

  第二节 国外文博机构 IPM 应用情况 ·· 014

    一、博物馆害虫工作组调查结果 ·· 014

    二、美国遗产健康指数两次调查结果 ·· 015

  第三节 国内图书馆 IPM 应用情况调研 ·· 017

    一、问卷设计 ·· 017

二、调查结果 ... 017
　　　三、讨论 ... 025

第三章　图书馆纸质文献的生物危害 ... 028
第一节　文献害虫的危害 ... 029
　　　一、文献害虫对纸质文献的危害 ... 030
　　　二、文献害虫的成因 ... 031
第二节　霉菌危害 ... 033
　　　一、霉菌对纸质文献的危害 ... 034
　　　二、霉菌感染成因 ... 035
第三节　老鼠危害 ... 036

第四章　IPM 政策制定 ... 038
第一节　制定政策 ... 039
　　　一、加强顶层设计 ... 039
　　　二、形成政策文件 ... 039
第二节　明确角色与职责 ... 041
　　　一、IPM 专员/工作组 ... 041
　　　二、业务管理部门 ... 042
　　　三、典藏管理部门 ... 042
　　　四、物业管理部门 ... 043
　　　五、展览部门 ... 043
　　　六、人事部门 ... 043
第三节　培训教育 ... 044
　　　一、相关特定岗位人员 ... 044
　　　二、借展方和策展人 ... 048
　　　三、其他馆员、志愿者及读者 ... 049
第四节　IPM 政策模板与实例 ... 052
　　　一、英国标准示例 ... 052
　　　二、政策模板 ... 053

三、加拿大自然博物馆有害生物综合管理政策·········055
　　四、上海图书馆实例·········057

第五章　IPM 的措施与程序·········059

第一节　风险评估·········059
　　一、风险评估·········059
　　二、风险识别·········061
　　三、风险评级·········064
　　四、风险应对排序·········076

第二节　围护结构·········078
　　一、围护结构的概念和作用·········079
　　二、围护结构维护的具体方法·········081

第三节　内务管理·········091
　　一、清洁·········091
　　二、饮食管理·········101
　　三、植物管理·········104
　　四、人员出入洁净程序·········106

第四节　温度与相对湿度监控·········107
　　一、温度与相对湿度监控的意义·········108
　　二、温度与相对湿度的要求·········109
　　三、温度与相对湿度监测·········110
　　四、温度与相对湿度调控·········120

第五节　隔离检查·········126
　　一、建立隔离检查规范流程·········127
　　二、操作规范与文献安全·········131

第六节　有害生物监测·········133
　　一、目视检查·········133
　　二、陷阱捕捉·········135

第七节　有害生物识别·········152
　　一、观察生物体征·········154
　　二、确认生物种类·········156

　　　　　　三、害虫识别资料推荐 ———————————— 163
　　　　　　四、制作害虫卡片 —————————————— 165
　　第八节　有害生物感染处理 ————————————— 168
　　　　　　一、隔离并检查邻近物品 ————————————— 168
　　　　　　二、消杀清理周边区域 ——————————————— 169
　　　　　　三、处理受到有害生物侵袭的物品 ———————— 170
　　　　　　四、持续监测与复查 ———————————————— 176

第六章　IPM 措施与程序的审查与修订 —————————— 179

　　第一节　审查与修订的意义 ————————————— 179
　　第二节　审查方法 —————————————————— 180
　　　　　　一、审查频率 ——————————————————— 180
　　　　　　二、审查内容 ——————————————————— 181
　　第三节　修订方法 —————————————————— 184
　　　　　　一、制定修订计划 ————————————————— 184
　　　　　　二、执行与跟踪 —————————————————— 185
　　　　　　三、沟通和支持 —————————————————— 186

第七章　面向不同条件图书馆的 IPM 实施方案 —————— 188

　　第一节　IPM 分级意义 ——————————————— 188
　　第二节　IPM 分级方案 ——————————————— 189
　　　　　　一、政策制定 ——————————————————— 190
　　　　　　二、措施和程序 —————————————————— 190
　　第三节　分级表格 —————————————————— 194
　　第四节　总结与展望 ————————————————— 197

附录 A　害虫卡片 ———————————————————— 198
附录 B　典藏环境调研表 ———————————————— 216
附录 C　上海图书馆 IPM 实施方案细则 ————————— 220
　　　　一、建筑围护 ————————————————————— 220
　　　　二、清洁 ——————————————————————— 221

三、温度与相对湿度监控 ································· 223
　　四、隔离检查 ··· 225
　　五、监测 ··· 226
　　六、感染与补救 ······································· 227
附录 D　文献资料阅读推荐 ······························· 229
　　一、IPM 员工培训资料 ································ 229
　　二、书库温度与相对湿度监测数据统计示例教学视频 ········ 229
　　三、有害生物识别常用参考书目/网站 ···················· 230
附录 E　图书馆有害生物综合管理情况调查问卷 ············· 232

第一章 引 言

◎ **本章重点**

本章简要介绍文献保护概念及其分类、古代和现代文献防虫防霉方法以及国内外图书馆使用有害生物综合管理(IPM)来开展文献保护工作的情况,同时提出从有害生物综合管理到有害生物综合预防管理(IPPM)、面向馆藏整体的文献保护和发挥科技保护支撑作用等 IPM 发展新趋势。

◎ **关键词**

文献;文献保护;文献预防性保护;有害生物综合管理;IPM

第一节 文献与文献保护概念

《中华人民共和国公共图书馆法》在总则中明确规定,公共图书馆是指向社会公众免费开放,收集、整理、保存文献信息并提供查询、借阅及相关服务,开展社会教育的公共文化设施[1]。维护文献的完整与安全,长期或永久地保护文献,是公共图书馆进行各项工作的物质基础,也是公共图书馆所承担的社会和历史责任。如何使具有珍贵历史价值的文献得到永久的保存,使它们能为人民服务,是各公共图书馆需要长期思考和研究的课题。

根据国内外文献保护人员长期研究证明,文献载体纸张的保存寿命除与构成纸张的纤维类型、造纸工艺和纸张的酸性有关外,还与保存文献的

---

[1] 中华人民共和国公共图书馆法[EB/OL].[2023-03-16]. http://www.npc.gov.cn/npc/c12435/201811/3885276ceafc4ed788695e8c45c55dcc.shtml.

环境条件、温度、湿度、光照及空气质量存在密切关系。适宜的温度、湿度、光照及空气的质量,有利于文献的长期保存,并能够延长文献的保存寿命[1]。

一、文献和文献保护概念

《信息与文献 图书馆和档案馆的文献保存要求》(GB/T 27703—2011)定义文献是以文字、符号、图像、声频、视频等技术手段记录或固化在一定载体材料上的知识与信息;纸质文献是以纸张为载体的文献[2]。

《中国大百科全书·图书馆学·情报学·档案学(第一版)》中关于文献保护的定义是:为使馆藏文献免遭自然的和人为的损毁,延长文献保存期限和使用寿命,尽可能保持其原来形态的技术和措施[3]。

二、文献保护分类

文献保护通常包含两大类:一类是预防性保护;另一类是抢救性保护。

预防性保护(又称主动性保护)贯穿于图书馆保存文献、使用文献的全过程,通过一定措施防止文献损坏或者延缓其损坏的进程。这些措施有:制定文献保护规划和管理制度、控制文献保存环境、日常保养、再生性保护、进行人员培训等。

抢救性保护(又称被动性保护)是在文献已经损坏的情况下,通过一些补救性措施,以保护文献实物或对其形态结构加以修复,尽可能使其恢复原状。这些措施有:修复、脱酸、熏蒸、载体转换等。

影响文献保护质量和保存寿命的重要因素有:纸质文献保存环境的温湿度、空气质量、光照条件以及有害生物(文献害虫、微生物或其他有害生物等)数量,其中有害生物对纸质文献的伤害是最直接、最显著的,大面积出现往往会导致纸质文献的污损,产生不可弥补的后果。

---

[1] GB/T 27703—2011 信息与文献 图书馆和档案馆的文献保存要求[S]. 北京:中国标准出版社,2012.
[2] GB/T 27703—2011 信息与文献 图书馆和档案馆的文献保存要求[S]. 北京:中国标准出版社,2012.
[3] 中国大百科全书总编辑委员会编. 中国大百科全书·图书馆学·情报学·档案学[M]. 北京:中国大百科全书出版社,1993.

第二节 常见有害生物及其防治方法概述

一、常见有害生物

易对文献造成危害的生物主要包括文献害虫、霉菌和啮齿类动物(主要为老鼠),其中文献害虫和霉菌对文献的危害较为普遍。为满足生长发育需求,文献害虫会啃食、钻蛀文献的材质,其代谢产物和死后可能产生的霉菌孢子还会污染文献及环境。常见的文献害虫有衣鱼、地毯甲、档案窃蠹、烟草甲、药材甲、书虱、粉蠹等。霉菌会造成文献材质分解、酸化,使得纸张酥烂、粘连、变色,其主要种类有曲霉属、青霉属、毛霉属、木霉属和根霉属等[1][2]。

二、古代文献防虫、防霉方法

(一) 古人日常文献制作过程所采取的主要防护措施

古人在日常文献制作过程中,会对文献载体进行加工处理来预防文献免遭蠹虫的侵害,比如竹简的"杀青避蠹",纸张的"染潢""碧纸""椒纸""万年红纸"等;也会通过采用"赘简""裱首""封面""护叶"等装帧、装裱等方式来保护内文信息,达到长久保存的目的。

(二) 古人日常文献收藏中所采取的主要防护措施

古人在日常文献收藏中,主要通过防潮、防虫等方法使文献免遭虫蛀霉蚀。

1. 防潮主要采取的方法有:

通风、密闭、除湿和曝书。当库外自然环境的温湿度适宜时,可开窗通风,此时要防止库外有害生物进入库内;当库内温湿度达到理想状态后,应密闭书库,尽可能较长时间保持库内环境指标。还可以放置吸湿物(比如木炭、石灰等)吸收库房内湿气,降低库内湿度,从而减少虫害和霉菌的产生。还可以在室外通风干燥的地方对图书进行曝晒以蒸发文献中的水分,防止文献潮湿,进而达到防霉防蠹的目的。

---

[1] 刘家真.古籍保护原理与方法[M].北京:国家图书馆出版社,2015.
[2] 忻伟隆,吴丹妮.公共图书馆文献保护有害生物防治及预案探析[J].中华卫生杀虫药械,2019,25(04):379-383.

2. 防虫主要采取的方法有：

- 植物防虫：采用一些植物（如芸香草、烟草、芥草、苦楝子等）防止文献害虫的滋生和蔓延。
- 药物防虫：采用一些药物（如麝香、樟脑等）来驱避害虫，保护书籍。
- 翻书防虫：通过翻阅书籍的方式防虫。主要是破坏其稳定生活环境来达到消灭蠹鱼的成虫、幼虫，还可以清除虫卵及粪便，以达到防蠹的目的[1]。

三、现代文献防虫、防霉方法

现代虫霉防治方法一般可分为物理法和化学法两大类。

物理法主要有微波杀虫灭菌、γ射线杀虫、远红外线辐射杀虫、高温杀虫、低温冷冻杀虫、低氧气调杀虫等。其中微波杀虫灭菌、γ射线杀虫、远红外线辐射杀虫和高温杀虫，若操作不当或参数设置过高，则会引起纸张的物理性能劣化和字迹、颜料的褪色；相较而言，低温冷冻杀虫和低氧气调杀虫则更绿色安全，目前已在世界范围内被广泛使用，但低温冷冻杀虫不宜应用于油画、易碎文献和含蜡、塑料、木质等物质的文献[2][3]。

化学法是通过投放驱避剂、喷洒杀虫剂和熏蒸等方式灭杀害虫。常用的驱避剂是樟脑丸和天然植物源精油。喷洒杀虫剂是通过触杀和胃毒的方式杀死害虫。熏蒸法是在密闭环境中使化学药品汽化，让害虫吸入有毒化合物中毒死亡，但此方法同时也会对工作人员的健康和自然环境造成威胁，部分熏蒸剂对文献材质物理性能的影响不明[4]。

国外还有利用天敌对害虫进行生物控制的方法，如德国和奥地利的多家博物馆使用特定种类的寄生蜂治理衣蛾、烟草甲和蛛甲等害虫，此方法一般仅适用于已发生害虫侵害且侵害程度较轻的情况[5]。

现代文献防虫、防霉不能仅仅依靠技术，随着文献防虫防霉对象和工作内

---

[1] 林明. 中国古代文献保护研究[C]. 桂林：广西师范大学出版社，2012.
[2] 刘家真. 纸质藏品防治虫霉技术的评价[J]. 国家图书馆学刊，2015,24(06):71-82.
[3] 荆秀昆. 档案害虫的物理防治：低温冷冻杀虫法[J]. 中国档案，2020，No. 559(05):80.
[4] 刘家路，唐欢. 馆藏文物常见害虫种类及防治[J]. 兰台世界，2022，No. 595(05):119-121.
[5] Biebl S. Over 10+ years using parasitoid wasps in integrated pest management for cultural heritage in Germany [C]//Integrated pest management for collections: proceedings of 2021: a pest odyssey, the next generation. London: Archetype Publications, 2022:87-93.

容的扩展,各环节涉及的人员增多,分工更细,协作范围也进一步扩大,为实现文献防虫防霉的目标,就必须对各项资源和各方行为进行协调,在这一过程中管理的作用就凸显出来。因此,越来越多的图书馆选择使用有害生物综合管理(integrated pest management,简称 IPM)来开展文献保护工作。

(一)国外文博机构文献的防虫防霉新方法——IPM

2001 年,英国遗产协会(English Heritage)、伦敦科学博物馆(Science Museum)和英国国家保护办公室(National Preservation Office)在大英图书馆联合举行了具有里程碑意义的 IPM 国际会议"Integrated Pest Management for Collections: Proceedings of 2001: A Pest Odyssey",讨论在博物馆、图书馆、艺术馆和历史建筑中开展的 IPM 工作,包括 IPM 的理论、管理和案例研究分享等[①];2011 年在大英博物馆以"十年后"(Ten Years Later)为题再次举行了会议,重点展示了十年间 IPM 应用于文化遗产保护与管理工作的实际进展[②];由于全球疫情原因,2021 年以"下一代"(The Next Generation)为题举行首次线上会议,全球与会人数达到新高峰,会议主题更加强调 IPM 远程监测技术与国际合作[③]。由此可见,预防性文献保护措施和 IPM 已在国外图书馆、博物馆、档案馆等文化遗产保护单位广泛运用。

(二)国内文博机构 IPM 运用情况

对国内文博机构 IPM 实际应用情况进行文献调研,采用中国知网学术文献总库为数据统计来源,利用"主题词1:图书馆+档案馆+博物馆","主题词2:有害生物+霉菌+害虫+鼠"和"AND"逻辑语言进行高级检索,并选用"同义词扩展"功能,发表时间为 2003 年起至今,检索时间为 2023 年 7 月 19 日。

通过上述方式共检索出 419 篇中文文献,逐篇查阅后剔除实际内容相关性较差的文章,共得有效文献 187 篇。其中 141 篇文献以害虫和霉菌的危害问题、常规的有害生物物理/化学防治方法等内容为主;只有 46 篇提及预防性保护和 IPM,具体如下:

---

① Kingsley H, Pinniger D, Xavier-Rowe A, et al. Integrated Pest Management for Collections [C]. London: James& James (Science Publishers)Ltd, 2001.
② Winsor P, Pinniger D, Bacon L, et al. Integrated Pest Management for Collections: proceedings of 2011: a pest odyssey, 10 years later [C]. London: English Heritage, 2011.
③ Ryder S, Crossman A. Integrated pest management for collections: proceedings of 2021: a pest odyssey, the next generation [C]. London: Archetype Publications Ltd, 2022.

1. 有 26 篇文献提到预防性保护的理念与措施[1][2][3][4][5][6][7][8][9][10][11][12][13][14][15][16][17][18][19][20][21][22][23][24][25][26],包括保存环境控制(温湿度、有害气体、光辐射)、清洁打扫、杀虫灭菌方法等内容,但大多以综述和建议的形式为主,少有详细的操作办法说明;

2. 有 5 篇文献简要介绍文献/文物界 IPM 的概念与基本内容[27][28][29][30][31];

---

[1] 郭晓晨.孔子博物馆馆藏文物的预防性保护探讨[J].文物鉴定与鉴赏,2023(06):108-111.
[2] 张广.馆藏动物剥制标本的管理及预防性保护[J].自然科学博物馆研究,2023,8(01):56-64.
[3] 陈玉萍.浅谈文物收藏和保护中的预防性措施[J].炎黄地理,2022(08):80-82.
[4] 熊静.地下文物埋藏、馆藏阶段赋存空气环境及预防性保护研究[D].西安建筑科技大学,2022.
[5] 孔志刚.预防性保护视角下的博物馆文物管理探究[J].中国民族博览,2022(08):193-195.
[6] 周素颜.博物馆馆藏文物预防性保护实践与思考——以文成县博物馆为例[J].收藏与投资,2021,12(07):78-80.
[7] 梁馨.博物馆藏品的预防性保护和应对策略[J].收藏与投资,2021,12(03):113-115.
[8] 陈菲.档案馆有害微生物及其预防[J].中国档案,2021(02):71.
[9] 曹虹,罗银.档案库房微生物对人体健康的影响及防治方法探析[J].北京档案,2021(01):40-42.
[10] 熊炜,秦慧.古籍保护中的虫害防治及建议——从江西省图书馆古籍保护谈起[J].南方文物,2020(05):285-287.
[11] 温巧燕.馆藏纸质文物预防性保护应用研究——以温州博物馆为例[J].温州文物,2020(01):79-90.
[12] 宋家慧.关于预防性保护措施在馆藏文物保护中的应用[J].文物鉴定与鉴赏,2020(15):96-97.
[13] 吴梅凤.有害生物对图书储存的危害及其防治措施[J].内蒙古科技与经济,2020(12):127-128.
[14] 温巧燕.馆藏纸质文物预防性保护应用研究[D].浙江大学,2019.
[15] 韦春凤.浅谈馆藏文物预防性保护措施[J].文物鉴定与鉴赏,2019(07):66-67.
[16] 丁宁.馆藏自然标本的预防性保护——以广东省博物馆为例[J].自然科学博物馆研究,2018,3(02):74-83.
[17] 宋晓东.皮质文物保存影响因素及保护对策研究[D].内蒙古师范大学,2018.
[18] 丁宁.岭南地区博物馆藏品虫害调查报告[J].博物院,2018(02):94-103.
[19] 高凯.馆藏标本害虫种类及其综合防治[J].中国野生植物资源,2018,37(02):65-69.
[20] 赵宇波.研究图书馆古籍文献保存的影响因素及措施[J].科技视界,2017(27):169-170.
[21] 周雅薇.试论预防性保护在文物收藏和保护中的重要作用[J].文物鉴定与鉴赏,2016(07):106-107.
[22] 金慧.郑州博物馆纸质文物保存保护调查研究[D].郑州大学,2015.
[23] 赵国兴,刘建忠.浅析影响馆藏文物保存的环境因素及预防性保护[J].文物世界,2015(02):70-73.
[24] 袁明胜.浅议博物馆书画的保护与管理[J].海峡科学,2012(12):47-49.
[25] 吴来明,徐方圆,黄河.博物馆环境监控及相关物联网技术应用需求分析[J].文物保护与考古科学,2011,23(03):96-102.
[26] 王春,周理坤,彭祥凤.馆藏文物霉菌综合治理方法[J].中国文物科学研究,2010(01):61-63.
[27] 荆秀昆.档案害虫防治的发展趋势和综合防治理念[J].中国档案,2022(05):64-65.
[28] 方志华.新建档案库房实用评价指南(一)[J].中国档案,2022(01):79.
[29] 赵洪雅.生态理念对藏品保管的新挑战:博物馆害虫综合防治[J].中国博物馆,2012(02):27-35.
[30] 忻伟隆,吴丹妮.公共图书馆文献保护有害生物防治及预案探析[J].中华卫生杀虫药械,2019,25(04):379-383.
[31] 甄丛爱,赵丹苹.纸质文物生物病害研究进展[J].北京印刷学院学报,2019,27(05):32-37.

3. 有 1 篇文献对国外两家图书馆的 IPM 工作进行分析比较[①]；

4. 有 12 篇文献的作者在论述所属单位的有害生物防治工作时，分别提到开展害虫监测与识别[②③]，培养文献/文物保护专业人才，设立或提高保护工作的专用资金[④⑤]，加强宣传教育[⑥⑦]，制定应急处理程序与预案[⑧⑨⑩]，严格规范藏品出入库制度[⑪]和长期保护管理制度[⑫⑬]等等，这些内容都是 IPM 方案的重要组成部分，但文献显示各单位都未采用完整的 IPM 方案进行更系统全面的保护工作；

5. 有 3 篇文献的作者结合单位实践经验，详细介绍 IPM 方案中"建筑围护结构""内务管理""有害生物监测"这 3 个程序的具体操作办法[⑭⑮⑯]，这 3 篇具有 IPM 实践内容的论文作者同属于上海图书馆。

从 2018 年起，上海图书馆文献保护工作人员结合国内外成熟的 IPM 理论与部分典型成功案例，开始逐步在本馆内实施 IPM 方案，并在实践中不断完成本土化改革。经过多年的实践、改善与总结，上海图书馆已正式建立完整的 IPM 方案，并形成规范的 IPM 工作流程及相应的操作细则，希望本专著能够帮助指导不同等级的图书馆系统性、全面化地开展 IPM 工作，共同推进国内图书馆界有害生物综合管理工作。

---

① 于沛. 文献保存环境控制 IPM 方案——以日本国立国会图书馆、美国伊利诺伊大学图书馆为例[J]. 四川图书馆学报，2014(06)：88-92.
② 陈菲，陶琴，荆秀昆. 监测技术在档案有害生物防治中的应用[J]. 中国档案，2010(12)：62-63.
③ 荆秀昆. 档案有害生物防治之一：档案馆害虫防治[J]. 中国档案，2020(01)：81.
④ 密淑飞. 文物收藏和保护中的预防性保护探究[J]. 中国民族博览，2019(05)：234-236.
⑤ 丁双胜. 对重庆师范大学图书馆古籍库藏现状的调研[D]. 重庆师范大学，2014.
⑥ 赵冬梅. 馆藏图书的隐性污染及其防治[J]. 办公室业务，2017(19)：155-156.
⑦ 季艳平. 档案有害生物整体防控模式探析[J]. 档案与建设，2017(09)：22-25.
⑧ 陈晶. 档案保护体系的现状浅析[J]. 办公室业务，2017(22)：120.
⑨ 徐卫红，王庆伟. 新建档案馆档案消毒系统的建立[J]. 中国档案，2012(03)：68-70.
⑩ 朱墨. 江苏省图书虫防治浅谈[J]. 大众文艺，2021(01)：152-153.
⑪ 何亮. 动植物标本在陈列环境中的虫害防治研究[J]. 自然博物，2017,4(00)：116-123.
⑫ 李冬梅. 浅谈高校博物馆书画藏品的管理和保护[J]. 黑龙江史志，2014(15)：221,223.
⑬ 黄梅. 云南傣族贝叶档案的抢救与保护研究[J]. 云南档案，2010(04)：51-53.
⑭ 谢文绮. 有害生物综合防治中的内务管理研究——以上海图书馆为例[J]. 图书馆研究与工作，2021(09)：72-76.
⑮ 吴榕. 有害生物综合防治中围护结构在档案保护上的运用[J]. 档案管理，2021(03)：76-77.
⑯ 顾彧平. 图书馆综合虫害管理中陷阱监测的作用、方法与实践[J]. 图书馆研究与工作，2021(04)：67.

第三节　IPM 发展新趋势

一、从 IPM 到 IPPM

IPM 是指依靠多种同时进行的方法来获得预期结果的虫害控制和预防计划。图书馆和档案馆的综合虫害管理往往集中在馆藏中已知虫害问题的灭虫问题上。然而，预防建筑物和收藏品的虫害是更重要、更困难和更耗时的，有害生物综合预防管理(integrated pest preventive management，简称 IPPM)能够更好地反映出这一理解。IPPM 与 IPM 的区别主要在于，IPPM 即更为强调了"预防"(preventive)一词，突出预防有害生物是比治理有害生物(多数人往往最关注的)更加重要且更困难的[1]。

IPM 主张通过日常维护、库房内部清洁来消除适合害虫生活的环境，从而控制害虫在文献保护环境中的生长繁殖，达到限制或消除虫害的目的。而 IPPM 则认为：预防建筑物和收藏品的虫害与当虫害发生时如何安全应对同等重要。

IPM 采取的措施有：建筑巡查及维护、温度和湿度控制、限制馆内的食物与植物、定期保洁、新入藏文献的检查以及对害虫的常规监测。而 IPPM 除以上 IPM 措施外，还应包括：关注有害生物进入建筑物的途径、建筑物本身的结构异常、展厅的设计和建造、可能威胁到特定藏品的有害生物种类、建筑物外部或附近发现的有害生物种类和数量等。

二、面向馆藏整体的文献保护

妥善保护馆藏文献，尽可能延长其使用寿命是图书馆的基础工作。有业界学者采用问卷调查的方法对中国大陆 50 家图书馆进行了文献保护调查，大部分人认为文献保护工作仅仅只针对古籍和特藏文献[2]。

---

[1] EMERGENCY MANAGEMENT 3.10 Integrated Pest Management [EB/OL]. [2023-03-16]. https://www.nedcc.org/free-resources/preservation-leaflets/3.-emergency-management/3.10-integrated-pest-management.
[2] 忻伟隆,吴丹妮.公共图书馆文献保护有害生物防治及预案探析[J].中华卫生杀虫药械,2019(4):379-383.

在新时期的文献保护工作中,各图书馆面临的严峻考验不是如何保护部分馆藏或者修复某一件特定的藏品,而是尽可能保存数量庞大、类型多样、潜在保护需求不尽相同的所有馆藏。也就是说应把图书馆的整体馆藏作为文献保护对象。

面向整体的文献保护是将馆藏视作一个整体,对馆藏和保存环境进行风险评级,明确不同等级的保护需求,开展系统的、持续的、灵活的文献保护工作,这样才有助于图书馆和档案馆等机构更好地应对保护危机。实现馆藏整体保护最具经济效益的途径是采用预防性文献保护措施。

除了将整体馆藏作为保护对象外,面向馆藏整体的保护不能只聚焦在文献保存阶段,还应该考虑将文献保护工作前移和后推,强调文献在上架前和上架后利用的各个业务环节的保护。

三、充分发挥科技保护的支撑作用

2022年4月,中共中央办公厅、国务院办公厅印发《关于推进新时代古籍工作的意见》,强调要"发挥科技保护支撑作用,推动古籍保护关键技术突破和修复设备研发"[1]。该意见虽针对古籍文献,但对馆藏整体文献预防性保护也具有指导作用和借鉴意义。

近年来,现代科技赋能古籍保护研究利用的作用日益凸显,一些图书馆、博物馆及相关科研机构、科技企业率先探索应用现代智能技术,推动古籍资源的智慧化建设、管理与服务,取得了许多创新成果。上海图书馆采用智能传感技术,实现对书库库房、展厅、展柜等环境数据的实时采集、动态监测与智能分析[2];大英博物馆于2019年开始应用远程监控器SightTrap和软件ForesightIPM进行陷阱内有害生物的识别与计数,该技术的优点在于可以取代IPM专职人员(简称IPM专员)定期至现场收集查看陷阱,大大降低了人力与时间成本[3];近红外光谱技术(near infrared spectroscopy,简称NIR)是一种

---

[1] 中共中央办公厅 国务院办公厅印发.关于推进新时代古籍工作的意见[EB/OL].[2023-03-16]. https://www.gov.cn/zhengce/2022-04/11/content_5684555.htm.

[2] 顾彧平,谢文绮,陈培文.图书馆典藏环境下无线温湿度监测系统的实现与应用[J].自然与文化遗产研究,2019,4(S2):185-188.

[3] M. Doyle A, Kelley P, Portoni F, et al. Remote monitoring for museum pests: a 21st-century approach[C]//Integrated pest management for collections: proceedings of 2021: a pest odyssey, the next generation. London: Archetype Publications, 2022:20-36.

高效快速的现代分析技术,近年来也被用于害虫检测[①];日本有学者成功利用生物固有的 DNA 碱基序列作为标识符,达到害虫物种鉴定的目的[②]。

智能技术的加速迭代,为我们做好新时代 IPM 创造了更好条件。我们应充分利用物联网、云计算、大数据、第五代移动通信技术、射频识别等技术,对库房温湿度、空气质量、光照度、紫外线强度等环境数据,家具装具及有关设施设备状态数据等进行实时采集、动态监测,实现设备与设备、数据与数据的互联互通,为馆藏保存环境的精细管理、动态调控、风险预警和应急响应等提供智能高效的支撑和保障。积极研发古籍病害智能识别系统,探索应用计算机视觉及现代检测手段量化古籍残损病害数据,并通过机器深度学习对古籍病害机制进行智能分析,为有针对性的古籍保护修复工作提供支持和辅助[③]。

---

① 吕建华,黄宗文,王殿轩,等. 储粮害虫检测方法研究进展[J]. 中国粮油学报,2020,35(11):194-202.
② 佐藤嘉則,島田潤. 文化財害虫の新たな検出法-DNAバーコーディングの応用-[J]. 文化財の虫菌害,2022,83:9-12.
③ 中共中央办公厅 国务院办公厅印发. 关于推进新时代古籍工作的意见[EB/OL].[2023-03-16]. https://www.gov.cn/zhengce/2022-04/11/content_5684555.htm.

第二章　IPM 的概念与介绍

◎ **本章重点**

　　IPM 是一项综合运用多种手段,最终起到降低有害生物危害馆藏文献风险的作用,它是一种主动的预防性保护措施,这个理念最早用在农业上,以减轻过量使用化学农药所导致的不良后果,随着《蒙特利尔公约》的生效,此概念逐渐被文博机构所使用。IPM 政策在图书馆领域具有普适性,它可以根据不同馆的特点进行调整,将政策纳入文献保护的全流程中。

　　上海图书馆对国内图书馆行业防治有害生物情况进行了调研,结果反映当前国内图书馆有意识地使用了部分防治手段,但尚未有图书馆形成一个完整的系统的 IPM 方案。国际上的图书馆和其他文博机构,尽管已有部分机构建立了 IPM 方案并已取得了一定的防治效果,但仍有较大的提升空间。

　　IPM 的推广需要管理层的重视与支持,通过多部门的协作最大限度预防有害生物发生。

◎ **关键词**

　　IPM 的发展;问卷调查;国内外现状

第一节　IPM 的概念与内涵

　　有害生物综合管理旨在尽可能避免使用化学方法,而依靠维持良好的保存环境和内务管理营造一个有害生物无法生存繁衍的环境,起到保护藏品的效果。随着"中华古籍保护计划"和"民国时期文献保护计划"的相继开展,图书馆的文献保护意识逐步增强[1][2],越来越多的图书馆选择使用 IPM 方案开展预防性的文献保护工作。对于有害生物,研究者们已经提出了 10 种以上的防治策略,前文所述的有害生物综合预防管理(IPPM)亦是在 IPM 的基础上提出的,它更关注预防性保护的部分。相较而言 IPM 在部分图书馆中已有了多年的应用经验。IPM 的使用更早,影响更为深远,发展也更为成熟,因此,本书主要介绍 IPM 的措施与方案。

一个完整的 IPM 措施分为预防、监控、识别与治理四个部分,有别于以往藏品受损后的补救性保护,这是一种主动保护的手段,强调"预防为主、综合防治"。IPM 的概念最初起源于农业生产的需求:在兼顾生态、社会、经济效益的前提下,采取综合的手段治理有害生物。第二次世界大战时期,人们依赖于以氨基甲酸酯、有机磷酸盐和有机氯为主要成分的农药,其中最为人所熟知的便是滴滴涕(DDT)。这类化学农药的大规模使用消灭了携带疾病的昆虫,使粮食产量得以增加。然而,昆虫逐渐对化学品产生了抗药性,需要使用更高剂量的化学农药才能杀灭它们,人们无节制地使用化学农药,最终导致了一场化学危机。蕾切尔·卡森 1962 年的著作《寂静的春天》让人们意识到像 DDT 这样的化学品所造成的危害,并促使环保运动的开始。随着昆虫生态学的学科发展以及化学防治局限性与安全问题被发现,有害生物综合管理的理论也得到快速发展[3][4][5]。美国于 1970 年成立了美国环保署[6],1972 年美国的环境质量委员会(CEQ)在《有害生物综合管理》一书中正式提出 IPM 这一概念[7]。

IPM 一词最初是在 20 世纪 70 年代开始在农业中使用的,这一方法被用来降低过度使用农药而导致的负面影响。它强调使用生物学和栽培技术相结合

---

[1] Tshemyshev WB. Ecological pest management (EPM): General approaches [J]. Appl Ent, 1995 (119):379-381.

[2] 赵杰,王瑞红,沈艳霞,等. 有害生物综合管理理论的发展及其展望[J]. 中国森林病虫,2003,22(4): 31-35.

[3] Geier PW, Clark LR. An ecological approach to pest control [C]. Proceedings of the eighth technical meeting. Warsaw: International Union of Conservation of Nature and Natural Resources, 1961.

[4] Pickett AD, MacPhee A W. Twenty years' experience with integrated control programs in Nova Scotia apple orchards [C]. Proc. Xllth International Confr. Ent. London, 1965.

[5] Smith R F, R van den Bosch. Integrated Control [C]. Wendell W. Kilglore, Richard L. Doutt. Pest control: biological, physical and selected chemical methods. New York: Academic Press, 1967.

[6] MuseumPest. History of ipm [EB/OL]. [2023-06-05]. https://museumpests.net/history-of-ipm/.

[7] Council on Environmental Quality(CEQ). Integrated pestmanagement [M]. Washington DC US Govt. Printing Office, 1972.

的方式来减少农作物害虫。我国1975年在河南新乡召开的全国植物保护工作会议上明确了"预防为主、综合防治"的工作方针,1986年形成了近似IPM的农业生态体系建立目标[①]。

第一篇提到在非农业环境中采取IPM措施的文献出现在20世纪80年代早期,作者为美国生物综合资源中心(BIRC)的创始人H. Olkowski和W. Olkowski,其中就包括了为国家公园管理局编写的培训手册。同样,在林业、食品业、草坪管理等领域都有应用IPM防治有害生物的案例。美国烘烤技术研究所(AIB)发布的《食品安全计划统一检查标准(2008年版)》中IPM部分对食品行业有害生物防治效果的检查评估提出了要求。欧盟在检查食品场所时,着重关注该场所中IPM的实施情况,包括:设施设备和建材的选用、建筑维护方法、是否有良好的清洁措施、是否检验和检测有害生物、采取何种防治方法、环境控制措施等[②]。环境安全型草坪的有害生物管理是国际草坪研究大会中最重要的议题之一,其中IPM是草坪管理技术的一项重要内容[③]。

1988年,联合国教科文组织出版的《图书馆及档案馆有害生物综合管理研究》一书,将这一概念引入了图书馆的文献保护工作,将IPM控制手段纳入藏品管理与保护的全流程中作为图书害虫的长期防治策略[④]。1999年5月,国际图书馆协会联合会(IFLA)在图书馆资料保护与处理原则中提出了IPM应当是防止有害生物侵扰的保护方案的一部分。如今已有多家图书馆选择使用有害生物综合管理来开展文献保护工作,如日本国会图书馆[⑤]、美国伊利诺伊大学厄巴纳香槟分校图书馆[⑥]等。

---

① 郭予元.我国IPM研究进展回顾及对21世纪初发展目标的设想[J].植物保护,1998(01):35-38.
② 沈培谊.食品行业有害生物综合防治(四)——食品行业有害生物的法规防治[J].中华卫生杀虫药械,2012,18(06):523-527.
③ 殷朝珍,赵炳祥,王兆龙.环境安全型草坪有害生物综合管理(IPM)研究进展[C].草坪与地被科学进展论文汇编.中国林业出版社,2006.
④ Parker T A, Programme U G I, UNISIST(Program), et al. Studyon integrated pest management for libraries and archives [M]. Archives, 1988:128.
⑤ 村本聪子.日本国会图书馆保存环境控制方案一主要讨论有害生物综合防治(IPM)方面的成果[C].周和平,译.自然因素与文献保护国际研讨会论文集.北京:国家图书馆出版社,2011.
⑥ University of Illinois At Urtjana. Champaign library, Preservation, Conservation, and Digitization Services [EB/OL]. [2019-07-15]. https://www.library.illinois.edu/staff/preservation/services/ipm/.

第二节　国外文博机构 IPM 应用情况

一、博物馆害虫工作组调查结果

博物馆害虫工作组（MuseumPests.net）[①]是一个由博物馆和藏品保护专业人员组成的团队，致力于推广和促进害虫管理的最佳实践，通过开发和在线分发培训材料及其他资源，为收藏机构和文化遗产机构提供害虫防治方面的信息和支持。此外，在 2019 年该团队还进行了一项国际 IPM 活动与资源调查，旨在通过问卷了解全球 IPM 应用机构的类型、资源投入、接受度等的变化，以及这些变化所带来的影响。

该调查的受访者是已经开始实施 IPM 且已对防治有害生物起到了效果的机构。这些机构通常已开展了广泛的培训宣传，工作人员对防治有害生物有较高的认识，正在实施不同的处理和监测方案，已拥有完善的政策和实践范例。在这些机构中 65% 已经制定了完善的 IPM 方案，95% 的机构则实施了有害生物的监测或诱捕措施。

调查结果表明，一个机构中 IPM 相关措施所分配到的经费远低于其他项目，且少有专职的 IPM 工作人员。IPM 所能得到的经费支持与机构整体的资金成正比，而拥有较高经费支持的机构建立了正式 IPM 方案的比例也较高，达到了 90%，这类机构拥有专职 IPM 工作人员的比例也高于其他机构。尽管随着在线资源的增长，文化遗产领域 IPM 信息的教育机会有所增加，但很少有工作人员接受过学术或执照级别的 IPM 培训。同样，藏品的处理方式也受到经费和机构所处地理位置的影响，机构主要使用成本相对低廉的低温冷冻方式处理藏品。

尽管在这些受访的机构中实施的 IPM 方案已起到了防治有害生物的效果，但机构内很大比例的工作人员似乎并不了解 IPM 的相关措施，需要加强相关知识的普及和宣传。

---

① Lisa Goldberg, Eric Breitung, Zoe Hughes, et al. An international IPM survey of resources and activities conducted by the MuseumPests Working Group [C]//Integrated Pest Management for Collections, London: Archetype Publications Ltd, 2022: 148-154.

二、美国遗产健康指数两次调查结果

美国遗产健康指数①（Heritage Health Index,简称 HHI）在 2004 年进行了一次关于藏品保存条件和保护需求的全面调查,其中便包括了相关文博机构中有害生物活动情况和控制措施的调查。调查报告表明,有害生物造成藏品损伤的占比与温湿度、光照、污染物、颗粒物等其他因素产生的危害不相上下,可见普及 IPM 的应用是文博机构保护藏品的重要需求之一。

2004 年的调查涵盖了美国的 30 827 个机构,在 2006 年 1 月举行的美国图书馆协会仲冬会议（2006 Midwinter meeting of the American Library Association）上,HHI 组织公布了遗产健康指数的数据内容中关于美国图书馆的详细情况。

数据显示(图 2-2-1),约 40% 的图书馆都未采取环境调控措施保存馆藏,其中大学图书馆情况较好,有 73% 采取了环境调控措施。不同类型图书馆负责保护馆藏文献的人员也各不相同(图 2-2-2),公共图书馆、大学图书馆和特殊图书馆倾向于根据保护需求配备相应的工作人员,而包括国立和州立图书馆在内的独立研究图书馆聘用专职员工和根据需求配备相应工作人员的占比相近。公共图书馆和特殊图书馆无专职文献保护工作人员的占比相对较高。在图书馆中较少安排志愿者或聘用外包公司负责文献保护工作。

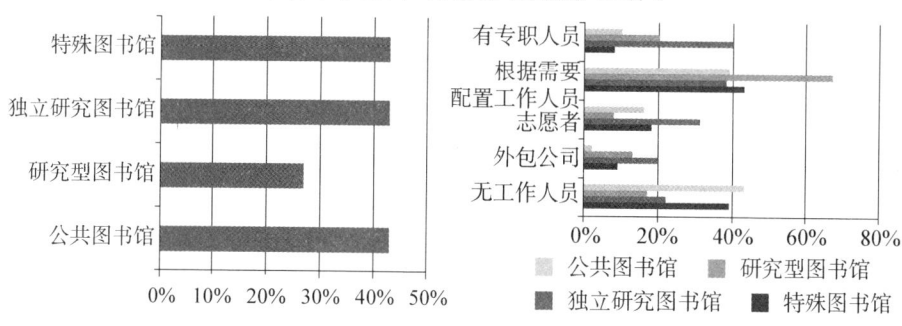

图 2-2-1　未采取环境调控措施的图书馆　　图 2-2-2　负责文献保护工作的人员类型

HHI 的调研结果公布后,HHI 和文物保护与博物馆及图书馆服务学会(IMLS)共同提出了提高文博机构保护藏品能力的建议并做出了许多努力。

---

① Heritage Health Index, Heritage Health Index 2004 [EB/OL]. [2023-05-20]. https://resources.culturalheritage.org/hhi/home/selected-data/libraries/.

此后在2014年HHI再一次进行了调研,根据馆藏规模将受访机构分为大中型和小型两类进行分析,受访的机构有档案馆、历史学会、博物馆、科学收藏机构、图书馆。在这次调研中也包含着许多与2004年类似的问题,以此对比十年间文博机构在藏品保护上的变化。参考其中关于图书馆的调研数据,不难看出图书馆在保护藏品的能力上取得了一定的进展,对IPM的兴趣和应用IPM的意识也出现了历史性的增长。

工作人员在图书馆中发现的有害生物侵袭问题增加了,这一现象可以归因于监测措施得到了完善,以及工作人员针对有害生物的警惕性提高了,反映了人们对有害生物情况加强了关注和认知。而为文献保护工作划拨专项预算的图书馆也增加了(图2-2-3),2004年超过半数的图书馆保护工作得不到经费支持,得到专项经费支持的图书馆仅占约25%,其余图书馆借用其他经费开展保护工作。至2014年(表2-2-1),约40%的图书馆得到了用于文献保护的专项经费,有78%的大中型图书馆和38%的小型图书馆获得了文献保护专项经费。15%的图书馆形成了正式的预防性保护计划,其中在大中型图书馆中占比达36%,小型图书馆仅12%。约73%的图书馆聘用了文献保护人员,然而,28%的小型图书馆没有相关人员,而仅1%的大中型图书馆没有聘用相关人员。在所有受访图书馆中有56%由其他部门的工作人员兼任保护工作,而未聘用专职的文献保护人员。[①]

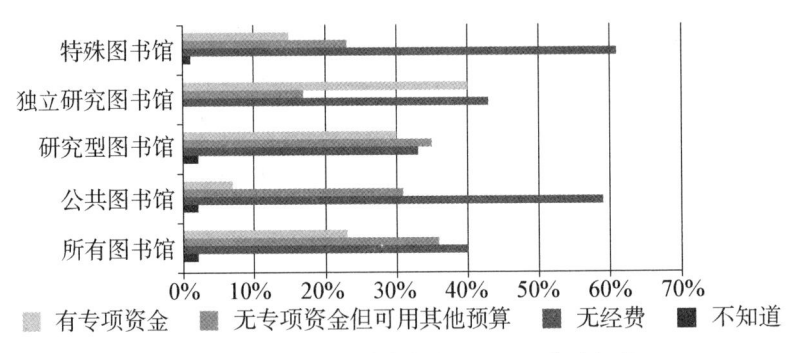

图2-2-3 2004年预算中包含了保护经费的机构

---

① Institute of Museum and Library services, ProtectingAmerica's Collections — Results from the Heritage Health Information Survey [EB/OL]. https://www.imls.gov/sites/default/files/publications/documents/imls-hhis-report.pdf.

表 2-2-1　HHI2014 年调查结果

	图书馆	大中型图书馆	小型图书馆
拥有专项经费	40%	78%	38%
形成了预防性保护计划	15%	36%	12%
聘用专职文献保护工作人员	73%	99%	72%

从调查结果来看,尽管 10 年来美国图书馆对 IPM 的意识和应用有了提高,但制定了正式的 IPM 方案的图书馆仍在少数,定期复核并更新政策内容的图书馆就更少了。而且在不同规模的图书馆之间差异性较大,大中型图书馆的保护措施、预算等情况明显优于小型图书馆。可见 IPM 在图书馆领域仍有很大的提升空间。

第三节　国内图书馆 IPM 应用情况调研

上海图书馆在 2022 年针对国内图书馆 IPM 应用情况进行了一次调研,通过网络平台向全国范围内的各级公共图书馆、专业图书馆、大学图书馆等各类图书馆发放电子版调查问卷,共回收问卷 118 份,无效答卷 1 份,得到有效答卷 117 份。其中各级公共图书馆 61 家,高校图书馆 52 家,专业图书馆 4 家。

回收的问卷数据利用 SPSSAU 和 Excel 进行统计分析。

一、问卷设计

问卷分为四个部分,分别为基本情况、预防性保护措施、有害生物发生情况、有害生物防治需求。形式以定性提问为主,以期对受访者所在图书馆的防治现状及保护工作中遇到的困难有全方位的了解。

二、调查结果

(一) 有害生物发生情况和处理措施

调查结果显示(图 2-3-1),43.59% 的受访图书馆偶尔发生文献虫害现象,47.01% 基本没有虫害发生,仅有 3.42% 图书馆经常发生虫害。全国各地图书馆发生虫害的季节主要集中在春夏两季(图 2-3-2),春季占 25.26%,夏季占 47.37%。

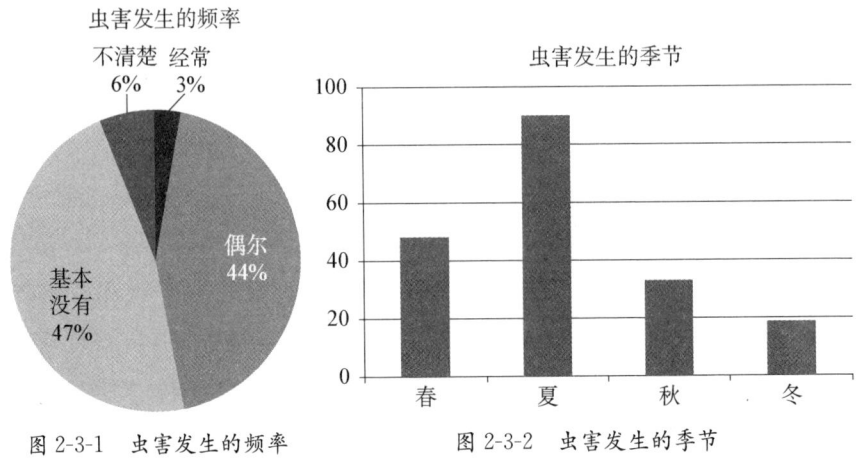

图 2-3-1　虫害发生的频率　　　　图 2-3-2　虫害发生的季节

春、夏季是各类文献害虫快速繁殖迭代的季节,虫害情况具有品种丰富、数量多、持续时间长的特点,也就导致各图书馆的防虫工作压力主要集中在此二季。

在对发生虫害后采取的处理方式的调查中(图 2-3-3),理、化、生方法的结果占比相近,说明各图书馆都是采用多种处理方法并行治虫,选择"其他"项的受访者主要因为图书馆内未发生虫害,因此未采取任何处理措施。

除了虫害发生后的抢救性处理方式外,各图书馆日常采用的虫害预防措施(图 2-3-4)主要为投放挥发性药物(樟脑、防虫草药等)、使用樟木书柜和温湿度控制等,前 2 种方法简单易行、历史悠久,因此成为众多图书馆防虫措施的首要选择。而冷冻杀虫、低氧气调杀虫需要一定的设备投入及操作技术要求,因此普及率相对较低。

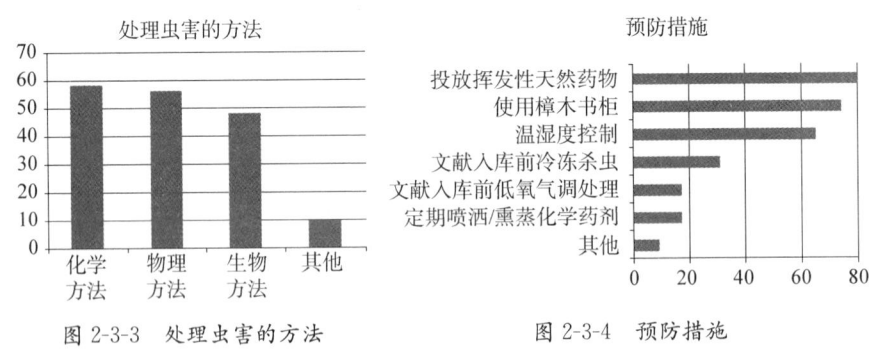

图 2-3-3　处理虫害的方法　　　　图 2-3-4　预防措施

受访图书馆中,有 45.3% 表示偶尔发生文献霉变情况(图 2-3-5),同样主要发生在高温、高湿的春、夏季(图 2-3-6)。书库内流通较少或是处于阴暗角

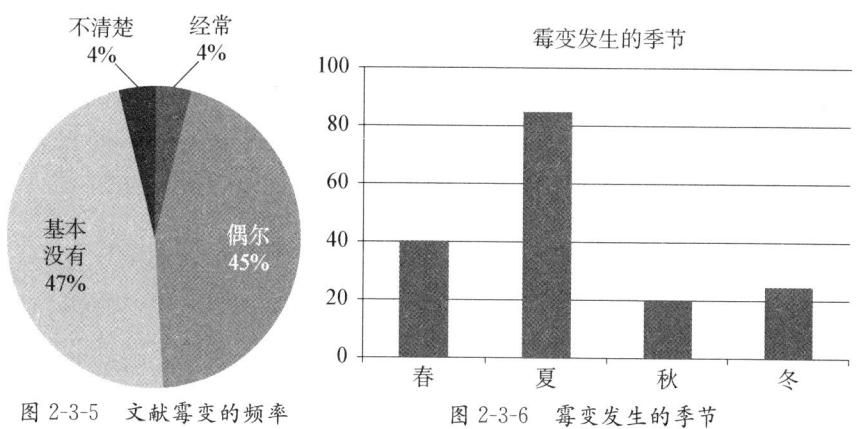

图 2-3-5　文献霉变的频率　　　图 2-3-6　霉变发生的季节

落的文献较易发生霉变。

在发生霉变情况后以及日常防霉措施中(图 2-3-7、图 2-3-8),受访图书馆主要采用控制温湿度和酒精擦拭的物理方法,也有不少图书馆在发现霉变情况时选择持续观察、暂不采取任何措施。

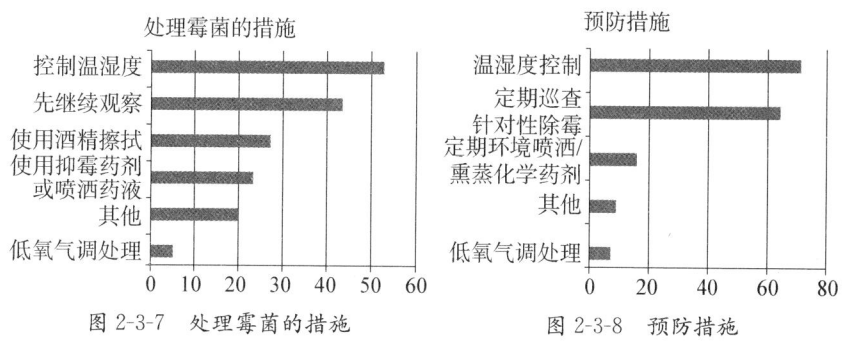

图 2-3-7　处理霉菌的措施　　　图 2-3-8　预防措施

(二) 预防性保护措施情况

为了进一步了解预防性保护措施的应用情况,上海图书馆对常用有害生物防治措施、温湿度调控设备/材料及有害生物监测情况做了调查分析。响应率是某选项在总选择次数中的占比,反映各选项之间的选择比例情况,普及率是某选项与总问卷数的比例,反映该选项的普及情况。

根据表 2-3-1 的统计结果看,拟合优度检验呈现出显著性($X^2=129.898$, $P=0.000<0.05$),说明各选项的比例具有明显差异性,可通过响应率或普及

率具体对比差异性。从结果看,对典藏环境的温湿度进行监测、对典藏环境的温湿度进行调控、定期检查建筑围护结构并养护、根据不同藏品的特点进行分级保护4项措施的普及率明显较高,分别达到61.54%、55.56%、49.57%和48.72%。采取系统的清洁规范与标准,和对存在虫霉风险的藏品进行隔离检查的普及率一般。而对建筑的户外环境风险进行检查与评估,和对虫霉进行监测的普及率较低。其他选项中有图书馆提到了使用消毒柜或剔旧措施。

表2-3-1　常用的有害生物防治措施分析

项目	响应 n	响应率	普及率(n=117)
对典藏环境温湿度进行监测	72	17.96%	61.54%
对典藏环境温湿度进行调控	65	16.21%	55.56%
定期检查建筑围护结构并养护	58	14.46%	49.57%
根据不同藏品的特点(藏品价值、保存状态、受有害生物影响等)进行分级保护	57	14.21%	48.72%
有系统的清洁规范与标准	45	11.22%	38.46%
对存在虫霉风险的藏品进行隔离检查	43	10.72%	36.75%
虫霉监测措施	30	7.48%	25.64%
对户外环境风险进行检查与评估,如植物、大面积水源,本地主要威胁生物等	21	5.24%	17.95%
不清楚	6	1.50%	5.13%
其他	4	1.00%	3.42%
汇总	401	100%	342.74%

拟合优度检验:$X^2=129.898$　$P=0.000$

结合典藏环境使用的温湿度调控设备/材料调研结果(表2-3-2),发现部分图书馆有温湿度监测措施但缺乏调控手段。从表格可见,各选项的结果差异明显($P<0.05$),部分图书馆使用多种调控材料/设备,其中最为普及的为中央空调(41.03%)和恒温恒湿机组(40.17%),单体除湿机、空调和被动调湿材料的普及率次之。选择"其他"项的问卷主要采取无人工干预的自然通风方式。

根据对典藏环境使用的温湿度调控设备/材料的调查结果可见(表2-3-2),在超过90%的图书馆都配备有各种温湿度调控设备/材料的背景下,通过调整保存环境的温湿度情况预防或处理有害生物也是相当广泛的一个选择。

表 2-3-2　典藏环境使用的温湿度调控设备/材料

项目	响应		普及率(n=117)
	n	响应率	
中央空调	48	22.54%	41.03%
恒温恒湿机组	47	22.07%	40.17%
单体空调	34	15.96%	29.06%
单体除湿机	33	15.49%	28.21%
被动调湿材料(干燥剂、除湿盒、调湿片等)	24	11.27%	20.51%
加湿器	16	7.51%	13.68%
其他	11	5.16%	9.40%
汇总	213	100%	182.05%

拟合优度检验：$X^2=40.413\ P=0.000$

从调查中也发现，各受访图书馆对所采取的防治虫霉措施的顾虑主要集中在对人体健康的影响和对文献可能造成损伤(表 2-3-3)，希望通过尽量不使用或减少使用化学药物或证明其安全性来降低馆员的顾虑(表 2-3-4)，这也正是 IPM 所期望达到的目标。

表 2-3-3　对防治措施的顾虑

项目	响应		普及率(n=117)
	n	响应率	
防治过程中使用的化学药物会对人体健康产生危害	81	27.65%	69.23%
防治过程中使用的化学药物会对文献材质造成其他损伤,如纸张变黄等	79	26.96%	67.52%
防治措施和设备操作技术较复杂难以掌握	38	12.97%	32.48%
所采取的防治措施需要投入较大的人力物力等	52	17.75%	44.44%
采取防治措施后,没有发现较明显的改善	25	8.53%	21.37%
无顾虑	13	4.44%	11.11%
其他	5	1.71%	4.27%
汇总	293	100%	250.43%

拟合优度检验：$X^2=131.515\ P=0.000$

表 2-3-4　应对顾虑的措施

项目	响应		普及率(n=117)
	n	响应率	
防治过程中尽量不使用化学药物	70	19.07%	59.83%
证明所使用的化学药剂不会对文献和人员造成损害	66	17.98%	56.41%
采取防治措施后,有较明显的直观改善	60	16.35%	51.28%
防治措施和设备操作方法简单易学,并提供必要的培训	58	15.80%	49.57%
委托第三方机构进行虫霉防治操作	58	15.80%	49.57%
所采取的措施有前人的应用实例证明其有效性	46	12.53%	39.32%
其他	9	2.45%	7.69%
汇总	367	100%	313.68%

拟合优度检验:$X^2=48.441$ $P=0.000$

从表 2-3-5 可见,多数图书馆针对有害生物采取不定期的监测措施,极少数图书馆定期巡查有害生物情况。从交叉汇总表看,图书馆有害生物监测措施与分析识别和风险区划分情况显著相关($P<0.05$)。定期巡查且频率较高的图书馆,对监测结果的分析、风险区的划分和虫种识别进行了深度挖掘。定期巡查但频率较低的图书馆,会对出现的虫害种类进行识别并划分风险区。不定期进行虫害监测的图书馆大多不采取其他进一步的措施,而这一类图书馆占了调查结果的多数(48.71%)。

在有害生物监测手段的选择中(表 2-3-6)结果差异性明显($P<0.05$)。人工巡查的普及率最高,达 93.16%。捕鼠盒次之,普及率为 36.75%,可见部分图书馆亦受到鼠害的侵袭。

表 2-3-5 有害生物监测措施与分析情况

题目	名称	贵馆是否有有害生物监测措施(%)					总计	X^2	P
		有，定期巡查且频率较高(每季度2~3次)	有，定期巡查(每季度1次)	有，不定期	无	不清楚			
贵馆是否对害生物监测结果数据进行分析	是	4(40.00)	1(10.00)	8(14.04)	1(2.78)	0(0.00)	14(11.97)	17.12	0.029*
	否	3(30.00)	6(60.00)	43(75.44)	30(83.33)	3(75.00)	85(72.65)		
	不清楚	3(30.00)	3(30.00)	6(10.53)	5(13.83)	1(25.00)	18(15.38)		
总计		10	10	57	36	4	117		
贵馆是否对受侵害区域进行风险等级划分	是	7(70.00)	7(70.00)	6(10.53)	0(0.00)	0(0.00)	20(17.09)	52.2	0.000**
	否	2(20.00)	1(10.00)	43(75.44)	31(86.11)	3(75.00)	80(68.38)		
	不清楚	1(10.00)	2(20.00)	8(14.04)	5(13.89)	1(25.00)	17(14.53)		
总计		10	10	57	36	4	117		
贵馆是否对出现的虫害种类进行识别	是	40(40.00)	7(70.00)	22(38.60)	61(16.67)	0(0.00)	39(33.33)	25.14	0.001**
	否	2(20.00)	2(20.00)	26(45.61)	27(75.00)	2(50.00)	59(50.43)		
	不清楚	4(40.00)	1(10.00)	9(15.79)	3(8.33)	2(50.00)	19(16.24)		
总计		10	10	57	36	4	117		

* $P < 0.05$，** $P < 0.01$

表 2-3-6　有害生物监测手段

项目	响应		普及率(n=117)
	n	响应率	
人工巡查	109	59.56%	93.16%
捕鼠盒	43	23.50%	36.75%
黏性陷阱	16	8.74%	13.68%
信息素陷阱	8	4.37%	6.84%
其他	7	3.83%	5.98%
汇总	183	100%	156.41%

拟合优度检验：$X^2=202.219\ P=0.000$

(三) 有害生物防治需求情况

在所有受访的图书馆中，仅 45.30% 的图书馆有专职的文献保护部门(组)(图 2-3-9)，在有害生物管理工作中得到充足经费支持的仅有 5.98%，经费量一般的也仅有 27.35%(图 2-3-10)。

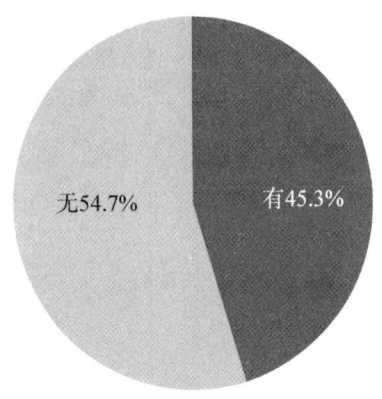

图 2-3-9　文献保护部门情况统计

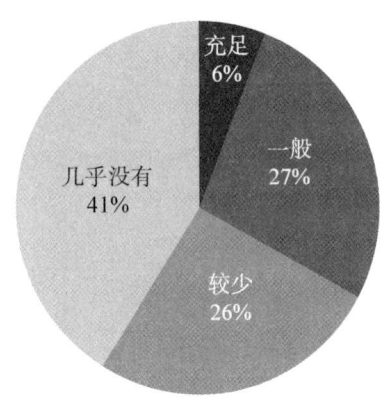

图 2-3-10　有害生物管理工作经费情况统计

受访者认为(表 2-3-7)，领导的重视与支持对落实馆藏文献的有害生物防治工作最为重要，其次是完善的管理制度和专业设备，而专业技术人才和宣传教育的比重相对较低。在经费投入的分配上(表 2-3-8)，温湿度监控仪器的投入最高，其余如杀虫除霉药剂、杀虫设备、监测耗材等比较平均，最低的为第三方有害生物防治服务。

表 2-3-7　有害生物防治工作中的重要因素

选项	综合得分
领导重视与支持,如专设文献保护部门或工作小组,划拨充足经费等	5.2
完善管理制度	3.91
升级专业设备	3.21
引进或培训专业技术人才	2.22
宣传教育,提高全体馆员的预防性文献保护意识	2.08
其他	0.15

表 2-3-8　经费分配

选项	综合得分
温湿度监控仪器	3.79
杀虫、除霉药剂	2.86
处理仪器(如低氧、冷冻等)	2.44
有害生物监测耗材	2.24
第三方有害生物防治服务	1.92
其他	0.39

三、讨论

上述的调查结果显示,有害生物的侵害主要发生在春夏季,因此各图书馆防治工作的压力集中在这两个季节。图书馆的防治虫霉工作采取了多种有效的预防措施:投放挥发性药物、使用樟木书柜、控制温湿度以及定期巡查等方法最为常见。但是,相关工作人员对防治措施对人体健康的影响和对文献可能造成的损伤存在较大的顾虑。

在有害生物监测中,许多图书馆都采取了相应措施,其中人工巡查的方式占到了首位。然而,在这些图书馆中,大多都巡查周期不定、不对巡查结果进行统计分析,这不利于工作人员了解有害生物的整体情况,以至于无法采取针对性的预防性保护措施。

此外,仅有少数图书馆有专职的文献保护部门,而领导的重视与支持对落实馆藏文献的有害生物防治工作最为重要。

总体来说,我国图书馆已具备了部分预防有害生物的意识和措施,但是尚未形成系统的防治方案,仍需要持续关注和不断改进,加强对防治虫霉工作的重视,采取更加有效的措施以确保馆藏文献的安全和长期保存。

2004—2019 年的 3 次调查研究的结果显示,近年来国际上尽管已有图书馆实施了 IPM 并取得了一定的成效,但不同规模的图书馆之间仍存在较大的差异,在 IPM 可用的经费和相关人员的培训上尚有欠缺。而上海图书馆 2022 年的调查问卷结果显示,我国图书馆 IPM 方案的普及与应用都尚处于完善阶段,尽管多数图书馆已采取了相关的防治措施,但措施之间关联较少,未能形成预防性保护闭环。

实施 IPM 的主要目标是防止有害生物侵入设施,将有害生物攻击和危害藏品的风险控制到最低[1],IPM 方案的实施对于图书馆预防有害生物的工作有着重要的作用。IPM 为图书馆提供了一种低风险的有害生物防治方法,一方面减少了化学制剂的使用,降低其对人体健康和环境产生不可控的影响和损害馆藏文献的风险;另一方面,化被动为主动,综合运用多种预防性文献保护措施调控图书馆典藏环境,将有害生物种群数量长期控制在危害阈值之下[2],达到低毒、高效地防治有害生物、预防文献受损的目的。

建立一个完善的 IPM 方案,并且严格按照方案内容采取措施,可以节省大量的事后补救工作和经费,并能够有效延长文献的保存寿命。IPM 方案鼓励文保机构通过调整方案以适应其自身情况[3]。在不同图书馆的应用场景下,IPM 方案具有适应性与可伸缩性,图书馆可根据各馆馆藏文献情况、保存环境条件、得到的预算经费等具体情况,形成符合本馆特色的 IPM 方案。在方案中,还可以针对不同类型的文献选择相应的防治方法和技术手段,以最大限度地将有害生物攻击和危害藏品的风险降到最低。

总之,IPM 无疑是有效预防有害生物侵袭、建设环境友好型图书馆的一项有力措施。在以此为核心的视角下,不断完善政策内容、强化人员培训,才能全

---

[1] Michael Schuetz. Integtated pest management [EB/OL]. [2023-3-12]. https://museumpests.net/wp-content/uploads/2014/03/3-Hist_New_England_IPM.pdf.
[2] 忻伟隆,吴丹妮. 公共图书馆文献保护有害生物防治及预案探析[J]. 中华卫生杀虫药械,2019,25(4):379-383.
[3] Alex Rowe, Simoni Da Ros, Katherine Curran. Instruction versus practice: where can we improve upon IPM? [C]//Integrated Pest Management for Collections, London: Archetype Publications Ltd, 2022:136-141.

面提高文献保护各个环节的效率,并且更好地贡献于可持续发展。

后续章节中将介绍有害生物综合管理方案中预防、监测、识别与处理4个部分的具体步骤措施,并提供不同规模图书馆可参考的分级方案。在此基础上,各图书馆可以结合已有的有害生物防治措施及可利用的保护资源,逐步细化防治方案,落实预防性保护措施,将防治重点落在事前预防而非事后治理上,划分重点防范区域。合理配置固有的人力、设备资源,争取管理者与相关工作人员对 IPM 的认识和重视,将 IPM 方案纳入图书馆的政策文件和相关馆员的工作任务中,融入文献保存、保护、保障的全过程,这将成为一项受到支持的核心工作[1]。最终构建一个可持续发展的文献保护方案,降低保护过程中对环境的影响和损害,为构建现代社会的可持续发展模式做出积极贡献[2]。

---

[1] BS-EN 16790: 2016, Conservation of culturalheritage — Integrated pestmanagement (IPM) for protection of cultural heritage [S]. UK: BSI Standards Limited, 2016.
[2] 園田直子.文化財保存と「持続可能性」[J].文化財の虫菌害,2022,83:1-2.

第三章 图书馆纸质文献的生物危害

◎ **本章重点**

生物危害是图书馆文献遭受损坏的主要因素之一。不同于文献自然老化劣化问题,有害生物对纸质文献造成的伤害是突发性的、显著的、巨大的,但同时也是可以预防避免的。本章分别论述了文献害虫和霉菌对图书馆纸质文献的危害形式与特点,结合部分典型案例,分析各危害的主要成因,为后续 IPM 具体程序与措施打下基础。

◎ **关键词**

有害生物;文献害虫;霉菌;温度;湿度;IPM

在图书馆中,纸质文献的自然老化劣化是积年累月的缓慢变质过程,短时间内文献并不会产生肉眼可见的变化,而突发性的生物危害一旦发生,则会对文献造成显著的毁坏。危害纸质文献的生物主要有文献害虫、霉菌及啮齿类动物(主要为老鼠),其中文献害虫和霉菌对文献的危害最为普遍,根据上海图书馆的调查结果显示(详见第二章第三节),约半数的受访图书馆都遭受过有害生物的危害,其中个别单位更是表示经常发生虫害和霉变事件,部分受访图书馆偶尔还会发现老鼠入侵。

在纸质文献的保存与利用过程中,馆员应该提高预防性保护意识,增强预防性保护措施,通过系统性的综合管理办法,尽可能降低被有害生物侵害的风险。

第一节 文献害虫的危害

文献害虫是指能在典藏区域内完成整个生活史或部分发育阶段,并以各种方式直接或间接破坏文献的各类害虫,亦称图书害虫、档案害虫。因生长发育需要,文献害虫会啃食各种高分子有机材料,如纸张、皮革、书本黏结剂、棉麻布等,最终导致纸质文献、装具甚至柜架的损坏[1][2]。还有一些喜食霉菌的害虫可能会成为霉菌孢子的携带者和传播者,致使典藏环境与文献发生霉变。

早在1988年,麦群忠对广西6个地区的12个图书馆的古籍、善本、拓片、中华人民共和国成立前旧书、外文书等纸质文献进行了为期一年的图书虫害调查,结果发现:

- 在所调查的12个图书馆中,100%的图书馆有图书害虫。
- 图书害虫平均密度为0.56条/册,最高虫口密度为90条/册,普遍都比较高,有的图书馆虫害已达到十分惊人的程度。
- 在各被调查的图书馆馆藏中,古籍的虫害比较普遍和严重。
- 虫损率达100%的有1个馆,占抽查图书馆的8%,虫损率90%以上的有5个馆,占抽查图书馆的42%,虫损率80%以上的有8个馆,占抽查图书馆的67%,虫损率70%以上的有10个馆,占抽查图书馆的83%,虫损率50%以上的有12个馆,占抽查图书馆的100%。
- 遭虫损的图书占抽查总数的81%,其中基本报废的图书占2.6%,严重虫损的占22%,较重虫损的占24%,较轻虫损的占32%[3]。

从1990年起,汪华明[4]、李景仁[5]、孟正泉[6]、张浩[7]、冯慧芬[8]等众多学者和研究组织不断对我国文献害虫种类进行调查统计,但是经对比发现,他们所调查统计的结果中,文献中的害虫种类名称与数量并不一致,且各有重复项和新

---

[1] 荆秀昆. 档案有害生物防治之一:档案馆害虫防治[J]. 中国档案,2020(01):81.
[2] 陶琴. 档案害虫的危害性分析与综合治理对策[J]. 档案学研究,2014(02):76-80.
[3] 麦群忠. 图书保护:广西的现状及对策[J]. 图书馆界,1996(03):1-6.
[4] 汪华明. 文献害虫在我国的分布情况及其分布规律初探[J]. 图书情报知识,1990(01):50-53.
[5] 李景仁. 对我国图书害虫种类的探讨[J]. 贵图学刊,1991(3):56-59.
[6] 孟正泉,张乃先,陈元晓. 中国图书馆档案害虫分类地位、名录和分布[J]. 图书馆论坛,1997(06):41-43.
[7] 张浩. 馆藏图书害虫初步调查[J]. 锦州医学院学报,1999,20(5):64.
[8] 冯慧芬,荆秀昆,陶琴. 全国档案害虫种类及分布调查[J]. 档案学通讯,2000(03):63-66.

增项。于是,李灿综合分析大量资料,最终确定中国现有记述的文献害虫应为87种,隶属于6个目、22个科,较常出现且危害较大的主要文献害虫有:档案窃蠹、衣鱼、衣蛾、地毯甲、烟草甲、药材甲、蟑螂、白蚁、粉蠹及书虱等[①]。

一、文献害虫对纸质文献的危害

文献害虫会以文献的纸张、皮革封面、涂料、黏结剂、棉质或丝质的函套、木制装具和家具等材料为食。各种文献害虫的危害方式并不相同,主要可以分为直接和间接2种[②][③]。

(一) 直接危害

1. 钻蛀式

大多数文献害虫都属于钻蛀性害虫,成虫一般会将卵产在松软质地的纸质文献表面的缝隙和凹陷等比较稳定的环境,当温湿度合适时,卵孵化成幼虫后取食纸张,钻成孔道,进入书籍内部化蛹,蛹羽化成成虫后从孔洞飞出。这类害虫主要有档案窃蠹、黑毛皮蠹、烟草甲、药材甲以及其他大多数鞘翅目害虫等。长蠹科昆虫(主要典型为粉蠹)的幼虫则会蛀食木材并造成蛀孔。

2. 啃食式

有一部分文献害虫只啃食纸张表面,而不钻入书内形成孔洞。例如:白蚁从书的边缘开始,一层层啃食书籍;毛衣鱼则会从书页的任意位置开始啃食,将纸面一层层啃薄直至吃穿书籍。文献遭害虫侵蚀后的不同状态见图3-1-1。

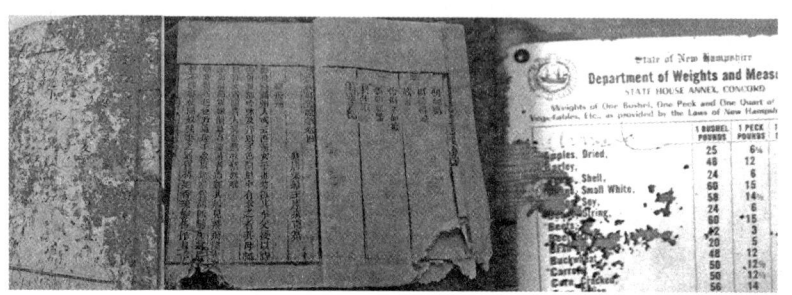

图 3-1-1　遭害虫钻蛀、啃食的文献

---

① 李灿,李子忠.我国档案图书害虫种类[J].山西档案,2003(4):25-26.
② 荆秀昆.档案害虫的生活习性和为害特点[J].中国档案,2020,No.556(02):79.
③ 刘家真.古籍保护原理与方法[M].北京:国家图书馆出版社,2015.

(二) 间接危害

1. 污染文献

文献害虫在爬行经过文献时,即便不啃食,也可能会将排泄物和分泌物遗留在文献上,这些污渍会覆盖字迹、粘连纸张,甚至可能会引发霉变,严重影响文献的正常利用(图 3-1-2)。

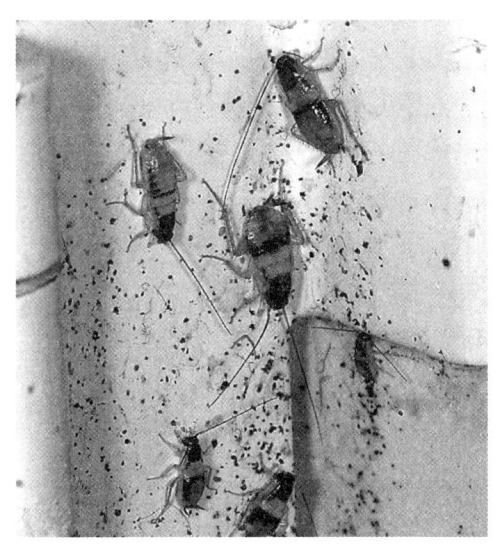

图 3-1-2 蟑螂排泄物污染文献

2. 传播霉菌

某些文献害虫,例如书虱,还会以霉菌为食[①],在进食时霉菌孢子可能会附着在它们的身体表面,这些孢子会随着害虫的移动扩散到书库其他区域。此外,死去的害虫在高温高湿环境下会腐烂并滋生大量霉菌,严重时会导致典藏环境大面积发霉感染。

二、文献害虫的成因

(一) 文献害虫的进入

文献害虫主要来源于室外,它们进入书库接触文献的方式大致为以下几种:

---

① 刘家真. 古籍保护原理与方法[M]. 北京:国家图书馆出版社,2015.

1. 通过建筑漏洞进入书库

室外害虫在觅食过程中可能会通过门窗和墙壁的孔洞或缝隙、通风管道出风口等途径爬进或飞入库内，最后在适宜的条件下生长繁殖并侵蚀库内文献。

2. 通过文献或文献装具进入书库

借阅流通、外来捐赠或新采购的文献，甚至员工使用的纸巾和卫生纸[①]，都可能会携带害虫成虫或虫卵；此外，运输过程中用来装运文献的各类装具和载具也有可能潜伏害虫，当其与文献接触后，害虫会转移至文献上。若不对这些文献和物品进行隔离检查和消毒杀虫处理就入库，会给库内带来虫害隐患。

1993年底至1994年初，南肯辛顿博物馆（即维多利亚与阿尔伯特博物馆，Victoria and Albert Museum，简称V&A）的部分藏品被转移至伦敦科学博物馆。当时南肯辛顿地区已存在地毯甲危害问题，但这些藏品经转移后被直接放置在科学博物馆的储藏室里，没有设立隔离区，也没有在物品打包前或到达储藏室后对其进行害虫检查，最终导致1994年底在伦敦科学博物馆中发现了大量前所未有的地毯甲[②]。

3. 通过员工进入书库

书库工作人员的衣服上、鞋底缝隙中可能会意外携带外界的成虫或虫卵，员工进入典藏书库后害虫掉落扩散，它们会在合适的环境条件下生长繁殖并危害文献。

除了以上从室外入侵书库的情况，长时间闲置的不洁房间内可能也会有害虫成虫或虫卵潜伏在肮脏、阴暗、潮湿的缝隙角落中，当这些房间准备被用作典藏书库或临时放置文献时，若不预先对房间进行清洁和杀虫灭菌处理，就会给文献带来虫害风险[③]。

(二) 文献害虫的生存环境

温度、相对湿度、食物是害虫生存生长的重要因素，其中，典藏书库内的大

---

① Wagner J, Querner P and Pataki-Hundt A. Pest comparison of three treatment methods for archival materials against grey silverfish (Ctenolepisma longicaudatum Escherich, 1905): reevaluation of the efficacy limits of freezing, heating and anoxic treatment with oxygen absorbers [C]//Integrated pest management for collections: proceedings of 2021: a pest odyssey, the next generation. London: Archetype Publications, 2022:94-102.

② Kingsley H and Pinniger D. Trapping Used In A Large Store To Target Cleaning And Treatment [C]//Integrated pest management for collections: proceedings of 2021: a pest odyssey. London: James & James (Science Publishers) Ltd, 2001:51-56.

③ 刘家真. 文献遗产保护[M]. 北京：高等教育出版社，2005.

部分物品都可以成为害虫的食物来源,如书籍中的纸张和黏结剂,书籍封面或装具所含的皮革、丝棉布、木材、竹材等等。因此,我们只能通过控制温湿度来尽可能地阻止或延缓文献害虫的生长发育。

1. 温度

文献害虫属于变温动物,体温随外界温度的变化而变化,因此其新陈代新和生长发育活动受温度影响较大。不同虫种对环境温度的需求各不相同,但大多数文献害虫的最适生长温度区间为25℃～32℃,14℃以下或42℃以上时昆虫会滞育,大多数在45℃以上或5℃以下死亡[1]。

2. 相对湿度

昆虫的含水量可占体重的50%～90%,环境相对湿度过低可以使害虫体内水分失衡,从而影响其各项生命活动,减缓发育速率,造成死亡率增加。当环境相对湿度为70%～90%时,害虫生命活跃,虫卵孵化率可达90%;当环境相对湿度为40%～70%时,害虫发育缓慢,虫卵孵化率为50%;当环境相对湿度低于40%时,害虫发育停滞或短期内死亡[2][3]。

第二节 霉菌危害

霉菌分布广泛,适应能力强,温湿度合适时可在典藏文献库房内生长、代谢、繁殖,给纸质文献和员工健康带来危害,预防霉变也是纸质文献保护的重要工作之一。

20世纪90年代调查表明,危害档案文献霉菌共92种。其中,优势霉菌有6属23种,以曲霉属的种类为多,占90%以上。曲霉属中,杂色曲霉、文氏曲霉、蕉曲霉、安氏曲霉出现的频率最高。我国南方地区气温和湿度高,非常适于霉菌生长,因此霉菌种类多,霉变发生频率高;而北方地区气温、降水量偏低,因此霉菌的种类相对较少,霉变发生频率相对较低。低纬度、低海拔地区的纸质文献比高海拔地区的更易于生霉。此外,青霉、根霉、毛霉以及木霉都能够危害

---

[1] 刘家真.馆藏虫霉防治的比较[J].图书馆杂志,2021,40(05):4-10,35.
[2] 刘家真.古籍保护原理与方法[M].北京:国家图书馆出版社,2015.
[3] 龚舒,刘光华.常见档案害虫防治研究技术进展[J].科技创新与应用,2021(07):47-49.

纸质文献[1][2]。

一、霉菌对纸质文献的危害

霉菌主要通过以下几种方式危害纸质文献[3]，遭霉菌危害的不同文献状态见图 3-2-1：

（一）分解文献材质

霉菌在新陈代谢过程中产生的各种酶会将纤维素、淀粉、蛋白质等高分子化合物降解为葡萄糖、二糖、氨基酸等小分子物质，导致文献纸张的机械强度大大下降、淀粉黏性失效、皮革腐烂、羊皮封面脱落。

（二）提高纸张酸度

霉菌在酶降解过程中还会产生草酸、乳酸、丁酸、柠檬酸等有机酸；与此同时，有些霉菌在呼吸代谢过程中也能产生甲酸、乙酸、乳酸、琥珀酸等。这些有机酸都会增加文献材料的酸度，加速材料的降解，最终导致文献纸张的机械强度降低。

（三）污染纸张

霉菌的菌落和孢子大多带有一定的颜色。有些霉菌在生命活动过程中还分泌各种色素，在文献上形成黄、青、绿、黑等颜色的色斑。这些霉斑性质稳定，很难用普通方法除掉，会严重影响文献的阅读与利用。

（四）黏连纸张

霉菌在生长过程中容易产生有黏性的分泌液，还有些霉菌会从空气中吸收水分，使文献材料的含水量增大。这些不断积累的黏液和水滴会使文献发生黏连，严重者会形成"书砖"。

图 3-2-1　文献霉变导致的酥烂破洞、色斑、黏连

---

[1] 刘家真.文献遗产保护[M].北京:高等教育出版社,2005.
[2] 陶琴,徐同根,冯惠芬,等.全国纸质档案霉菌种类与分布调查[J].档案学研究,1995(04):75-77.
[3] 周耀林,戴旸,林明.档案文献遗产保护[M].武汉:武汉大学出版社,2012.

除了对文献本身造成的危害,霉菌还会对人体健康产生影响。德国北莱茵-威斯特法伦州曾针对档案馆中的霉菌种类和工作人员的霉菌过敏现象进行了调查,调查结果显示在档案馆中存在超过 20 种霉菌,馆内工作人员的霉菌过敏者比例高达 32%,而通常情况下霉菌过敏者的比例应为 10%~15%[①],霉菌过敏会导致哮喘、鼻炎等呼吸系统疾病和瘙痒、红肿等皮肤问题,严重者可能会威胁生命。

二、霉菌感染成因

霉菌主要依靠产生的孢子进行繁殖,每个孢子头可以产生大量的孢子,有时可达几百亿甚至更多,这些孢子很容易随着空气扩散至空间各处;而且孢子具有极强的生命力,当环境条件不利时它们会处于休眠状态,一旦条件有利便会立马活化苏醒并开始快速生长繁殖。想要将空气环境中的霉菌孢子除尽是非常困难的,而且使用各种防霉杀菌手段的风险超过其可能带来的效益。更适宜的方法是通过控制环境条件抑制其发展,有利于霉菌生长的条件主要是湿度(水分)、温度和养分,大部分藏品的材质甚至灰尘都可以成为霉菌的营养来源,因此温湿度是霉变发生的关键[②]。

(一) 湿度(水分)

水分在霉菌的生理代谢活动中起着极其重要的作用,霉菌孢子从休眠状态活化苏醒的条件就是水分。霉菌摄取的水分来自其食物所含的水以及空气中的水汽,大多数种类的霉菌孢子在相对湿度 65% 以上就会萌发,与此同时过高的相对湿度会使环境内的藏品材质含水量上升,进一步加快霉菌的生长扩散。研究发现:相对湿度为 65% 时,连续 3 年试验中霉菌都没有明显增长;相对湿度为 75% 时,霉菌在 2 周至 3 个月显著增长;相对湿度为 80%~90% 时,霉菌在 1~5 天内显著增长[③]。因此,通过控制保存环境的相对湿度可以限制霉菌的生长。

据 2015 年的报道,由于漫长潮湿夏季的累积效应,以及老建筑和中央空调老化等综合原因,波士顿公共图书馆善本部发生霉菌暴发事件,图书馆对馆藏

---

① 铃木昭博. カビによるアレルギーの予防[EB/OL]. [2023-05-12]. http://current.ndl.go.jp/ca1131.
② 刘家真. 古籍保护原理与方法[M]. 北京:国家图书馆出版社,2015.
③ 刘家真. 走出藏品霉变防治的误区[J]. 图书馆杂志,2023,42(01):99-104,127.

的 50 万册图书和 100 万件手稿类藏品进行了逐册检查和除霉工作[①]。该项目由 20 名职员耗时 10 周完成,花费 32.5 万美元。由此可见,霉菌问题不仅会对文献造成损坏,随之而来的处理工作将耗费大量的人力、财力和时间,针对保存环境的湿度控制是有害生物综合管理的重中之重,也是经济有效的必要预防措施之一。

(二) 温度

霉菌的生长发育是一个复杂的生物化学过程,需要在一定的温度范围内才能完成。但霉菌对温度变化或冷热的抵抗力较强,例如毛霉的孢子在 $-18\sim-25℃$ 的低温环境中能生存 40 多天;在高温 120℃ 的条件下,需要处理 30～60 分钟才能致死。霉菌的最适生长温度往往同相对湿度有关,相对湿度高,最适生长温度也偏高。如相对湿度为 100% 时,一般霉菌的最适生长温度为 37.5℃;相对湿度为 70% 时,最适生长温度为 24～25℃。因此,温度在霉菌的整个生长发育过程中并不能起到决定性作用,通过降低温度来抑制霉菌生长的作用是有限的。

第三节　老鼠危害

《图书馆建筑设计规范》(JGJ 38—2015)中关于防鼠方面规定:"食堂、快餐室、食品小卖部等应远离书库布置。鼠患地区宜采用金属门,门下沿与楼地面之间的缝隙不应大于 5 mm。墙身通风口应用金属网封罩。"[②]

鼠害问题一旦发生,其危害是极大的,文献、装具、木质柜架甚至建筑本身都可能会遭到啃咬破坏,老鼠的粪便会严重污染文献和典藏环境(图 3-3-1),老鼠还可传播鼠疫、鼠型斑疹伤寒等多种疾病。一般情况下,应尽可能避免使用毒饵料毒杀老鼠,防止老鼠尸体在隐蔽角落处腐烂、生蛆、发霉,引发次生危害。因此,务必采取一切物理防护措施和内务管理阻止老鼠进入图书馆。

---

① Andrew Ryan. Library's rare books department reopens after mold outbreak [EB/OL]. [2023-05-24]. https://www.bostonglobe.com/metro/2015/12/01/boston-public-library-rare-books-department-reopens-after-mold-outbreak/9zcVt0qhFSvQB6Dxq7qPvI/story.html.
② JGJ 38—2015 图书馆建筑设计规范[S].北京:中国建筑工业出版社,2015.

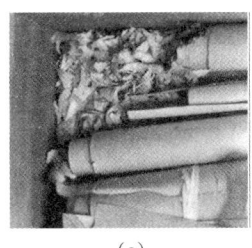  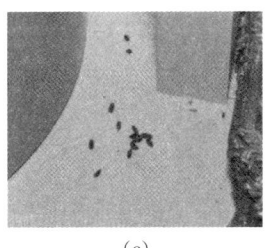

图 3-3-1　(a)遭老鼠啃食的文献、(b)装具和(c)遗留的老鼠屎[①]

经验分享

图书馆内有害生物易发区域总结

根据上海图书馆多年的文献保护工作经验,总结发现在典藏区域中需要IPM专员和书库管理人员加强关注的虫霉易发区域主要有以下几种:

1. [虫]建筑缝隙处,如书库各入口处、老旧窗户窗台、老旧建筑墙角、空调出风口,且楼层越低,外来入侵害虫越多。

2. [虫]易感文献书库,被影响的文献主要为由麻纸、竹纸、皮纸、宣纸、纸草纸、羊皮纸等材质制成的古籍。

3. [霉]湿气重、水分多的地方,如水管、空调出风口、由于温度差容易产生结露的窗户、因设备或建筑老化易漏水或漏雨的地方等。

4. [霉]空气流动少、空气堵塞的地方,停滞的空气更有利于霉菌孢子落到藏品上,而且空气不流通会减缓藏品水分的蒸发,使得其含水量较大。

5. [虫、霉]清扫不到位、污垢堆积的死角,灰尘碎屑中的各种有机质、无机质都可以成为害虫和霉菌很好的营养来源。

6. [虫、霉]长时间保持原样、使用频率低的藏品及周围区域,安静的环境更适宜害虫"定居"并发育繁衍,木制品、纸张、棉布等容易吸湿的物品内部水分长期得不到挥发容易诱发霉变。

---

① MuseumPests. Image Gallery [EB/OL]. [2023-04-12]. https://museumpests.net/newimagegallery/.

第四章　IPM 政策制定

◎ **本章重点**

为确保 IPM 方案的可持续实施，需在前期建立起全面、科学、可行的 IPM 政策。一份完整成熟的 IPM 政策应包括导言、关键政策清单和实施详细指南，以明确组织机构的立场和目的，详细说明操作程序，统一调动内部资源，协调各工作部门间的沟通合作。

本章主要围绕 IPM 政策制定的内容与含义、IPM 角色与职责的划分以及培训教育的对象与方式方法进行论述，并通过举例详细展示了英国文化遗产机构的 IPM 政策模板，以及加拿大自然博物馆和上海图书馆的 IPM 政策实例，以便读者更好地理解和操作政策制定。

◎ **关键词**

政策制定；培训教育；IPM 政策；IPM 专员

图书馆肩负搜集和保存人类文化遗产的职能，加强馆藏文献的保存保护是图书馆制定管理规划时绕不开的重要主题。随着图书馆对馆藏文献面临有害生物风险的认知逐渐普遍，更协调的虫害管理体系的需求变得更为明确与迫切。图书馆 IPM 与图书馆建筑、环境、藏品均密切相关，相应的虫害风险管理必然是全盘、系统且复杂的，具有全局思维、战略视野的顶层设计可以更全面地评估 IPM 方案的成本与收益，而不受限于一时一地的得与失。因此，制定清晰的 IPM 政策，可以明确组织机构的立场，详细说明适当的程序，统一调动组织机构内部的资源，协调部门间的沟通和协商，以确保 IPM 方案的可持续实施。

第一节 制定政策

一、加强顶层设计

图书馆、博物馆等人类记忆机构，具有保存和传承人类知识与文化遗产的职责使命。图书馆馆藏文献的类型多样、数量庞大，其保存保护工作涉及文献学、生物学、化学、历史学等多个领域的知识和技术。建立有效的 IPM 政策首先需要全面评估文献资料的类型、特点、用途和频率，对不同品种的书籍、档案、照片、地图、绘画等有针对性地制定科学且适合的方案，以期最大化地保护馆藏文献的完整性，尽量维持其原始状态。同时，图书馆建立、制定 IPM 政策需要调动多个部门参与协作，如文献保护、书库管理、馆藏采访、物业维护、教育培训、读者服务、宣传推广等，预先的顶层设计和整体谋划可以更好地围绕有害生物防治目标对多个部门进行整合，协调各部门间的关系与职能，避免各自为政，使 IPM 政策的落地执行迟滞或混乱。无论是当前还是长远的未来，IPM 政策既需要协调、具体执行，也必须与时俱进地更新程序和技术手段，以确保顶层设计可以提供长远的激励与资源保障，引领和把握 IPM 政策的执行和进展，及时因应调整，以适应社会环境和科学技术的飞速发展，不断提高防范虫害风险的能力与水平。

通过具有总体性、前瞻性、长远性的顶层设计，建立全面、权威、科学、可行的 IPM 政策与计划，能够确保馆藏文献在面对不断出现的生物侵害风险面前长存久安。

二、形成政策文件

正如日本国立国会图书馆于 2007 年发生了一次严重的霉菌感染后，对其各项文献保护措施进行反思并启动了 IPM 方案[1]，许多文博机构是在发生了有害生物暴发事件后开始思考 IPM 并形成第一份书面指南或程序文件的。IPM 是一项基于预防性保护理念的管理方案，形成 IPM 政策文件能为图书馆有害

---

[1] 村本聪子.日本国会图书馆保存环境控制方案——主要讨论有害生物综合防治(IPM)方面的成果[C].周和平,译//自然因素与文献保护国际研讨会论文集.北京:国家图书馆出版社,2011:72-79.

生物防治提供清晰而详细的行动实施指南。

欧洲标准化委员会《保护文化遗产-有害生物综合管理(IPM)保护文化遗产》(BS-EN 16790:2016)明确提出,IPM 政策应得到管理层授权并包含在机构的政策文件中;IPM 应成为管理层和保护部门工作议程中的常设项目;IPM 工作应纳入相关图书馆员的工作任务中,被政策层面认可,并作为一项核心工作获得支持[1]——这些都体现了 IPM 工作的重要性。不仅如此,IPM 非常强调图书馆各个层面对此项工作的参与度,这也再一次证明了 IPM 工作的全局性。因此,政策文件在起草时有必要集思广益,广泛征求听取各部门及业内专家的意见与建议,成立由各部门代表组成的工作小组,共同讨论、确定政策文件覆盖的目标范围、基本原则及具体要求等。IPM 政策应具有灵活性与务实性,适应本图书馆独特的场所环境与目标任务,适配本图书馆的人员架构与资源分配。IPM 政策文件还需要建立相应的监测和评估机制,对 IPM 工作的实施和执行效果进行评估,并及时纠正和完善工作中存在的问题和不足。IPM 政策文件形成后应向馆内工作人员公开并开展相应的专业培训,使其成为行动和检查的指导方向,政策文件的落地、落实、落细离不开每一位馆员对工作细节的谨慎把握。

成熟的 IPM 政策通常包括一个解释政策目的的导言和一份声明关键政策的清单,以及更为详细的政策实施指南——包括 IPM 工作组架构、培训教育内容、内务管理细则、害虫监测范围、检查检疫处理等。导言简明扼要、开宗明义,阐明政策目的与目标。关键政策清单抓住主要矛盾,提纲挈领,将有害生物防治中最根本、最核心、最关键、最迫切的问题隐患与措施要点突出、前置,直观而令人一目了然。详细指南则对 IPM 程序做铺陈与展开,依据指南,馆员可明晰自身职责与义务,明确知晓自身岗位中与 IPM 相关的部分应如何开展具体工作。总体而言,建立一份详细而清晰的计划或指南能帮助图书馆更为从容地应对潜在或突发的虫害。

1. 提供清晰的标准和方向

IPM 政策文件为图书馆提供了系统性、全面性的标准和方向,确保专业培训、防治方案、处理操作等环节得到正确认识和处理。馆员依据政策文件对

---

[1] BS-EN 16790: 2016, Conservation of culturalheritage — Integrated pestmanagement (IPM) for protection of cultural heritage [S]. UK: BSI Standards Limited, 2016.

IPM 工作能有更为准确的认知和更为清晰的判断，在同一框架下协同行事，共同应对有害生物风险。

2. 为未来预先规划和准备

IPM 政策文件在面向当下的同时，也预先规划了未来。IPM 本身即以注重预防性的理念为主要特征，更多采用可持续的方法来减少措施对环境和健康的影响，因此，IPM 相较传统有害生物防治手段更具有可持续发展的可能性。

3. 提高工作效率和效能

IPM 政策文件提供了明确的指导方针和操作程序，帮助员工了解 IPM 的目标、原则和实施步骤，确保各个部门在有害生物管理工作中保持一致，避免因误解或不统一而导致的混乱和重复工作，从而有效提高工作效率和效能。

同时，IPM 政策强调预防为主的原则，希望以事半功倍的预防措施来有效减少事后补救的巨大工作量和成本。

4. 为业内同行提供透明信息

IPM 政策文件为图书馆提供了完整、具体、公开的保护及处理方法，业内同行可以通过沟通交流，全面了解该馆的文献保护措施，从中汲取同行经验与教训，少走弯路，避免重蹈覆辙。

由此可见，形成务实的 IPM 战略政策文件，可以在要求与预算、人员与资源之间取得平衡，为丰富多样的馆藏文献提供一套全面、科学、高效且可持续的保护机制。当然，IPM 政策的成功执行，则需要依靠科学的技术手段、完善的管理制度以及人员的积极参与等多因素的结合。

第二节　明确角色与职责

IPM 作为一项强调综合性、整体性的方案与策略，在实施过程中必然有赖于各部门间的协调与合作。所以，明确各部门的角色和职责有助于资源的合理分配、职责的清晰界定，能确保 IPM 政策平稳有序地推进。

一、IPM 专员/工作组

设立 IPM 专员或成立 IPM 工作组是为了有效组织、协调有害生物管理方案的实施。IPM 专员或工作组应负责 IPM 方案的规划与制定，承担 IPM 方案运行与管理的职责，高效地收集信息并传递给管理层和其他相关职位。专员或工作组主要承担IPM方案的日常运行管理,并应定期向管理层报告;应当有充分的时间(取决于藏品的规模和面临的具体风险)和充足的预算来执行相关任务;经费资源不应以项目为单位供给,而应根据IPM方案的实施情况进行动态合理调整,当需要采取重大行动时(如虫害暴发时期),可能需要额外的经费支撑。

IPM专员/工作组的职能还包括:与业内同行交流资讯,了解IPM在其他图书馆的运作,这有助于在吸收他馆经验的基础上,建立切合本馆实际的IPM方案;分析图书馆有害生物风险的来源与成因,有效采取预防措施或应急处理;实施具有可持续性的防治技术方案;明确不同工作人员的角色和责任;管理定期监测和数据收集工作;培训工作人员和志愿者,并向公众介绍IPM相关信息;就馆藏藏品的特殊情况(脆弱性等)为外聘人员或外包公司提供建议,并监督他们在本馆内的工作;参与分析、评估并定期审查程序以改进IPM方案。

IPM专员应当具备IPM的知识和经验,包括识别图书馆环境中的有害生物,了解有害生物的生态习性,知晓可行的处理应对方法等。如有需要,图书馆应当提供专门的培训机会,以不断提高IPM专员的专业水平和能力。

二、业务管理部门

业务管理部门作为主要职能部门,其专业性和综合性使其在图书馆IPM项目的统筹、协调、推进中起到推进器与润滑剂的作用。业务管理部门应当统筹馆内各部门以建立政策模板,协调制定细节、流程和实施方案;协调图书馆内外部资源,如需要外部资源的支持,业务管理部门需要协调与其他机构的联合,派遣团队和专家来协助和提供支持服务;为IPM设立具体的预算,如购买害虫处理的设备以及昆虫诱捕器等监测材料等;组织培训和教育,帮助和督促馆内各部门馆员充分认知和实施IPM政策文件;定期组织评估与检查,对IPM工作质量、效果进行督查并协同馆内各部门提出改进方案,做出相应调整。

三、典藏管理部门

典藏管理部门主要负责图书馆文献的保存、保护、保障工作,是书库管理的主体核心部门。在IPM工作中,典藏部门是直接接触文献载体的第一线工作者,对于文献保存的状况是最为清楚的,能发挥第一时间发现问题隐患的前沿哨兵作用,也是采取如防潮防霉、防虫防蛀等具体文献保护措施的卫士。

典藏管理部门熟悉馆藏、了解文献，首先需要对所有文献及其保存环境状况做全面的梳理、排查与掌握，确定潜在的影响源和风险点，并在后续的常态化文献与典藏环境管理中持续做好这项工作；需要负责 IPM 政策文件中制定的防护措施的具体实施，包括温湿度监测、书库巡查、陷阱监测等；应当建立文献保护的记录，包括对文献保护措施的实施情况、典藏环境的监控数据等，并对数据进行整理和分析，以便于 IPM 工作的监测和评估，不断完善和提高 IPM 的效果。

图书馆培养或设立 IPM 专员时，往往可在典藏管理部门中专事文献保护的员工中选定，他们一般已初步具备相关知识背景，具有较为丰富的文献保护工作经验，也对典藏保存、保护中实际存在的问题有独到而深入的理解。

四、物业管理部门

物业管理部门在 IPM 具体实施中扮演着重要的角色，是典藏部门做好书库环境管理工作的协作者与重要支撑。物业管理部门首先需要负责有关建筑、设施和环境的检查、维护与修缮；日常运营中负责监督图书馆公共服务区域及典藏环境的清洁和维护，以确保环境的洁净和卫生。如有必要，物业管理部门还需要与外部的技术服务方进行对接与沟通，如发生白蚁隐患时需要专业的白蚁防治机构处置等。

五、展览部门

在图书馆中，会议展览区域相对独立，因此展览部门需监督展览场地的清洁和维护服务。通常举办一个展览会涉及图书馆内的多个部门，包括主题策划部门、馆藏提供部门、展厅陈设设计搭建部门、安保部门，涉及一些项目承包商，涉及大流量馆外人员的来访、互动、参与，因此展览部门需要提供对活动策划人员和参与者进行 IPM 意识的培训和教育，以确保他们在到馆参与活动时，能配合与遵守图书馆 IPM 方案，使得整个展览在保护馆藏的前提下进行。

六、人事部门

通过培训和教育可以提高员工对 IPM 的认识，人事部门需要向所有工作人员宣传 IPM 的概念、标准、流程和实施效果，以使每个员工都了解 IPM 的重要性和必要性，知道 IPM 对于馆藏保护的影响。同时，人事部门需要确保 IPM

标准操作规程得到员工的有效理解和合规实施,定期安排内部培训、评估和内部审核,以确保员工能够正确理解和实施 IPM 标准操作规程。

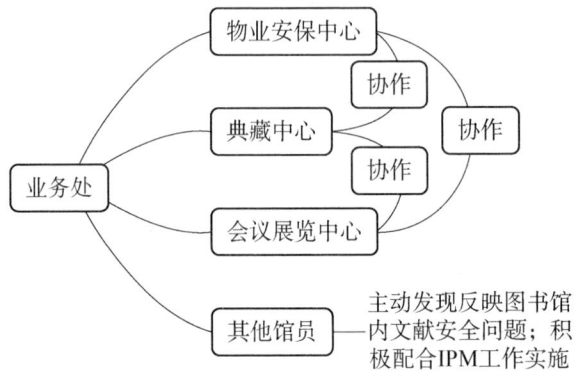

图 4-2-1　上海图书馆多部门协作开展 IPM 实践

第三节　培训教育

由于 IPM 管理体系包括多个组成部分,政策的制定、具体措施的实施都需要最大程度地凝集所有馆员的专业知识和力量,使不同职能部门馆员共同配合,并始终保持良好的信息沟通。而图书馆内的员工可能从未接受过系统的有害生物防治方法教学,其所学专业甚至可能与 IPM 各环节内容都毫不相关。那么,如何帮助这些"新生"快速上手参与 IPM 工作,并使得有源源不断的员工或读者公众有机会参与其中,这也是 IPM 工作开展的重要前提和关键步骤之一。因此,培训教育工作必不可少,针对的对象主要可分为以下几种:

一、相关特定岗位人员

相关特定岗位人员主要指图书馆主管领导、IPM 专员、书库管理人员、物业管理人员等,培训内容包括部分或全部 IPM 政策与 IPM 程序,培训目的是使受训人员了解图书馆内可能发生的有害生物问题,并明确知晓自身在 IPM 中所处的环节与职责。

日本文化财虫菌害研究所从 2011 年起开设"文化财产 IPM 专员"课程,用以规定 IPM 专员的从业资格[①]。该课程的主要内容有：①文化财产 IPM 的基础知识；②侵害文化财产的生物(虫和霉菌)；③保存环境的监测与调控；④IPM 的设施管理；⑤应对处理的基础知识；⑥文化财产 IPM 的政策；⑦文化财产 IPM 维护的实务。对于不需要 IPM 知识的其他工作任务，例如清洁，则无需设置严苛的专员资格要求。

上海图书馆借鉴国外培训经验，并结合本馆实际 IPM 工作情况，为不同特定岗位的人员制定了针对性的培训内容（表 4-3-1）。其中，IPM 专员需要熟知所有的 IPM 相关内容，为 IPM 管理工作提供专业有效、切实可行的方法并全程参与其中，同时还要做好对其他岗位人员的培训与教育工作。

书库管理人员在培训指导下，应掌握文献保存环境巡查、文献入库隔离检查、温湿度监测与调控设备的日常启闭等技能与流程办法。物业管理人员应充分认识建筑围护、大型中央空调风机设备、饮食管理、植物管理在 IPM 管理体系中的重要作用和意义，严格按照 IPM 政策制定的规范完成各项管理和维护工作，积极配合 IPM 工作开展过程中涉及的设备使用与维护、环境与物品的清洁等工作。

此外，图书馆单位的主管领导也应了解 IPM 体系的概念和内涵，充分认识 IPM 管理的重要性。在各职能部门联合制定 IPM 政策以及后续开展各项具体措施时，主管领导应负责积极协调各部门之间的沟通与合作，促进信息共享并予以及时有效的政策和资金支持。

需要指出的是，不同图书馆设立的职能部门可能会有所不同，各馆可根据实际涉及的 IPM 部门对培训范围进行适当的调整。

表 4-3-1　上海图书馆 IPM 培训内容

具体培训内容	主要受训人员	备注
IPM 基本概念与内涵	单位及各部门主管领导、IPM 专员、书库管理人员、物业管理人员	
IPM 政策制定与评估		
有害生物基本介绍（种类、侵害方式、成因分析等）	IPM 专员、书库管理人员	书库人员至少应掌握对有害生物侵害迹象的基本识别能力

[①] 本田光子.「文化財 IPM コーディネータ」資格制度施行 10 年に寄せて[J]. 文化財の虫菌害，2021，82:1-2.

(续　表)

具体培训内容		主要受训人员	备注
IPM 具体措施	风险评估	IPM 专员	
	建筑围护	IPM 专员、物业管理人员	
	内务管理	IPM 专员、物业管理人员	其中,保洁人员必须接受清洁方法的培训
	温湿度监测与控制	IPM 专员、书库管理人员	书库人员主要学习:温湿度监测与数据记录,单体式控温控湿设备的启闭等等
	隔离检查	IPM 专员、书库管理人员	
	有害生物监测	IPM 专员	
	有害生物识别		
	应对处理		

培训的方式主要可包括:

(一) 专业讲座

主要由 IPM 专员负责撰写与演讲。IPM 专员可以为本单位员工,而对于尚未建立 IPM 方案的图书馆,除了参考专著及相关资料自行制定教学课程外,还可以邀请拥有成熟 IPM 工作经验的其他图书馆 IPM 专员前来讲解指导。

(二) 测试考核

新 IPM 专员在首次完成培训教学后还需通过相应的知识或操作技能考核。上海图书馆对本单位的 IPM 专员还会额外进行定期抽查检验,以确保其始终具备合格的 IPM 工作资格。考核内容应至少包括:

- IPM 相关的基础知识和实施政策。
- 图书馆有害生物相关的知识。
- 图书馆的保存环境要求和维持方法。
- 生物侵害的应急处理方法与流程。

(三) 业务交流

在本单位内,参与 IPM 工作的各部门人员可定期开展业务交流会。如下图 4-3-1 中,美国犹他州自然历史博物馆便曾组织 IPM 相关工作人员进行自我介绍,讲述在各自岗位上通过哪些措施完成 IPM 工作以达到保护博物馆的目的[①]。一方面可以总结和反馈前期的工作成果与问题,通过面对面交流的形式来共同探索业务发展与优化的可能;另一方面还可以使员工在自我介绍过程中逐渐提高对本职工作的认同感和荣誉感,进而提升 IPM 工作团队的凝聚力。

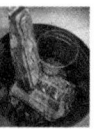

图 4-3-1　犹他州自然历史博物馆 IPM 员工自我岗位介绍

不同等级、不同类型、不同地区的图书馆之间,甚至是与同属于文化文物单位的博物馆、档案馆、美术馆之间,都可以组织进行 IPM 工作交流学习,共同分享在 IPM 工作实际开展过程中遇到的难点与成效,以及正在使用或拟使用的新技术新设备等等,促进各馆 IPM 工作的优化发展。

不同单位之间还可以进一步联合开展培训计划,通过讲习班、研讨会、学术课程、岗位实习体验等形式,将系统、成熟的 IPM 理论和实用技能传递给同行业人员。更进一步者则可以探索建立国内首个学术或执照级别的 IPM 培训,不仅能帮助受训人掌握专业知识和技能,还能建立起由 IPM 人员组成的专业团体。

IPM 专员还可以积极参加有关文献保护和有害生物防治方面的专业会议

---

① Megan Mizuta, Natural History Museum of UtahIntegrated Pest Management Working Group. Signs for Every Occasion [EB/OL]. [2023-04-10]. https://museumpests.net/wp-content/uploads/2018/03/IPM_Signage.pdf.

并提交论文,在会议上广结同行、交流学习。

(四) 各类文献资料学习

IPM员工应该充分利用馆藏文献资源,积极查阅国内外IPM相关论文,及时跟进行业新动态,为本馆IPM工作的改革与优化提供更多的理论依据与真实案例,常用的国外IPM文献资料推荐请见附录D。同时,IPM专员基于本馆IPM工作成果制作而成的各种材料,如温湿度监测报告与调控建议(详见第五章第四节)、IPM陷阱巡查报告(详见第五章第六节)、害虫卡片(详见第五章第七节)等,也可以提供给其他职能部门员工学习使用。

二、借展方和策展人

文献在流通使用过程中进入新环境时,很容易发生侵害而使文献受损,因此,更需要IPM专员在文献展览全过程中提供专业的宣传与指导。

(一) 文献展览前

在展览策划阶段,IPM专员可以基础性的知识讲座或宣传资料等形式告知借展方和策展人IPM管理工作的有效性与必要性;并以合约等方式向其提出保护要求,包括文献运输安全、环境(展厅及展柜)的温湿度要求、展柜密封性、饮食与植物管理要求、清洁规范等,由IPM专员负责验收。

(二) 文献展览中

在展览初期,IPM专员可以要求展览方每日提供展览环境的温湿度数据,并及时提醒对方处理异常情况。待展览方人员形成每日主动检查温湿度的工作惯例后,IPM专员便可降低检查频率,如遇咨询及时解答即可。

(三) 文献展览后

展览结束后,IPM专员可撰写展览监测报告提供至展览方,针对展览过程中的各项情况进行总结,帮助对方在未来的展览工作中形成常态化IPM意识和工作习惯,确保各类文献的展览安全。报告的内容可以包括:

- 展览基本情况(展览日期、文献类型及等级、展览期间当地气候)。
- 温湿度监控情况(监测设备类型及布点地图、数据统计与分析,调控设备的类型及数量、使用记录、调控效果)。
- 文献状态变化(是否产生形变、破损等异常情况)。
- 有害生物情况(若未设置监测陷阱则无)。
- 其他异常情况(读者不文明观展行为等)。

- 主要问题总结与改进建议。

三、其他馆员、志愿者及读者

除以上两种对象外,实施培训教育的范围还应涵盖图书馆内的其他馆员、志愿者以及读者,他们同样都是文献的直接接触者、使用者,成功的意识教育将有助于减少文献流通过程中使用者们可能造成的各种损害。教育的方式和内容可以包括以下几种:

(一) IPM 业务参观

IPM 工作所涉及的人员可能仅为图书馆内的少部分员工,而 IPM 业务参观导览是一种很好的宣传方法,可以让其他馆员看到 IPM 工作人员的实际工作。图书馆应为馆内员工制定一套参观方案,其中包括解释本馆 IPM 工作开展的内容与意义,展示不同环节的具体措施所使用的方法与技术,IPM 工作前后的对比和工作成果等等,积极引导其他馆员支持 IPM 并在各自岗位上共同为 IPM 工作出力,同时也有助于向后端 IPM 政策制定小组提供更多的真实前端案例与需求。这项参观导览活动同样可以推广至志愿者及读者。

导览讲解人员应熟悉本馆的整套 IPM 管理体系、管理范围以及 IPM 工作中使用的各种方法技术和设备的原理等,一般由 IPM 专员兼职完成。优秀专业的导览能够赢得大家对 IPM 管理的支持,并帮助员工进一步了解 IPM 工作,进而实现自己的服务价值。

2020—2023 年间,上海图书馆 IPM 工作组多次为单位员工开展 IPM 科普宣传活动,活动一般由 PPT 讲解和实地参观两个环节组成。PPT 主要内容为:IPM 的基本概念与含义、IPM 的主要程序与措施、文献受害形式及成因、受害文献的处理方式和设备等。最后则是针对不同参观者提出倡议,希望各位参观者可以在本职岗位上宣传 IPM 并参与到 IPM 工作中。实地参观环节主要有:在实验室中体验使用显微镜放大观察有害生物标本,至书库实地观察 IPM 监测陷阱的布置方式与效果,查看 IPM 员工针对建筑围护漏洞所采取的封堵措施,参观低氧气调设备等等。参观过程中讲解员会提出几个简单问题,答案都曾出现在第一环节的 PPT 中,通过此方式可加深参观者们对 IPM 知识的印象,真正达到宣传目的与效果。

(二) 志愿者岗前培训

除了图书馆本单位的员工,志愿工作者们也是一个不容忽视的教育对象,但是志愿者群体的年龄、职业、知识背景存在巨大差异,且每日流动性较大,对每一位志愿者进行系统的 IPM 宣传是较难实现也是不必要的。因此,我们可以仅对其进行具体 IPM 措施相关的培训教育,更有针对性也更容易实施。比如:在书库和书籍借/还处等能直接接触文献的岗位的志愿者,经简要图文资料教学后使其具备基础的虫霉判断能力,及时联系书库管理人员进一步确认异常情况;在阅览区域进行文明巡检的志愿者,要求其及时劝阻读者不当的饮食行为并引导至规定就餐区域。

(三) 制定读者入馆规范,制作提示标语

图书馆有各种保护馆藏资料的政策,有些基本政策是所有的图书馆所共有的,正如《中华人民共和国公共图书馆法》第四十四条所规定:"读者应当遵守公共图书馆的相关规定,自觉维护公共图书馆秩序,爱护公共图书馆的文献信息、设施设备,合法利用文献信息""对破坏公共图书馆文献信息、设施设备,或者扰乱公共图书馆秩序的,公共图书馆工作人员有权予以劝阻、制止"[①]。

图书馆可以设计电子格式或印刷格式的通知文件和宣传海报。一般来说,读者所带来的饮食问题是对 IPM 工作最大的挑战,上海图书馆在所有的官方平台都有入馆须知提示:"谢绝读者携带各类食品和有色饮料入馆",亦有上海健康医学院图书馆[②]和陕西师范大学图书馆[③]分别在微信公众号发布文章《严禁携带零食饮料进入图书馆》和《文明入馆,禁带饮食——关于图书馆禁带饮食的温馨提示》,图 4-3-2 中厦门大学图书馆和犹他州自然历史博物馆[④]设立趣味标语提示读者请勿在阅览区域进食。

---

① 中华人民共和国公共图书馆法[EB/OL]. [2023-03-16]. http://www.npc.gov.cn/npc/c12435/201811/3885276ceafc4ed788695e8c45c55dcc.shtml.
② 上海健康医学院图书馆. 严禁携带零食饮料进入图书馆[EB/OL]. [2023-04-10]. https://mp.weixin.qq.com/s?__biz=MzI4MDIzMDkyMQ==&mid=2247491364&idx=1&sn=2296cfdd86fcfb20ab80033412a74e2b&chksm=ebbaf242dccd7b54df607f7d9279cf4dbc1176b10f57bfb-dcd45badc0135e1b35d3eabb6cd37&scene=27.
③ 陕西师范大学图书馆. 文明入馆,禁带饮食——关于图书馆禁带饮食的温馨提示[EB/OL]. [2023-04-10]. https://mp.weixin.qq.com/s?__biz=MzIzODI0MTQ5Nw==&mid=2247500654&idx=2&sn=eb3e1533d9e98d5fd65f7ccb5e597fea&chksm=e93ed0d8de4959cecd5ec3269e5057626-db537c4520adb89d1c27d9e2f76ae7575db8e5f0720&scene=27.
④ Megan Mizuta, Natural History Museum of Utah Integrated Pest Management Working Group. Signs for Every Occasion[EB/OL]. [2023-04-10]. https://museumpests.net/wp-content/uploads/2018/03/IPM_Signage.pdf.

图 4-3-2　厦门大学图书馆和犹他州自然历史博物馆禁食标语

(四) 其他趣味宣传方式

公开宣讲可以教育没有机会接触专业 IPM 的公众。上海图书馆 IPM 工作组曾于 2021 年开展"文献保护宣传入校园"活动，为上海某高中的学生讲解上海图书馆 IPM 工作，通过知识科普和趣味体验活动提高学生们在自我日常生活中的图书保护意识。

小巧、制作精美的书签和明信片也是宣传 IPM 理念的好方法。如图 4-3-3 所示，加拿大桑福德弗莱明爵士学院(Sir Sandford Fleming College)的学生制作趣味卡通版害虫卡片[①]，以衣蛾、粉蠹、蟑螂等文献害虫的饮食习惯和生物特性为基础，进行拟人化形象和趣味故事创作，这种形式可以提高低龄读者的兴趣。

图 4-3-3　加拿大桑福德弗莱明爵士学院趣味卡通版害虫卡片

---

① Sir Sandford Fleming College's Museum Management and Curatorship program. ID Flash Cards [EB/OL]. [2023-04-10]. https://museumpests.net/wp-content/uploads/2014/03/BugFlashCards.pdf.

优秀的 IPM 业务培训对图书馆具有重要意义,它可以帮助图书馆快速建立一支合格的 IPM 工作团队,在馆内开展有效的有害生物防治工作,切实保护馆藏文献安全。图书馆的员工和文献的保护者必须让读者们在宣传中明白一个重要的观念,即损坏资料将影响他人的使用权,并鼓励他们树立保护馆藏资料的意识。因此,全体人员应共同努力确保馆藏资料的安全,以供当下和未来的所有人使用,保障知识传承与公共服务,这也是 IPM 培训教育的重大意义之一。

第四节　IPM 政策模板与实例

一、英国标准示例

英国标准(BS)认为,当需要翻新或设计一栋建筑、仓库或展览馆,或是遇到移动、引进藏品或其他物品的情况时,应当从初始时就将 IPM 政策设置为整个流程的一部分。① 这显示出,IPM 政策应建立在项目、任务和责任的框架之上,它定义了所有的职责和责任,涵盖了各种工具、技术、策略和行动,促进了信息的连贯、沟通和扩散。因此,应当由机构的高级管理层承担 IPM 的整体责任,如:确定目标;明确任务和责任,包括本机构内部部门与外部技术服务商;建立沟通流程和层级;提供必要的人力和财力资源;提供培训和发展(信息和沟通)的机会。该标准给出了有关文化遗产机构的 IPM 政策示例如下:

所有对象都有风险,并且可能对机构的其他部分构成风险。有机材料(例如纺织品、纸张、家具、临时藏品、自然历史和人种学收藏品)的风险最大。

所有工作人员都有警惕并意识到昆虫和其他害虫对物体构成威胁的责任。

IPM 协调员将负责制定和实施 IPM 计划,以确保该方案有效,包括确定沟通程序和报告的管理级别。

将提供充足的财政和人力资源。

将向工作人员提供有关 IPM 基础知识和有害生物识别的适当培训和支持。

---

① BS-EN 16790: 2016, Conservation of culturalheritage — Integrated pestmanagement (IPM) for protection of cultural heritage [S], UK: BSI Standards Limited, 2016.

所有进入建筑物的藏品都将接受检查程序,无论是自有物品还是借来的物品。

用于装饰和展示目的的材料和织物应谨慎选择和检查,以免成为害虫的食物来源或庇护所。

积极的监测计划将提供有关有害生物活动水平和地点的信息。

当害虫活动级别对藏品构成威胁时,将采取补救措施。

用于控制害虫的处理应适用于本机构和藏品,并应得到保护人员的批准。

IPM 计划将进行年度评估,以确保其进行更新以满足不断变化的需求和优先级。

二、政策模板

博物馆害虫工作组提供了一份政策文件模板,可以作为撰写馆藏 IPM 政策文件的范本[①]:

如果您已经有了标准的机构政策格式,则需要确保您的政策遵循该格式。

请注意,如果您的机构已经制定了馆藏管理政策或其他相关政策文件,则必须小心确保您的 IPM 政策与这些政策不冲突。

政策文件经常需要获得董事会级别的批准,因此应尽可能简明扼要,应避免谈论政策实施方式的细节(这些内容应包含在单独的程序文件中)。

本范本内各部分的标题,以参考为主,以厘定须涵盖的主题。可以选择在文档中完全省去部分标题,或限制它们的数量。

目标/范围

这是列出文件范围的简短声明。例如,食品控制政策文档可能以以下声明开头:该文档旨在阐明[机构名称]有关公共和非公共区域进行饮食的政策。

引言/理由

在文档的此部分中,应简要定义什么是 IPM,以及为什么有害生物管理对您的藏品和机构很重要。

适用性

此部分应阐明该政策适用的对象。该文件应明确指出一名工作人员,主要

---

① MP-WG PM Policy Template [EB/OL]. [2023-06-16]. https://museumpests.net/wp-content/uploads/2014/03/final-policy_Template.pdf.

负责确保馆藏和机构的政策被遵守,并相应地委派具体工作。

此部分还应包括有关员工、志愿者、承包商(包括餐饮服务商)在政策方面的角色和职责的一般说明。程序文件中应包含有关个人职责的更多详细信息。

支持/预算

在此部分中,应说明该机构将为其员工的有害生物管理活动提供适当的支持,并将分配足够的资金。您也可以指定负责确保此类资金可用的个人或组织。

培训

此部分应强调工作人员必须接受定期和适当的培训,因此它可能只是简短的声明。如果要将培训计划作为政策的一部分,则应注意这一点。培训细节应在程序文档中得到体现。

最佳实践

此部分应说明将采取适当的控制措施和程序。如果有适用于本政策文件的特定范围内的专业标准或最佳做法,则应在此处声明这些内容,作为机构在实施政策时将始终遵循的声明。

监测

此部分不应包含监测程序的详细信息(例如诱捕、观察等),这些细节应包含在程序文件中,而应说明如何评估该策略的有效性。

补救措施

这是在政策未达预期效果时应采取什么措施的说明,例如处理虫害暴发。如果您要执行一项专门排除化学处理的政策,则应在此处声明。同时,您应该避免讨论细节,这些细节将在程序文件中讨论。

文献资料

策略的此部分可能包括与该策略有关的文件列表,包括:与 IPM、馆藏管理、安全性等相关的其他政策文件;程序文件,其中列出了政策实施的细节;其他相关文件,例如相关专业标准。

修订/审查

定期重新检查该政策很重要,可以确保其时效性,同时还需将您在实施该策略过程中产生的修改纳入其中。这一部分应指定审查间隔、发起评审的负责人以及评审参与人。

三、加拿大自然博物馆有害生物综合管理政策

加拿大自然博物馆(Canadian Museum of Nature,简称CMN)有害生物综合管理政策的目的是记录博物馆对保护其馆藏免受有害生物破坏的承诺,并为博物馆有害生物管理相关事宜提供指导。

(一) IPM 政策

1. CMN致力于有害生物综合管理(IPM)。
2. 将维持一个有害生物防治工作组,管理CMN中与有害生物防治有关的问题。
3. 所有的工作人员和志愿者都有责任对有害生物的威胁保持警惕。
4. 将对工作人员和志愿者进行有关防治有害生物的适当培训和支持。
5. 将拨出足够的资金用于防治有害生物。
6. 将使用主动监测计划来提供有害生物活动水平和活动地点的信息。
7. 将维持有害生物防治措施。
8. 进入博物馆的物品,无论是CMN标本还是借来的物品,在进入收藏区之前都必须经过检疫、检查和常规消毒。
9. 将谨慎选择藏品/典藏区域使用的材料,以免增加有害生物侵扰的风险。
10. 当有害生物活动对藏品构成重大威胁时,将采取补救行动。
11. 化学处理只能作为最后手段。如果需要化学处理,则应选择毒性最小的方法。

(二) 政策实施指导

1. 有害生物防治工作组

1.1 有害生物防治工作组(Pest Management Working Group)是CMN的官方工作组。

1.2 有害生物防治工作组由来自整个CMN的代表组成。必须包含的部门包括典藏部、研究部和后勤部。可以包含的其他部门包括展览部和对外关系部。每栋楼至少有一位代表。

1.3 有害生物防治工作组每年至少开一次会。

1.4 由卸任主席选出的有害生物防治工作组新主席必须具有足够的有害生物防治实践知识。该职位任期两年。同一个人可能担任多个职位。该职位

可由两名共同主席担任。

1.5 有害生物防治工作组负责制定和推行CMN有害生物防治政策和指导。

2 员工培训与意识

2.1 确定成员职责。

2.2 在更换诱捕陷阱时告知陷阱用途。

2.3 在全体员工会议上进行年度讲演。

2.4 根据需要为有害生物防治工作组成员提供专业培训。

3 有害生物监测

3.1 陷阱。

3.2 报告表格。

4 控制措施

4.1 内务实践:清扫服务,尤其是垃圾清除和地板清洁。

4.2 物理屏障:关注高风险活动的地点(如动植物养护所、食品站);门、墙和地板密封条(密封建筑物渗透);砾石层;植被(建筑物附近的开花植物和有机覆盖物)。关闭窗户。使用适当的外部照明,如对昆虫吸引力较小的钠灯。

4.3 环境:无高湿度;迅速解决湿度异常问题,并通过良好的维护措施减少其发生率。

4.4 除指定区域外,避免在本机构内(包括职工)使用活的或干燥的植物材料。

4.5 新进物品:检疫(隔离、检查/处理来自不受控制环境的所有材料,包括包装材料,借入、装裱、新购或准备中的展览材料);冰柜冷冻(不应冰冻的材料有骨头、象牙、化石、矿物等)。

4.6 受感染物体的处理:冷冻除虫。二氧化碳气调法。由保管人员负责清洁或指导监督。化学处理只能作为最后的选择,使用毒性最小的替代品。记录所有处理措施(操作人、操作对象、地点、时间、具体措施)。

(三)附录

1. 员工职责

2. IPM 协调程序所规定的检查和处理传入对象的程序
3. 发现昆虫、鸟类或啮齿动物后的处理程序

四、上海图书馆实例

上海图书馆经过前期的充分调研与论证，在国内外文献资料的基础上，结合国外文博机构的实际案例与本馆文献保护工作的长期实践经验，特别是关于 IPM 的实践，从顶层设计上完成了 IPM 政策与程序的制定，共分为八个部分。

上海图书馆有害生物综合方案

第一章 引　　言

有害生物综合管理（以下简称"IPM"）是在预防性保护的基础上建立的长期、可持续的综合性措施。其旨在尽可能减少使用化学品的同时，采取预防手段，最大限度降低馆藏文献受到有害生物侵袭与损害的风险。

本文档适用范围包括上海图书馆本馆及外围书库。

第二章 目　　标

上海图书馆致力于馆藏文献的保存与保护工作，努力在符合健康与环境安全法规的框架下执行有害生物综合管理方案，保护珍贵馆藏免受虫害侵袭和污染。

第三章 职　　责

有害生物综合管理政策得到上海图书馆（上海科学技术情报研究所）（以下简称"馆所"）层面的理解与支持，经基层调研、试点实践、归纳总结等程序后完成顶层设计。IPM 成为业务处、物业安保中心、典藏中心等相关职能部门议程中的常设项目，该项重点工作由业务处统筹负责，协调相关行政部门、业务中心指定专员共同组建馆所有害生物防治工作组，通盘筹划、推进、开展馆藏文献与有害生物防治有关的工作。

物业安保中心主要承担建筑维护、内务管理等程序，典藏中心主要承担监测监控、隔离、感染处理等程序，并配合物业安保中心共同做好书库环境的内务管理，会展中心主要承担展厅环境的监督与维护。馆所所有工作人员和志愿者都有责任对有害生物的威胁保持必要的警惕，并始终遵守虫害综合管理政策和流程。

第四章　培训与教育

IPM 培训教育将帮助相关馆员及公众更深刻全面理解 IPM 工作的背景意义。馆所为工作人员和志愿者进行有关防治有害生物的培训提供支持。

第五章　措施与程序

措施与程序是 IPM 项目实施过程中具体的操作指南：首先对整体情况进行评估，随后原则上采取温湿度控制、加强内务管理、完善书库围护结构等预防性保护措施为馆藏文献提供稳定、洁净的良好保存环境，将虫害进入、侵扰和污染的风险降到最低，同时尽可能减少化学杀虫剂的使用。其中，建筑维护帮助切断阻碍有害生物入侵的路径；良好的内务管理可以有效杜绝有害生物的食宿条件；温湿度控制能创造出不利于有害生物生长的库房环境，同时也有利于保存环境的稳定。

馆内特别是典藏区域设置主动监测的方案来获取有害生物活动的水平和地点，陷阱的诱捕结果和现场目测结果必须记录在案，当虫害活动水平可能会对馆藏造成威胁或隐患时，应及时采取补救措施。馆藏或物品入库时，根据典藏管理制度规范，对可能具有虫害风险的文献、装具，应在入库前进行必要的隔离检查和处理，优先采用低氧气调杀虫等健康、安全的物理方法。

第六章　补救措施

为了防止虫害感染的进一步扩散，应在发现问题隐患的第一时间采取隔离措施以便进行后续处理。

首选低氧气调法对文献、装具等进行杀虫处理，必要时采用拟除虫菊酯熏蒸法对典藏风险区域或物品进行杀虫处理。

第七章　评　估

为保障 IPM 政策实施的有效性和针对性，应评估措施与程序的效果。

第八章　修订/审查

应由 IPM 工作组成员负责，每年对 IPM 政策内容进行一次修订/审查。

上海图书馆 IPM 工作以典藏中心既有的文献保护业务为基础，融合预防性保护理念为指导思想，整合多方面专业领域与技术，协调明确各部门职能，围绕 IPM 工作程序进行充分沟通，形成相应制度，逐步形成工作流程图及闭环管理方案。通过信息共享、培训和交流，培养加强了馆员在有害生物防治方面的意识，也促使整个团队的专业能力和知识深度不断提高。

第五章　IPM 的措施与程序

第一节　风　险　评　估

◎ **本节重点**

本节提出一套创新的图书馆藏品有害生物风险的综合评估方法,旨在通过积极主动的风险评估,抓住影响文献典藏虫霉风险的关键因素,利用有限的资源将潜在危害降到最低程度。

风险评估主要有 3 个流程:首先是把握图书馆整体情况的风险识别,其次是对馆藏文献的珍贵性与虫霉易感性的风险评级,及对藏品保存环境的风险评级,最终对应对措施顺序进行评估。依据综合评估结果,合理分配有限的资源,明确图书馆采取 IPM 措施的优先级,有助于其制定当前与未来的行动方案。

定期审查并更新评估结果,保障有害生物防治工作能提前发现潜在的有害生物风险,优化调整预防性保护的方向和进程,提升图书馆 IPM 效能。

◎ **关键词**

风险评估;风险识别;藏品风险评级;环境风险评级;风险应对排序;有害生物综合管理;IPM

一、风险评估

(一) 风险评估的概念

图书馆藏品的保存和保护,极易受各种可能会导致有害生物(虫、霉)风险因素的影响,因此图书馆必须采取积极主动的方法来管理潜在的虫霉风险,而管理风险的第一步就是评估风险[①]。有害生物风险评估是一种事前的管控机制,通过对一系列风险类目的监测、研判与评估,及时发现并防范潜在的虫霉风险,也旨在于资源有限的情况下尽可能地保护藏品免于有害生物的侵袭。风险评估是实现有害生物综合管理的前提和基础环节,主要包括风险识别、风险分级与风险应对。

风险识别着眼于全局,运用风险评估的方法对图书馆现有或潜在的虫霉风险形成初步判断与整体把握,预先识别出藏品现已存在或可能面临的有害生物风险,以期通过安全且经济的事前管控,避免大规模且费时费力的补救措施,或避免造成藏品不可挽回的损失。

囿于庞大的藏品数量与有限的可用资源,大多数图书馆并不能立即排查并消除所有风险点,此时对藏品及藏品环境进行风险评级,根据藏品的珍贵程度、易感性,以及藏品保存环境的风险评级等因素,综合研判后确定重点保护对象与采取预防性措施的优先等级,就能有重点、具针对性地采取相应策略。

(二) 风险评估的意义

风险评估是有害生物综合管理中预防阻断的基础,没有风险评估就很难对客观存在的现有或潜在危害进行有效把握。如果缺失风险评估机制,仅依靠定期巡查获得书库内有害生物活动情况,在发现虫霉之后再对已造成的病害损失采取补救措施,就无法真正意义上达成有害生物防治的目标效果,也会对图书馆的藏品、建筑、设施、资金以及声誉造成一定的伤害。

全面客观掌握藏品保存状况与潜在风险,识别与梳理图书馆环境特别是典藏环境中的风险因素,生成问题簇指示表,既有助于明确有害生物综合管理的必要性,也是科学构建防治体系、展开预防性保护措施的先决步骤。一旦厘定了预防性保护的方向和进程,就能明确预防性保护最有效的目标区域,那么有害生物防治效率的提高自然也是水到渠成。

需要注意的是,风险评估并非一劳永逸,而是必须定期审查和更新的持续过程。只有这样图书馆才能通过不断监测与评估风险,动态调整藏品与环境的风险评级,从而在潜在的虫霉风险面前保持领先。

---

① AMNH. Risk Assessment [EB/OL]. [2020-12-15]. https://www.amnh.org/research/science-conservation/preventive-conservation/risk-assessment.

二、风险识别

风险识别是主动掌握图书馆内害虫风险状况全貌的重要手段。因此,识别在涉及有害生物的风险项时,应涵盖藏品以及所在的建筑物整体,包括藏品本身、图书馆建筑物、典藏环境、制度保障等各类因素。

风险识别可以从多个维度着手,通过明确的评估内容与评估方法,协助评估者主动而非被动地把握图书馆有害生物风险隐患的整体现状。以表 5-1-1 为例,风险识别可以从七个方面着手,包括藏品、监测、隔离、制度保障、建筑围护、环境控制和内务管理。表格包含了相应维度的评估内容和方法,使评估人员对图书馆现有的虫害风险状况有一个清晰而客观的认识。

本风险识别表(表 5-1-1)是上海图书馆 IPM 工作组结合工作经验以及其他标准[1]、指南[2]开发的,对于有意愿开展有害生物风险识别的图书馆来说,既可以作为可直接参照的示例,也可以在制定具有本馆特色的风险识别方法时,为展开风险评估提供一个起点。

在制定具有自身特色的风险识别表的过程中,建议要有重点、有针对性。图书馆环境有大量的风险因素,对此应有各种预防与控制措施,难以面面俱到。本表对图书馆普遍存在的风险隐患进行了评估,但对于非日常的特殊情形,建议结合具体情况和形势,制定更有针对性的风险识别表,以满足识别和控制有害生物风险的需求。

表 5-1-1 风险识别表

一级类目	二级类目	评估内容	评估办法
藏品	了解藏品	① 了解藏品的易感性,确认该库内藏品主要种类是否为较易遭受虫害、霉变的类型 ② 该书库是否曾有虫霉暴发史	① 确认库内藏品材料构成是否为宣纸、织品等易被虫蛀或霉蚀的类型 ② 抽查文献,检查虫蛀霉变情况 ③ 核查过往虫霉登记记录 ④ 询问书库管理负责人

---

[1] 中国建筑西北设计院. JGJ 38—99 图书馆建筑设计规范[S]. 北京:中国建筑工业出版社,1999.
[2] 国家档案局. 国家档案局办公室关于印发《档案馆安全风险评估指标体系》的通知[EB/OL]. [2019-02-13]. http://www.saac.gov.cn/daj/tzgg/201902/fd66636dbe7c4a2a8ef7fdf6f3bcf57f.shtml.

(续　表)

一级类目	二级类目	评估内容	评估办法
	病害检查	① 应开展藏品受损、退变等病害状况检查 ② 藏品病害状况登记与分析应完整准确 ③ 应定期进行藏品虫害、霉变抽查	① 核查最近开展病害检查的时间 ② 各书库抽查一定数量藏品,核查相应的病害登记情况 ③ 核查藏品虫霉处理情况
	应急预案	① 应针对突发性虫害或霉菌大量暴发的情况制定应急预案 ② 应针对小范围藏品感染制定相应处理方案 ③ 有能满足抢救工作需求的技术人员 ④ 藏品抢救设施设备应满足抢救工作的需求	① 确认藏品相应应急预案 ② 确认藏品被虫霉侵害后的处理流程、工作记录 ③ 清点核查藏品杀虫、灭菌设备与设施
	藏品使用	① 使用藏品时其不应引入有害生物	① 检查藏品使用环境(如阅览室、展览厅等)是否适宜(需考虑温湿度、建筑密闭性、饮食禁令等)
监测	定期检查	① 应定期/不定期开展有害生物隐患处排查	① 确定待检隐患处位置 ② 核查检查记录,评估检查落实情况
	报告渠道	① 书库及流通过程中的工作人员应有固定渠道或热线、平台,以报告藏品的虫害、霉变情况	① 确认工作人员是否明确知晓报告渠道的存在,并检查其是否畅通
	固定巡查	① 应有固定专人通过陷阱监测(及其他监测方法)巡查书库虫害情况	① 查看巡查计划与巡查记录
	监测分析	① 应定期分析有害生物捕获及发现情况	① 查看有害生物巡查报告
隔离	隔离程序	① 应存在入库前专用隔离检查室或灭虫除尘步骤 ② 应设置消毒室并配备文献消杀设施 ③ 出库时间超过1个月的易感文献,入库前应进行消毒或杀虫处理 ④ 应有明确的隔离检查物品的范围、规则、要求	① 查看进馆藏品杀虫灭菌的场地设备 ② 查看隔离消杀制度落实情况 ③ 查看隔离消杀工作记录

(续　表)

一级类目	二级类目	评估内容	评估办法
制度保障	宣传培训	① 定期或员工入职时应开展有害生物宣传工作与相关知识培训	① 查看近3年培训计划
	职责分配	① 岗位设置合理,工作人员能满足防虫防霉要求 ② 任务明确、职责清晰、工作规范	① 厘定各组织的具体职责
建筑围护	本体漏洞	① 建筑本体无明显漏洞,如地板起翘、墙体开裂等 ② 白蚁危害地区,应对木质构件及木制品等采取白蚁防治措施 ③ 穿过书库墙体的管路、管线均应以不燃材料填塞密封	① 现场查看
	门窗	① 书库的门、窗应为无缝隙的密封型门窗 ② 若有可开启窗扇,应设有纱窗	① 现场查看
	防水防潮	① 书库的室外场地应排水通畅,防止积水倒灌 ② 馆内排水通畅,平台水管等无积水现象 ③ 室内应防止地面、墙身返潮,不得出现结露现象	① 雨日当天及次日去现场查看 ② 查看给排水竣工图
	给水排水	① 除消防水管外,书库内部不应有水管 ② 给水排水立管不宜安装在与书库相邻的内墙上 ③ 屋面不得直接放置水箱等蓄水设施	① 现场查看
	监控设备	① 应配备可实时查看的温湿度监测设备 ② 空调、除湿机等温湿度调控设备运行时能够满足标准规定的库内温湿度要求	① 现场查看 ② 查验近1年书库温湿度数据

(续　表)

一级类目	二级类目	评估内容	评估办法
环境控制	设备维护	① 采用水、汽为热媒的书库,采暖系统应采取有效措施严防漏水、漏汽 ② 通风、空调管道进、排风口应安装过滤装置,管道及过滤网应定期维护	① 现场查看 ② 查看滤网近1年维护记录
内务管理	清扫	① 有定期清扫计划,明确清扫频率与范围以及清扫力度 ② 清扫用品满足清扫需求	① 抽查近1年清扫记录、现场查验清扫效果 ② 查看清扫用具
	植物	① 书库内不应有任何类型的植株 ② 图书馆的绿化应选择不易滋生、引诱害虫的植物	① 现场查看
	食物	① 食堂、饮食区、食品小卖部等应远离书库设置 ② 书库内不应有员工常驻办公室	① 现场查看

三、风险评级

图书馆藏品数量众多、存藏情况差异巨大。日常工作中,由于资源有限,除镇馆之宝外绝大多数藏品往往无法分配到足量资源,管理者只能相对简单均衡地管理这些藏品。即使在风险识别后能够整体把握住馆内有害生物的风险情形,管理者可能依然会对海量的藏品、星罗棋布的书库/展厅/阅览室和有限的资源之间的矛盾感到束手无策[①]。此时对藏品以及藏品环境进行风险评级,将复杂的藏品与保存环境分解成更容易管理的大类,有助于确定预防补救措施的实施对象次序,有序开展后续防治工作。

风险评级主要涉及藏品风险与藏品环境风险的评级。其中藏品风险评级主要关注文献的珍贵程度和易感性,而藏品环境风险评级则需考虑藏品环境的温湿度、洁净程度、行为准则等多个因素。

综合藏品与藏品环境的评级结果可以作为资源倾向的决策依据,提供一种

---

① 王成.馆藏档案分级保护实现方式的研究[J].北京档案,2011,(02):22-24.

相对简洁的用以衡量产生有害生物影响与危害的可能性的方法,帮助工作人员决定投入防治资源的优先次序。简单来说,当发现一本珍贵且易感的藏书被保存于高风险评级的环境中时,图书馆应立即采取措施来降低该藏品环境的有害生物风险;而广泛流通的普通文献的环境被评定为低风险时,则可以采取更宽松的管理方法,将资源集中于更关键的地方。

(一) 藏品的风险评级

藏品的风险评级是为了在资源有限的情况下,确定不同藏品所需的保护水平,优先对更加珍贵或易感虫霉的藏品加强保护措施。

藏品的风险评级结果(珍贵程度、易感性)与虫霉导致造成的潜在损失之间具有较强的相关性,可以据此原则结合本馆藏品的实际情况,建立一套藏品风险评级表(表5-1-2)。

表 5-1-2　藏品风险评级表

藏品的风险评级	珍贵程度分级	珍贵文物 A
		珍贵藏品 B
		普通藏品 C
	虫害易感性分级	易感虫害 a
		相对不易感虫害 b
		不易感虫害 c
	霉菌易感性分级	易感霉菌 I
		相对不易感霉菌 II
		不易感霉菌 III

藏品风险评级表将藏品的珍贵程度分为 3 个等级(A、B、C),将藏品对虫害的易感性分为 3 个等级(a、b、c),将藏品对霉菌的易感性分为 3 个等级(I、II、III)。此外,也可以根据本馆的实际情况继续添加其他影响藏品风险的因素,形成具有自主特色的评级办法。

根据馆藏的风险评级分配资源,对藏品的保护级别做出轻重缓急各异的区分,达到对不同等级的藏品实施分级保护的策略,力求保护重点明晰、防治针对性强。

1. 藏品的珍贵程度分级

珍贵文献资源主要是指既具有历史文物价值，又具有研究价值的稀有文献[1]，它们不仅是文化遗产的重要组成部分，而且对于历史文化研究、学术研究以及国家安全等方面都有着重要的意义。馆藏藏品的珍贵程度是判断其风险等级的重要因素。通常而言，对藏品珍贵程度的分级不是针对个体藏品，而是针对特定区域内的主要类型藏品，这可以是同一书库内的藏品，也可以是书库指定区域内的藏品。如果局部区域内就包含了价值迥异的藏品（如古籍和现代文献混放），建议在能力允许的情况下及时分区保存藏品。

工作组在对藏品进行珍贵性分级时主要参考了《汉文古籍特藏藏品定级 第1部分：古籍》的"三性"分级方法[2]。分级时可考虑以下四点因素：

（1）历史价值

藏品的历史长短与它的珍贵程度往往成正比，历史悠久的藏品应该受到更多重视。越是年代久远的藏品其存世的可能性越小，其内在信息就越珍贵。

（2）学术价值

学术价值可以通过藏品内容的独特性和唯一性来衡量。独特性指藏品内容有独到见解、学派特点、创新意义等，能够为相关领域的研究提供新的视角和方法。唯一性是指藏品在形式或内容上具有不可复制或难以替代的特征，具有唯一性的藏品既可以是独一无二的藏品如手稿、绘画等，也可以是在现存文献中较为稀有或独一无二的反映某一时期、某一领域或某事件的资料内容，能够为相关领域的研究提供珍贵的资料来源。

（3）艺术价值

在同类藏品中具有独特稀有的藏品形式、材料、装帧等，都能够反映出不同的艺术风格和文化内涵，增加藏品的珍贵程度。而具有限可用性的藏品，如限量印刷品、首版书籍等，能够增加藏品的收藏性和珍贵性。

（4）保存性质

藏品的保存性质，即预期的保存时间与保存形式，在决定其重要性方面也起着一定的作用。以同一套普通现代印刷本为例，因保存性质的不同，目标寿命更长的保存本比阅览室的流通本更珍贵。

---

[1] 刘建忠.论馆藏珍贵文献资源的开发与利用[J].新世纪图书馆,2011,No.52(04):21-23.
[2] 国家标准化管理委员会.GB/T 31076.1—2014 汉文古籍特藏藏品定级 第1部分:古籍[S].北京：中国标准出版社,2014.

根据上述因素对藏品进行评估,并将其分为 A、B 或 C 类。C 类为不具备或几乎不具备这些因素的藏品;B 类为包含上述因素中一至二点的藏品;A 类为在 B 类基础上具有更高价值的藏品。

为实现藏品分级的初衷,各等级藏品的数量客观上遵循金字塔结构:A 类藏品数量最少,B 类藏品数量适中,C 类藏品数量最多。确保各等级藏品的合理分布,图书馆才能够根据藏品的珍贵程度实施有针对性的措施。

2. 藏品的易感性分级

藏品的易感性是指藏品发生虫蛀、霉变的风险等级。为了评估藏品易感性,图书馆应对其藏品进行全面调查以确定虫霉状况,找出馆藏藏品中有过虫霉记录的种类,重点防范既往有虫霉暴发史尤其是重复发生过这种情况的藏品及相应藏品环境。

(1) 对虫害的易感性

有着相近保存环境的同种类藏品,大多有着相近的虫蛀情况,除非存藏环境格外恶劣[①]。而不同种类的文献会由于纸张特性、包装装具等条件的差异,受各类虫害侵袭的风险具有一定差异性。

在对藏品进行虫害易感性评级时,应该重点关注藏品本身的材料种类。材质与装帧种类相同的藏品大多会显示出大致相同的恶化模式,因此很有必要了解不同藏品的特点,了解藏品易遭受的生物危害类型,识别出高风险和/或反复受到虫害侵袭的材料和物体并予以高度重视。

馆藏各有特色,在评级时难以将所有材质种类并包在内,而且同一种材质也会因为环境条件的差异而有迥异的虫害风险。因此,最简单的虫害易感性的分级方法是根据工作经验、藏品虫害记录来判断藏品的虫害风险和防治需求。例如,如果一类藏品有过虫蛀史(有非偶发性的蛀洞、虫尸、虫卵、虫屎等虫害痕迹),则将该类藏品分为相对易感的 a 类;将暂未多次或重复发现虫蛀痕迹,但仍有虫蛀风险的藏品归为相对不易感的 b 类;几乎不可能发生虫蛀的藏品则归为不易感的 c 类(表 5-1-3)。这种虫害易感性的标定方法可根据馆方实际情况进行调整,以符合不同馆的特色和需要,使工作人员能够根据藏品的具体情况来开展工作,而非遵循一成不变的标准。

---

① Margaret Child. Preservation Assessment and Planning [EB/OL]. [2023-05-30]. https://www.nedcc.org/free-resources/preservation-leaflets/1.-planning-and-prioritizing/1.2-preservation-assessment-and-planning.

表 5-1-3　虫害易感性级

对虫害的易感性	评级结果
相对易感	a
相对不易感	b
不易感	c

将藏品根据虫害易感性评定为 a 或 b 类,并不是一个固定的、不可改变的评级结果,两者之间可以互相转化。而代表了虫害不易感的 c 类藏品则不用考虑虫害问题,也无需进一步与环境评级相比较。如果在工作中发现被归为 b 类的藏品反复多次发生虫害,那么可以将之升级为 a 类。反之,长期没有发现新的虫害情况的 a 类藏品,在经过谨慎的评估与考量后,可以降级为 b 类。将分类从 b 类升为 a 类是相对简单的过程,但从 a 类降为 b 类则需要反复考虑和评估,以免带来隐患。

举例来说,某批藏品由于过去储存条件极其恶劣,有着远高于该类藏品平均水准的虫害迹象,因此将该类藏品评级为 a 类;当该批藏品来到安全的新环境后再也没发生虫害,经过 3 年以上的追踪评估的纵向比较以及与其他同种类藏品的横向比较,仔细斟酌后可以降为 b 类。

（2）对霉菌的易感性

霉菌孢子广泛存在于自然界中,且无法根除。轻微的灰尘堆积已足以作为其生长的基质。相对湿度超过 70% 时,霉菌会迅速生长并释放孢子,从而引起进一步的传播和扩散。因此,对于藏品而言,控制相对湿度才是控制霉菌生长的关键因素[①]。

不同于危害隐秘、成因复杂的虫害,霉菌的危害更加明显且成因更为直接。霉菌往往会先在藏品表面形成可视的迹象,同时其生长发育主要与高相对湿度有关,对藏品本身的依赖性较小。结合了藏品的珍贵程度和霉菌易感性的评估结果,可以用来确定控制环境湿度的实施对象的顺序（表 5-1-4）。

表 5-1-4　霉菌易感性级别

对霉菌的易感性	评级结果
相对易感	I

---

① BROWN SK, COLE I, DANIEL V, et al. Guidelines for environmental control in cultural institutions [R]. Canberra: Heritage Collections Council, 2002.

(续　表)

对霉菌的易感性	评级结果
相对不易感	Ⅱ
不易感	Ⅲ

根据经验，相对易感的Ⅰ类藏品主要包括皮革和纺织品类。在工作中，面对带有函套、漆布封皮或皮革封面等的藏品，应更加关注其情况，可以选择定期目视检查以确认霉变是否发生。

相对不易受到霉变影响的Ⅱ类藏品，如果长期存放于恶劣的环境中，也存在一定的霉变风险。此外，在特定情况下，Ⅱ类藏品也可能升级为相对易感的Ⅰ类：在类似环境条件下，其他藏品未出现霉变现象，但某种类型的藏品或装具频繁发生霉变，这可能是由于制作工艺或存藏经历等因素导致其本身材质含水量偏高，因此应将其升级为Ⅰ类；如果藏品遭受水浸侵蚀，可能导致后天增加了含水量，那么也应该在一定的时间（两年）内将其视为Ⅰ类，如果在此期间未出现新的问题，则可以将其重新归为Ⅱ类。

Ⅲ类藏品，如塑料或石碑这类合成材料或无机材料的藏品，基本没有霉变风险。但如果长期暴露在高湿度的环境下且表面积尘较多，那么藏品表面的积灰上有可能生长霉菌。不过这种情况与藏品本身无关，且不会对藏品造成任何直接损害，因此无需进一步与后续环境评级比较。

（3）虫霉易感性评级表

根据《文献保护与修复》中提及的各类的文献材质[①]，结合工作经历，上海图书馆制定了简易的藏品虫霉易感性分级表。馆方在建立自有评级系统时，可以将本表作为指南和示例。但本表并非完备，仅根据文献材质大类进行了粗略区分和评级，无法覆盖所有情形。因此，馆方还应考虑文献材质的具体成分、结构、状态、保存环境等因素，根据实际情况进行细致斟酌，以提高对藏品虫霉易感性评估的准确性和科学性。

如前文所述，表格中的a、b、c分别表示文献材质对虫害的易感性，其中a为虫害相对易感、b为虫害相对不易感、c为虫害不易感；Ⅰ、Ⅱ、Ⅲ分别表示文献材质对霉菌的易感性，其中Ⅰ为霉菌相对易感、Ⅱ为霉菌相对不易感、Ⅲ为霉

---

① 林明，周旖，张靖．文献保护与修复［M］．广州：中山大学出版社，2012．

菌不易感(表 5-1-5)。

表 5-1-5　虫害/霉菌的易感性评级表

材质分类	材质种类	类别	虫害评级	霉菌评级
文献载体材料	天然有机材料	传统手工造纸：麻纸、竹纸、皮纸、宣纸等	a	Ⅱ
		近现代机器造纸：包装纸、新闻纸、印刷纸等	b	Ⅱ
		纸草纸	a	Ⅱ
		羊皮纸	a	Ⅰ
	合成高分子材料	唱片、胶片、磁带、磁盘	c	Ⅲ
	无机材料	玻璃、金属、石料	c	Ⅲ
封面包装材料/装具	皮革	皮革封面、皮革包边等	a	Ⅰ
	木板	木质装具、木夹板等	a/b	Ⅱ
	纸制品	参照"文献载体材料/天然有机材料"	a/b	Ⅱ
	织品	棉织品、丝织品、麻织品：函套、漆布、丝织封皮等	a	Ⅰ
		化学织品	c	Ⅲ
	合成高分子材料	塑料唱片包装等	c	Ⅲ

虫霉会侵蚀藏品的薄弱部位，决定藏品的易感性时应以其最低评级为准。如某藏品的载体材料虫害评级为 a、霉菌评级为Ⅱ，装具虫害评级为 b、霉菌评级为Ⅱ，那么藏品的最终虫霉评级为 a 与Ⅱ。

(二) 藏品环境的风险评级

对藏品环境的风险评级是确保图书馆的藏品得到保护和保存的重要步骤。这一步骤包括通过实地踏勘书库、阅览室、展厅等藏品环境，根据表格进行风险评级，并为所有书库制作典藏环境基本情况登记表。藏品环境的风险评级结果有助于确定藏品所处区域的虫霉活动水平，而书库的登记表则记录了保存环境的具体条件和演变。两种方法相辅相成，提供了对藏品环境现状的全面了解，使图书馆能够快速了解不同藏品环境的危急情况，确定防治管理的优先次序并有效分配资源，及时采取适当的应对措施，以减少潜在风险。此外，通过跟踪环境评级的变化，可以确认已实行的措施是否行之有效。

1. 藏品环境虫霉风险评级

制定藏品环境风险评级表并使用该表来确定各个区域(包括书架、阅览室、展览厅等各类藏品实际使用、保存和流通的环境)中的虫霉活动水平,有助于确定馆藏所面临的潜在风险,并决定虫霉管理工作实施对象的优先次序。这使图书馆能够更有效地监控藏品环境中风险水平的变化,合理分配资源。通过对风险进行评级与排序,以确定所要采取的措施的优先次序,图书馆可以确保其努力和资源都集中在最紧迫的问题上。

表 5-1-6、表 5-1-7 与表 5-1-8 是可供参考的藏品环境虫害/霉菌风险评级表,可以快速确认各个区域所面临环境的虫霉风险水平,并在后续流程中与之前得到的藏品评级结果进行比较。

表 5-1-6　藏品环境虫害风险评级表

识别项	得分
害虫在该区域的任意位置都举目可及	10
五年内暴发过虫害	1
没有黏性陷阱监测虫害活动水平	1.5
黏性陷阱捕获较多的害虫(捕获均值＞10)	1
地板、立柱、窗台、角落,在半年内连续发现虫尸	1
随机抽检十个柜架,柜架上发现活动的害虫	1
随机抽检 10 个柜架,柜架上发现虫痕(尸体、卵、分泌物碎屑等)	0.5
随机抽检五个柜架的藏品,藏品内发现活虫或新鲜的尸体、卵、分泌物碎屑等	1
随机抽检五个柜架的藏品,发现相邻藏品存在新近蛀穿的虫洞	0.5
全年最高相对湿度高于 70% 的天数超过 60 天	1
全年最高温度高于 28℃ 的天数超过 30 天	1
密闭情况较差:墙体有缝隙孔洞裂缝、常年开启无防护的门窗等	1
允许放置植物	1
长期放置杂物	0.5
允许饮食行为	1
无定期清洁打扫计划(每年至少 1 次)	0.5
藏品出入库时未完成隔离检查程序	1

(续 表)

累加数值	评级结果
0≤X≤2	低风险
2.5≤X≤4.5	中、低风险
5≤X≤7	中风险
7.5≤X≤9.5	高风险
10≤X≤25	已感

表 5-1-7 藏品环境霉菌风险评级表

识别项	得分	为干霉、死霉时得分改为
每年藏品都会定期批量发霉	10	/
三年内暴发过霉菌	1.5	/
随机抽检10个柜架的藏品(优先检查角落与空调出风口、加湿器出水口路径上的藏品),发现有藏品发霉	2	0.5
藏品长期静置,积灰严重	1	/
藏品与墙壁、地面、柜架间距过小或直接接触	0.5	/
藏品环境空气流通性差	0.5	/
全年最高相对湿度高于70%的天数超过60天	2.5	/
全年最高温度高于28℃的天数超过30天	1	/
在需要降温的情况下缺乏除湿的能力和手段	1.5	/
墙体或天花板在雨天后会发生起皮、渗漏、滴水现象	2	/
快速目视检查区域内墙皮,发现发霉情况	2.5	1

表 5-1-8 藏品环境评级结果

累加数值	评级结果
0≤X≤2	低风险
2.5≤X≤4.5	中、低风险
5≤X≤7	中风险
7.5≤X≤9.5	高风险
10≤X≤25	已感

2. 典藏环境基本情况登记表

与其他藏品环境(如展览厅和阅览室)不同的是,书库是藏品长期存放的主要地点。因此,为了更好地管理和保护藏品,需要对每个书库的典藏环境进行全面的调查,记录并形成典藏环境基本情况登记表。典藏环境的规划数据与基本情况可通过多种方式收集,例如现场勘查、询问书库管理人员、设备测定和传输等。在记录信息时,应考虑多种因素,包括有害生物暴发史、温湿度情况与设备调控能力、门窗密封性、植被情况以及清洁频率等(表5-1-9)。

收集到的信息应该被准确和完整地记录下来,建议采用电子记录和实体登记表相结合的方式。电子记录可以方便信息的检索和获取,而张贴在书库门口的实体登记表可以将信息以简单易懂的格式传达给书库工作人员,有效提高保藏意识和责任感,以及对该地区虫霉生长可能性的认识。

书库出现主要变化时(如加装除湿机、清扫所有库内植物和杂物、环境风险评级变更等),应及时更新相应登记记录。

典藏环境基本情况登记表不仅可以作为环境相对应工作人员的参考工具,同时还可以使员工以小见大、全面了解图书馆的整体保存环境,有助于理解风险产生的原因。这些信息对于制定有效的害虫管理策略至关重要,并可用于确定图书馆中需要更多关注或需要额外资源来控制有害生物的区域。通过长期跟踪这些基本信息,可以看到有害生物控制措施的进展和效果,并在必要时做出调整。

表5-1-9 典藏环境基本情况登记表示意

xx 书库			
识别日期	yyyy. mm. dd	yyyy. mm. dd	
识别人员/书库管理人员	aa/bb	——(同左)	
藏品环境风险评级	中风险	中、低风险	
藏品主要类型	漆布装帧西文合刊	——	
风险评级	普通藏品 C 相对不易感虫害 b 易感霉菌 I		
是否有虫害、霉菌暴发史 (应于书库地图中标注出具体位置,附种类、发现日期与处理日期)	东南角的出风口周边藏品有霉菌暴发史		

(续 表)

xx 书库		
最热月平均温湿度	25℃/76%	25℃/66%
最冷月平均温湿度	20℃/44%	20℃/44%
库内调温设备	中央空调	——
库内调湿设备	开窗通风	除湿机一台
是否发生敞开无纱网防护门窗情况	否	——
库内是否存在植被分布、员工杂物	是	否
书库打扫频次	每年春末	——
……		
备注	首次识别	于 yyyy.mm.dd 加装一台除湿机

（三）藏品风险评级和藏品环境风险评级的实际运用

基于藏品珍贵程度和虫霉易感性的藏品风险评级可以作为一个参考点，用于衡量藏品环境的风险等级是否适宜。表 5-1-10 和表 5-1-11 是举例用的藏品与环境虫害/霉菌风险评级对照表。

表 5-1-10 藏品与环境虫害风险评级对照表

藏品类别 （请根据实际情况进行珍贵程度评级）	藏品评级 （珍贵程度、易感性）	对应环境最低虫害风险要求
（珍贵文物 * 相对易感虫害）古籍善本/（珍贵藏品 * 相对易感虫害）碑帖拓本	Aa/Ba	低风险
（珍贵文物 * 相对不易感虫害）民国档案/（普通藏品 * 相对易感虫害）现代国画	Ab/Ca	中、低风险
（珍贵藏品 * 相对不易感虫害）民国相片/（普通藏品 * 相对不易感虫害）开架杂志	Bb/Cb	中风险

表 5-1-11 藏品与环境霉菌风险评级对照表

藏品类别 （请根据实际情况进行珍贵程度评级）	藏品评级 （珍贵程度、易感性）	对应环境最低霉菌风险要求
（珍贵文物 * 相对易感霉菌）摇篮本/（珍贵藏品 * 相对易感霉菌）再造善本	AⅠ/BⅠ	低风险

(续 表)

藏品类别 (请根据实际情况进行珍贵程度评级)	藏品评级 (珍贵程度、易感性)	对应环境最低霉菌风险要求
(珍贵文物＊相对不易感霉菌)古籍善本/ (普通藏品＊相对易感霉菌)漆布合刊	AⅡ/CⅠ	中、低风险
(珍贵藏品＊相对不易感霉菌)碑帖拓本/ (普通藏品＊相对不易感霉菌)开架杂志	BⅡ/CⅡ	中风险

在实际应用中,第一步是确定藏品的风险评级(珍贵程度、虫霉易感性),第二步是确定相应藏品环境的风险评级,第三步是比较两者,确认环境是否满足要求。

以虫害风险评级对照来举例,易受虫害影响的珍稀藏品为 Aa 风险,存放该藏品的环境最低评级应为低风险。同样地,一本虫害相对不易感但稀有的藏书可能被评为 Ab 风险,而相应的藏品环境至少应为中低风险。另外,现代的、广泛流通的纸质书籍可能被评为 Cb 风险,相应的基藏书库或阅览室应为中风险。

如前文所述,不易感的 c 类以及Ⅲ类藏品无需考虑虫害或霉菌问题,没必要进入该流程。

下面以上海图书馆第一善本库和基藏书库某楼层对风险评级的应用为例,介绍具体流程:

1. 确定藏品的风险评级
- 第一善本库:根据库中善本的珍贵价值(A)以及易受虫蛀(a)、不易发霉(Ⅱ)的特性,藏品风险评级为 Aa、AⅡ。
- 基藏书库某楼层:主要藏品种类为漆布封面的西文期刊合订本,普通藏品(C)、不易被蛀(b)、易发霉(Ⅰ),藏品风险评级为 Cb、CⅠ。

2. 确定相应藏品环境的风险评级
- 第一善本库:藏品环境虫害风险评级表(表 5-1-6)与藏品环境霉菌风险评级表(表 5-1-7)在善本库的环境评级过程中都没有得分,评分为 0,即善本库环境的虫霉评级结果俱为低风险。
- 基藏书库某楼层:根据环境风险评级表,该库环境虫害得分项有:陷阱捕获较多、角落发现虫尸、柜架发现虫尸、相对湿度略高、密封性不足、内置杂物、无隔离检查程序,得分 6 分,评为虫害中风险;而霉菌得分项有:

3年内暴发史、空调出风口有藏品发霉、长期静置、间距过小,得分为5分,评为霉菌中风险。

3. 比较评级结果

- 第一善本库:环境评级结果为虫霉"低风险",满足善本"Aa"以及"AⅡ"所需环境的最低风险评级要求(表5-1-9、表5-1-10),应继续保持。
- 基藏书库某楼层:该库环境被评为虫害中风险,满足"Cb"级藏品的环境要求;该库环境被评为霉菌中风险,无法满足"CⅠ"级藏品的要求"中低风险",应及早处理应对,以防库内藏品大范围霉变造成损害。

评级流程完成后,如发现馆藏环境风险评级不达标,应及时采取应对措施,降低藏品环境风险等级。如资源有限,无法全面改善环境,应优先对那些风险评级较高(更有价值、更易受到虫霉侵害)藏品的所处环境进行干预。

藏品的风险评级仅取决于藏品的本身性质,而藏品环境的风险评级则可以通过各种措施来改善,因此需要定期更新藏品环境风险评级,以保证评级的有效性。通过整合地点、时间、评级结果,可以清晰地展示不同区域的藏品随时间变化的风险参数变化趋势,有助于识别一些系统性和长期性问题,并将这些变化与季节变换带来的无害变化区分开来[①]。

四、风险应对排序

第一部分的风险识别是为了正确了解并梳理图书馆的潜在有害生物风险,为图书馆有害生物综合管理提供依据,第二部分的风险评级能够确定措施实施对象的先后顺序,而第三部分的风险应对排序则是根据效益与成本确定风险应对措施实施的次序。这三部分共同决定了有害生物防治的方向,确保资源都集中在关键问题上。

在排查风险后,图书馆往往会发现馆内存在大量可能导致有害生物侵袭的因素,此时需要采取多种相对应的措施程序,以改进完善现有状况,从而有效保护馆藏免受有害生物侵袭。然而,由于资源有限,图书馆往往无法立刻完成所有措施程序,因此在风险识别后,需要评估各项风险所能造成的影响和潜在危害,决定哪些措施和程序具有优先权。

---

① 保罗·加赛德,凯伦·布拉德福德,萨拉·哈姆林."组合报告"在大英图书馆预防性保护中的应用[J].马瑞文,译.中国博物馆,2021,(S2):212-216.

风险应对措施程序的选取需要平衡成本和效益的关系,通过影响力、可行性和紧迫性来确定其优先次序。这种方法有助于图书馆合理利用有限的资源,确保资源不会分散在多个低优先级的行动中,而是集中在最紧迫的风险上,最终提高有害生物防治的效率。

(一)排序标准

在确定保护行动的优先顺序时可以考虑3个标准,即基于影响力、可行性和紧迫性进行综合考虑[1],以确保在现有的资源和限制条件下,能够采取更适当的措施。

在没有暴发虫霉的情况下,影响力和可行性应该是考虑的主要因素,而在暴发虫霉的情况下,紧迫性则应该是最优先考虑的。

1. 影响力:一项措施能在多大程度上改善机构藏品的保存

高影响力措施是指实施后可以明显改善有害生物侵袭风险的行动,因此被赋予更高的优先权。这需要仔细评估一项措施的直接和间接效益,考虑到藏品的状况、虫霉发生的可能性以及不采取行动的潜在后果等因素。

2. 可行性:一项措施实施时所需的资源

有些措施可能很简单,直接就能实现,而有些措施可能需要在人员、资金和其他资源方面进行大量投入。在评估可行性时,重要的是要考虑:人员配置水平和专业知识(技术和管理能力的可用性)、财务影响(资本支出、材料和服务支出、持续运营成本、筹款潜力),以及时间的可用性等。

3. 紧迫性:需要立即实施的措施应提级到最高优先级

有害生物暴发时,应立即采取相应措施,以减轻风险并防止对藏品的进一步损害。

(二)排序应用

在一个没有紧迫情况,即整体环境得到控制、没有暴发有害生物的图书馆中,确定应对措施的优先次序时,需要考虑拟议措施的影响力和可行性。可以通过制定"影响力-可行性"风险矩阵(图5-1-1)来实现对不同措施的评估,使图书馆能够把注意力集中在具有最大潜在影响和最有可能实现的措施上。

---

[1] Dr. Margaret Child. Collections Policies and Preservation [EB/OL]. [2023-06-05]. https://www.nedcc.org/free-resources/preservation-leaflets/1.-planning-and-prioritizing/1.5-collections-policies-and-preservation.

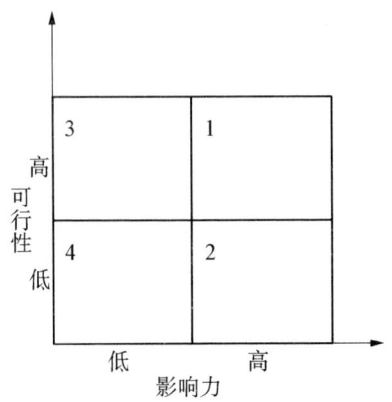

图 5-1-1 "影响力-可行性"风险矩阵

制定矩阵时,需要根据每个措施的影响力和可行性进行归类。通常情况下,容易实施并有重大影响的措施被赋予最高优先级(第1优先级),而非常有效但难以实施的措施被赋予下一个优先级(第2优先级)。对于那些比较容易实施但影响较小的措施,它们属于第3类(第3优先级)。最后那些难以实施且意义不大的措施被赋予最低优先级(第4优先级)。

- 易于实施且影响巨大的(第1优先级)措施应被赋予最高优先权;
- 在实施过程中存在一定困难,但影响力很高的(第2优先级)措施,应该权衡项目所能产生的作用与机构所能调配的资源后,再决定项目的实施次序;
- 实施较易、收益不大的(第3优先级)措施,可选取部分极易做到且有一定收益的项目,同时选择性地淘汰部分项目;
- 难以实施且影响不大的(第4优先级)措施则可以被推迟或忽略。

根据每项措施的影响力和可行性仔细考虑风险矩阵,可以帮助确保图书馆的有限资源得到有效利用,确定实施的重点偏向,达到最佳效果。

第二节 围护结构

◎ 本节重点

图书馆建筑的围护结构在构建支撑起图书馆建筑的同时也是防范有害生

物入侵藏品环境的第一道防线,既能将有害生物阻断在库房之外,又能有效避免内部的交叉感染。

定期检查、维护建筑围护结构,确保将有害生物排除在库外,是保障藏品安全的重要前提。合格的建筑围护结构应当封闭所有孔洞、裂纹和缝隙并适当密封所有管道与门窗,隔断有害生物入侵库房的通道。同时,合理的引水结构、户外控制等可以有效避免为有害生物提供适宜环境,减少有害生物入侵频次。

通过物理手段在源头保护馆藏免受有害生物侵害,是在预防阶段进行的前瞻性措施。

◎ 关键词

建筑围护结构;密封结构;维护结构;有害生物综合管理;IPM

一、围护结构的概念和作用

(一) 围护结构的概念

《建筑工程建筑面积计算规范》(GB/T 50353—2013)[①]详细规定了围护结构的定义、类型和基本要求。围护结构指的是包围建筑物及房间各面的围护物,分为透明和不透明两种类型。不透明围护结构如墙、屋面、地板、顶棚等主要承担支撑建筑空间的作用,而透明围护结构如窗户、天窗、阳台门、玻璃隔断等则更多地承担采光和通风的作用。对于图书馆的围护结构来说,保温、隔热、防水、防潮、耐火和耐久等基本特性是必不可少的,只有具备这些特性的围护结构才能保障藏品的安全和藏品环境的稳定,而良好的完整性和密闭性同样能让建筑围护结构很好地抵御外界有害生物的入侵。

在图书馆建筑中,围护结构发挥着骨架和皮肤的双重作用,不仅承担着支撑建筑空间的框架作用,同时也是用以阻挡外界的风雨、温湿度变化、阳光辐射等不利影响的保护壳。在防止有害生物入侵方面,围护结构是最为重要的组成部分之一,是防范有害生物侵入的第一道防线。如果围护结构的完整性和密闭性不足,就会为有害生物提供侵入的途径,从而危及藏品的安全。

---

① GB/T 50353—2005 建筑工程建筑面积计算规范[S].北京:中国计划出版社,2005.

(二)围护结构在 IPM 中的作用

在《图书馆建筑设计规范》(JGJ 38—2015)①、《信息与文献 图书馆和档案馆的文献保存要求》(GB/T 27703—2011)②中也提到了图书馆建筑的围护结构,但关注的是维护温湿度稳定与防尘防污染这两方面,忽视了围护结构的密封性在有害生物防护上能够起到的作用。而本节则重点关注围护结构在有害生物防治中能够起到的作用,即在 IPM 中的作用。

围护结构是图书馆内部与外界之间的物理屏障。封闭的围护结构可以有效地防止有害生物的入侵,如果屏障出现了裂缝和漏洞,则相当于为有害生物敞开了通往内部的大门③。建筑物外部环境中的白蚁、地毯甲、衣蛾等害虫,不会放过任何进入建筑物并大快朵颐的可乘之机——未密封的门窗、管道、屋顶、地基、墙壁上的缝隙等围护结构缺陷。即使多数外源有害生物对馆藏暂时没有产生即时危害,其留存的尸体与排泄物也会为其他有害生物提供营养。此外,存在漏洞与缺陷的围护结构会导致库房温湿度的不稳定,为藏品带来巨大隐患。

围护结构在防止外界有害生物进入内部的同时,也扮演着阻止内部有害生物传播的重要角色。围护结构的缺陷会导致内部有害生物在库房之间交叉感染,感染区域中滋生的成虫会通过管道、缝隙等途径在库房之间传播,导致传播面更广的虫害暴发。

围护结构是 IPM 程序的上游预防环节中的重要一环,以"隔绝"为主题,旨在通过有效的封锁措施,阻断有害生物进入库房的途径、杜绝会滋生或吸引有害生物的环境。修复围护结构的缺陷是预防有害生物交叉感染的关键措施之一,同时也是长期有效的防治策略的重要组成部分。

案例学习 ▶

围护结构初探索

为科学掌握与评估典藏环境害虫活动水平,上海图书馆于 2019 年 8 月起

---

① JGJ 38—2015 图书馆建筑设计规范[S].北京:中国建筑工业出版社,2015.
② GB/T 27703—2011 信息与文献 图书馆和档案馆的文献保存要求[S].北京:中国标准出版社,2011.
③ BS-EN 16790: 2016. Conservation of cultural heritage — Integrated pest management (IPM) for protection of cultural heritage [S], 2016.

开展 IPM 虫害陷阱监测工作。选取两栋建筑各一个楼层的库房，共布置 122 个黏性陷阱点。

根据 2020 年 5 至 8 月间 4 次库房陷阱检查结果统计分析比较得出：捕获的有害生物中有 90.4% 并非典藏环境中危害纸质文献的常见害虫；几乎所有捕获的有害生物都来自沿墙靠门位置的陷阱，库房内部及立柱边的陷阱几无所获；害虫的种类与数量会随季节改变。由这些特征可初步推断除少量库内依靠蛀蚀馆内藏品来发育繁衍的内源有害生物外，有大量外源有害生物通过建筑缺陷进入库房内部。

在后续现场进一步勘查求证的过程中，经仔细查验发现库房围护结构的确存在墙面剥落、墙体裂缝、窗与窗框无法紧密闭合等问题，且位置与周边陷阱点的捕获生物数量具有相当大的关联性。这也佐证了围护结构缺陷的确会成为有害生物进入库房内部环境的通道。

二、围护结构维护的具体方法

常规和积极的维护可以确保图书馆围护结构的完整性，从而作为保护馆藏的第一道防线来防止有害生物的入侵。通过采用机械和物理策略，如密封围护结构和定期检查养护，能够将有害生物排除在建筑物之外，这是具有前瞻性且能够安全有效地防止有害生物入侵的预防性措施。

在 IPM 中，针对围护结构部分的具体操作主要包括以下两个方面：第一，密封建筑物上的裂缝、门窗管道的漏洞等，以防止有害生物据此进入建筑物；第二，定期检查和维护建筑物内的环境，设法避免滋生或吸引害生物的存在，如积水或积物等。

为了更好实现这些操作，在考虑相关设备的安装或改装时，可以结合风险评估中的风险评级结果、预算、人力等制约因素来完善。同时，也需要安排日常或定期的巡检来进行检查和维护。

（一）密封围护结构

密封围护结构的目的是有效阻止外界有害生物进入内部，并避免有害生物在室内传播。如果无法对整个建筑进行完全的密封处理，则应优先考虑对风险评估结果较高的区域、虫害易发的区域以及存在漏洞的位置进行处理，更有针对性地防治危险程度较高的区域。不过也不能忽视其他区域的防治，应该制定全面、细致的防治方案,确保每个区域在未来能得到适当的处理。

密封维护结构是防止有害生物进入建筑物的关键措施。建筑物内外存在的孔洞、裂缝、缝隙,以及门窗和管道等,都可能成为有害生物进入内部或在内部流转的通道。为了避免这种情况的发生,需要尽可能填补这些漏洞。下面将介绍一些密封围护结构的处理方法。

1. 地基/墙体/屋顶

这类建筑外部结构上的缺陷可能会成为有害生物进入室内的路径。昆虫可以通过 0.5 毫米的裂缝进入,蝙蝠可以穿过大于 5 毫米的裂缝,老鼠则可以穿过最小 12 毫米的孔洞[①]。因此,应该填补建筑物地基、地板、走道、墙体、天花板和屋顶等部位的裂缝、缝隙和孔洞等缺陷。在密封处理前,需要彻底清除裂缝和缝隙内的污垢和灰尘,以确保密封效果。

以下是一些填补缺陷的方法:

- 对于较小的缺陷,如裂纹和缝隙,可以使用具有良好的黏附性、耐水性和耐热性等特点的密封胶,如硅酮密封胶、聚氨酯密封胶或丙烯酸密封胶。清洁后直接使用这些密封材料填补缺陷并抹平表面即可。
- 对于较深的缺陷,例如设备(空调、缆线、风管、水管等)安装过程中穿刺所导致的缺陷,可以先使用泡沫塑料或聚氨酯发泡胶填充中间部分,然后再使用密封胶覆盖表面。
- 对于较大的缺陷,可以在缝隙处填砖或敷水泥浆,然后再使用密封胶覆盖表面。

请注意以下事项:

- 因墙面本身结构层开裂导致的缺陷,需要请专业人员根据实际情况采取相应措施进行修复。
- 将密封建设物上的无用的孔洞都堵上,将进出墙壁的电线、水管、电话线、排污管周围的缝都填上。
- 除了在地基处进行密封,也需要在屋顶上进行密封,以防止攀爬的动物进入室内。
- 清除屋顶上发现的哺乳动物、鸟类或昆虫的巢。

---

① IPM-WG. Preventionbuildingenvelope [EB/OL]. [2020-03]. https://museumpests.net/prevention-introduction/prevention-building-envelope/.

- 除了填补走道和混凝土板的裂缝之外,还需要注意墙壁、防水板和屋顶上的松动或损坏区域。
- 避免使用平壁架、平屋顶和圆柱,以防成为鸟类栖息和筑巢的场所。

我们曾经在与书库相连的某办公室内发现大量外源性的白蚁尸体,这表明该办公室存在结构缺陷,且已经成为有害生物进入室内的路径。经现场勘探,发现该处墙体外侧墙面漆斑驳脱落、连接外部平台的门无法紧密闭合。为应对这一情况,图书馆为其安装了兼顾防虫要求与通风需求的纱门,并要求物业管理部门修补墙面缝隙并在墙体下端铺设瓷砖。在次年同期对该办公室的复查中,发现白蚁数量显著下降,证明所采用的密封措施效果良好。

2. 门窗

门窗是围护结构的薄弱部分,也是有害生物进入书库的主要通道之一。为了减少有害生物入侵概率,可以采取以下措施:

- 限制门窗的数量和面积。如果书库有多扇门,则应选择其中一扇作为主要入口,其他门可以封闭或者限制开启次数。
- 在门两侧和门框顶部安装密封条(图 5-2-1)、门底安装扫门器(图 5-2-2),防止有害生物、灰尘和垃圾通过门缝进入室内。确保门与门框、门底与地面之间的间隙充分密封,如果站在内部能看到门下的光,则说明该门没有正确密封。

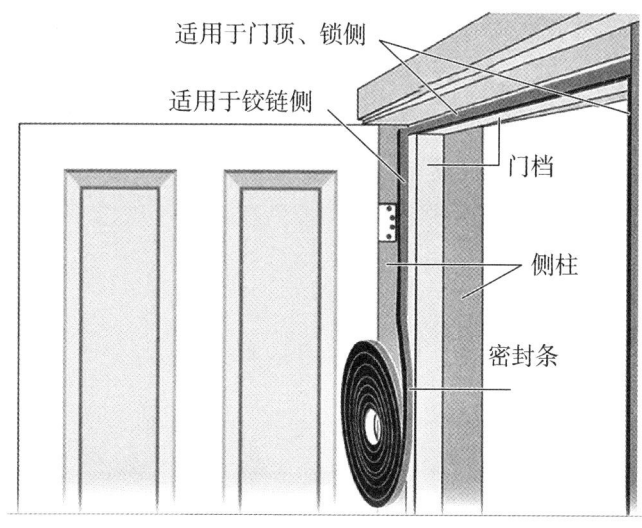

图 5-2-1　密封条

图 5-2-2 扫门器

- 应使用密封条或结构胶密封所有窗户。
- 所有能够打开的窗户都应安装防护有害生物的纱窗,并且窗纱应与窗框紧密密封。建议使用 10 目或更小的铝筛网,铝筛网防锈且易清洗,能够有效地防止有害生物进入[1]。
- 避免使用为鸟类提供栖息和筑巢场所的凹入式窗户。
- 避免在库门或外门上安装灯具,减少外部可见的室内照明设备的使用,降低光诱害虫数量[2]。如果需要在门口进行照明,则应该选择光线柔和、温度较低的灯具,如 LED 灯,或设置感应开关以实现自动照明。

我们在实践中针对门窗也采取了一系列措施。接触到 IPM 围护结构的理念后,我们在书库门上安装了扫门器,以限制有害生物进入,对于与平台相连的书库门则额外安装纱门。此外,在巡查书库的过程中,我们经常发现一些窗户由结构胶老化导致密封性变差,此时馆员就会及时采取措施,为窗户重新打结构胶或密封胶泥等。通过这些简单的实践措施,能够切实提升门窗对于有害生物的防护。

3. 管道

水管和通风管道是有害生物进入内部的常见途径之一,因此需要特别注意

---

[1] American Museum of Natural History. Division of Paleontology Pest Management Policy [EB/OL]. [2020-03]. https://www.amnh.org/research/natural-science-collections-conservation/general-conservation/preventive-conservation/integrated-pest-management.

[2] IPM-WG. Prevention environmental controls [EB/OL]. [2020-03]. https://museumpests.net/prevention-introduction/prevention-environmental-controls/.

对其进行密封。除通道本身外，还需额外注意密封住由于穿刺导致的孔隙。具体注意点如下：

- 书库应有独立的通风管道系统，避免虫霉通过管道进入。
- 所有外部管道通风口均应装有防护网，避免外源有害生物进入管道体系；库内出风口处也应装有防护网，避免库间的交叉感染。
- 通风口及周边应无阻塞，定期清理进气口和排气口周边杂物。
- 建议使用可拆卸的、不易腐蚀的防护网，以便定期清洁。使用网眼为 1 毫米的防护网可以限制大多数昆虫。同时也需要注意防护网是否通风良好。
- 除消防管道外，书库内不应有任何其他类型水管[1]。在书库有用水需求时，应该通过外部接水，而非通过内部水管。
- 禁止在书库内设置卫生间和盥洗室。
- 毗邻书库的下水管应具有反水弯结构，防止下水道气体和有害生物进入内部。
- 建议毗邻书库的地漏套上密纱网。
- 屋檐或落水管应把水引流至建筑物 2 米外，以避免水分和湿度对书库内部环境的影响。

（二）定期检查和维护

定期检查和维护应该针对围护结构内外的各个部分，既要注意前文提到的地基/墙体/屋顶、门窗与管道的处理，也要注意检查是否存在积水、漏水和潮湿的情况，以及户外环境中是否存在可能诱发有害生物的因素，例如垃圾、污水、草木、杂物等。定期巡查维护能够及时发现问题并采取有效措施，确保藏品环境始终处于良好状态，并避免可能导致有害生物滋生的不良条件。

定期检查和维护的措施包括：确定检查方法，建立围护结构检查维护计划，详细记录每次检查以及维护的时间、内容和结果，便于日后的管理。具体的检查频率应该由检查项目确定，确保每次巡查都能够全面细致地检查，及时处理问题。

1. 检查与维护

可以将检查与维护（以下简称"检维"）分为 3 项，分别是密封性检维、积水

---

[1] Jones L, Pupedis R. Integrated pest management challenges in a retrofitted building for Yale Peabody Museum collections [J]. Collection forum, 2011, (25):121-128.

检维、户外检维。

(1) 密封性检维

对围护结构的密封性检查主要采用目视检查法,无需使用复杂的仪器设备,只需要一些简单的工具,如放大镜、尺子、铅笔等。目视检查法的步骤和注意事项如下:

- 在光线充足的条件下进行检查,避免阴影或反光的干扰。
- 按照固定的顺序和方向进行检查,避免遗漏或重复。
- 对于不同的材料和结构,采用不同的观察角度和距离,注意细节和整体的协调性。
- 对于发现的缺陷,应及时标记并拍照记录,以便后续的处理和修复。

在对密封性的检查和维护过程中,需要查找围护结构的裂缝、缝隙、孔洞等缺陷,检查门窗、管道、排水系统等处的密封状况,对于有损坏或裂缝的围护结构应及时修缮、维护或更换,防止问题进一步恶化。还需要检查围护结构的外观,及时处理发现的腐蚀、老化、损伤等情况。具体的检查内容包括以下方面:

a) 外部结构

- 每年检查外墙、屋顶和地基,这些部位是围护结构的基础外部结构,需确保它们没有明显的裂缝和损坏。在查找裂缝、缝隙、孔洞等缺陷的过程中,应特别注意建筑的连接处、转角处、开口处等易产生应力集中的部位。还需注意管道、排水系统等穿刺了外部结构的接缝处、穿墙处等易产生渗漏的部位。
- 定期计划之外,在台风来临前还需要额外检查墙壁和屋顶上任何可见的松动或损坏的区域,并在台风过后检查书库内外是否有受损或漏水的地方,如果有,则及时清理修复。

b) 门窗密封条和滤网

- 每年检查门窗的密封条和滤网是否破损或松动,及时修缮。
- 每年检查窗户的密封条、结构胶的老化情况,及时更换。

c) 风管和防护网

- 每年检查风机和管道,根据需要清洗过滤器、更换老化部件。
- 每季度检查管道进风口的防护网是否有堵塞或损坏、锈蚀、变形等情况,并及时拆洗更换。
- 每年检查管道出风口的防护网是否有堵塞或损坏、锈蚀、变形等情况,并及时拆洗更换。
- 每年用专业的清洁工具和清洁剂对管道内部进行清洁,去除灰尘、污垢、油渍等。
- 每年检查管道破损情况,及时修理。

(2) 积水检维

积水中容易滋生有害生物,而建筑的屋顶或平台因风雨侵蚀尤其容易积水,这两个部位的积水甚至可能渗入书库内部引起相对湿度的异常。因此,应修复导致积水现象的因素,让建筑保持快速排水的能力。积水检维的内容包括以下方面:

- 每年检查屋顶和平台防水层是否完整牢固、无老化破损等现象,及时修补破损部位、更换老化材料。
- 每季度检查屋顶、平台是否有污水坑,检查排水系统是否完好无损、畅通无阻,检查排水管、外部排水沟、下水道、落水管和沟渠是否有积水或积物现象。及时清除杂物、污垢、生物。
- 在遭受台风、暴雨、大雪等特殊天气后,应检查屋顶和平台是否有积水现象。若发生积水,应及时排除。
- 图书馆内及周边请避免使用喷泉和池塘类景观。
- 建筑物周围应铺设石子地带或石块面路,确保排水能力。
- 地表应向远离建筑物的方向倾斜,避免积水汇集。

(3) 户外检维

图书馆的户外环境会影响内部环境,也会影响藏品的安全。户外有害生物不仅可能自发地入侵图书馆,也可能随着人员、藏品、物品等从户外携带进入。因此,将户外纳入检查与维护,可以显著降低有害生物从户外进入的风险。与密封性、积水的检维不同,户外检维较少参与定期检维计划,而是以日常养护为主。户外检维包含以下内容:

- 每季度检查建筑外表是否有附着的杂草、苔藓、爬藤等生物,并及时清除。攀附的植被会遮掩并带来有害生物,且会让目视检查墙壁变得困难。
- 每季度检查屋顶、平台、外置架等场所,清除建设物上的鸟巢和其他动物巢穴。
- 日常保持户外区域的整洁,避免碎片、树叶和建筑材料的堆积。严禁堆积物倚靠建筑物外墙。
- 户外垃圾箱应保持闭合,远离门窗等建筑开口处,不倚靠墙体。
- 建筑物周围至少保留 1 米宽的无植被区,在此区域内不要种植任何树木。
- 户外植物应该保持 30 厘米的间距,且不要贴近地面[①]。
- 铲除建筑周围的野生花卉或果树。
- 不建议在户外种植鲜花。如果已有花箱或花槽,则应当纳入 IPM 管理例程(见本章第三节与植物管理相关的部分)。
- 屋顶不建议种植绿化。如果已有,则应当纳入 IPM 管理例程。
- 移除户外的树桩、枯树和腐烂的木栅栏。
- 建筑物上不应装灯。可以选择在远离建筑物的户外区域设置照明。

2. 定期检维与报修检维

定期检维与报修检维是保障图书馆围护结构功能性的两种重要方式。物业管理部门负责更专业且全面的定期检查,包括围护结构物理组件的安装与检查、场地的检查与养护,并完成具体修补操作。与此同时,典藏部门发现书库内的异常情况,并及时反馈给 IPM 工作组统筹协调,确保物业管理部门快速响应。通过建立高速通道,可以让定期检维无法覆盖到的地方也能得到及时处理,形成一个高效的反馈—统筹—维护的应对流程。

(1) 定期检维

要制定一个合理有效的围护结构定期检查计划,必须确定具体的时间安排和准确的记录方式。时间安排是根据围护结构的种类、位置、状况等因素来确定检查的周期,并安排好检查和维护的时间、人员和资源。而记录方式可以采用表格、文档、图片等形式,记录每次检查以及维护的时间、人员、内容和结果。

建立围护结构的检查维护登记表,确定季度与年度的检查项目,规范流程使之程序化。物业管理部门定期(例如每季度)检查和更新,登记最新的检查和维护的情况,删除过时或错误的信息,补充缺失或新的信息。标准的登记表不仅能避免遗漏和延误、提高效率,还便于工作人员查阅历史资料、分析问题根源、评估维护成效,找出改进和优化的方向和方法,提高建筑围护检维的质量和效率。

---

① Michael Schuetz. Historic New England Integrated Pest Management [EB/OL]. [2014-03]. https://museumpests.net/wp-content/uploads/2014/03/3-Hist_New_England_IPM.pdf.

表 5-2-1 围护结构定期检维登记表

序号	检查周期	具体日期	检查人员	检查项目	检查区域	检查结果	问题位置	备注	维护日期	维护人员	维护内容	维护结果
...	...	...	...	...	...	...	...	...	...	...	...	...
23	2022年第三季度	8/24	aa	积水	B栋	B5平台有污水滩，下水管被垃圾堵塞	B5平台下水管入口	已标记，附照片	2022/8/26	cc	清理垃圾，检查下水	下水顺畅，平台无积水
24	2022年第三季度	8/24	aa	户外	B栋	外墙无污物或植物	/	/	/	/	/	/
...	...	...	...	...	...	...	...	...	...	...	...	...
37	2022年度	12/19	aa	外部结构	B栋	屋顶平台有裂缝	B栋屋顶	已标记，附照片	2022/12/22	cc	填充修复裂缝，加涂防水材料	裂缝已修复，无明显痕迹
38	2022年度	12/20	aa	门窗	B栋	部分窗户结构胶老化	B6/B7南门部分窗户	已标记，附照片	2022/12/28	dd	剥除老化结构胶，重打	结构胶已更新
39	2022年度	12/20	bb	风管	B栋	进风口防护网有灰尘缠绕	B5平台进风口	附照片	2022/12/24	dd	清洗防护网	防护网已洁净
...	...	...	...	...	...	...	...	...	...	...	...	...

检维过程中拍摄的照片也应该按时间分类并存档,使工作人员将来查阅时能够准确掌握围护结构的状态和问题。

（2）报修检维

除了定期检维计划外,日常的报修检维同样重要。定期计划虽然能够全面地保护围护结构,但在实际落实过程中可能存在遗漏或延误的风险,而报修检维则可以弥补定期检维中未能发现的问题。

典藏工作人员常年工作于书库之中,作为与书库联系最紧密的人,典藏工作人员能够第一时间发现书库中由于围护结构异常而导致的问题。在报修时,他们会更加关注细节,比如书库内的墙面上是不是有裂缝、地上的白色喷溅粉末是不是天花板漏水导致的墙粉溶解后滴落沉淀、台风天某面墙壁好像在哗哗漏水等,可以一定程度上弥补定期检维计划中缺乏实时性的问题。

IPM 工作组在定期巡查书库的过程中,有时会直接发现或通过数据分析整理发现围护结构存在异常的情况。对于间接发现的围护结构异常,IPM 工作组应及时前往现场核实,并拟议修复方案,向物业管理部门提出相应建议。

物业管理部门在收到典藏部门或 IPM 工作组反映的围护结构异常后,应尽快进行处理和应对。在完成具体操作的同时,物业管理部门还应将报修处理流程记录在表格中,并通过长期数据追踪分析围护结构中易发生异常的部位,了解现有围护结构的不足之处,从而提高检查效率。

表 5-2-2　围护结构报修检维登记表（2022 年）

序号	报修日期	报修人员	报修内容	报修地点	维护日期	维护人员	维护内容	维护结果
1	2022/1/24	ee	书库内墙有裂缝	B5（附照片）	2022/1/25	gg	填补修复裂缝	裂缝已修复,无明显痕迹
...	...	...	...	...	...	...	...	...
23	2022/6/20	ff	书库天花板滴水	B10（附照片）	2022/6/20	gg	填补 B 栋楼顶平台裂缝,并粉刷防水漆	平台裂缝已修复,无明显痕迹
...	...	...	...	...	...	...	...	...

第三节 内务管理

◎ **本节重点**

本节阐述了内务管理中清洁、饮食管理、植物管理、人员出入管理 4 个部分的操作流程与注意事项,为图书馆预防有害生物提供了一个低成本、易操作、高收益的防治措施。

◎ **关键词**

清洁;饮食管理;植物管理;人员出入;有害生物综合管理;IPM

要抑制有害生物繁殖、清除藏匿的有害生物,首先需要建立一个完善的内务管理方案,以维持洁净的藏品环境。这是最大限度地减少环境中潜藏的有害生物,防止或减缓环境因素对文献藏品的破坏作用的关键。

内务管理是通过定期清洁、限制食品和植物的范围、减少人为因素带来的杂物,以保持图书馆环境整洁,进而将有害生物的营养来源控制在最低限度,营造一个不利于其繁衍的环境,达到预防性保护的目的。

建筑外部的小颗粒灰尘会随着流通的空气进入图书馆内,更大的灰尘颗粒、地上的砂石,甚至微小的有害生物会黏在人们的衣服或鞋子上进入图书馆内,而未能受到良好管理的饮食和植物更是会为有害生物提供充足的食物。

通常,在黑暗的、肮脏的、容易忽视的角落里容易藏匿有害生物。灰尘、杂物和其他杂质会干扰工作人员的视线,使其未能及时发现有害生物的活动迹象。同时,这些污染物中含有的微量有机质也为害虫提供了生存和繁衍所需的营养基质。在食物充足的情况下,害虫更能耐受严苛的环境条件,且减少迁徙行为。

制定内务管理规范并严格执行,能有效减少有害生物危害的发生。良好的内务管理主要包括规范的清洁流程、严谨明晰的饮食与植物管理以及完善的人员进出洁净程序。

一、清洁

(一) 清洁的作用

沉降在文献上的灰尘会从 3 个方面对文献造成损伤:①灰尘颗粒存在棱

角,容易磨损文献纸张表面,造成字迹不清等问题;②部分污染物颗粒或吸附了空气中有害物质的灰尘会呈现酸碱性,长期沉积于文献表面会加速其老化,尤其当纸张受潮时,其成分中的酸碱盐会使纸张出现水解反应,进而产生一些具有黏性的物质,导致纸张发生粘连[1];③灰尘表面会黏附霉菌孢子,为霉菌提供适宜的栖息地和繁殖地[2],进而造成文献材质分解、酸化,使得纸张酥烂、粘连、变色。积累了灰尘和其他杂质的区域容易受到有害生物侵袭[3]。文献表面的积尘速度与典藏环境的洁净度紧密相关,保持典藏环境洁净有助于延缓文献的积尘速度。因此,经常清扫典藏区域,保持周围环境的清洁,做好柜架、装具及藏品本身的清洁工作,是杜绝有害生物繁殖的重要措施[4]。

新英格兰历史网(Historic New England)[5]在他们的IPM方案中提出,清洁应当是整个IPM计划的核心,占预防措施的99%。在斯普尔洛克博物馆[6],工作人员用吸尘器对展品除尘后,发现的皮蠹数量减少了80%。苏格兰国家博物馆(National Museum of Scotland,简称NMS)在有害生物防治过程中发现以无机物为主要材料的物品表面产生了大量的霉菌,这是因为堆积在这些物体表面的灰尘为霉菌的生长发育提供了营养物质,而随着霉菌不断生长繁殖,霉菌孢子会扩散至整个库房。在NMS日常的管理实践中,定期的除尘清洁有效地去除了营养源,抑制了霉菌生长,因此即使是金属柜架、玻璃柜门等家具的清洁工作也不容小觑。

(二) 制定清洁规范

规范的清洁流程,有利于指导保洁人员全面规范地去除环境内与文献上的积尘,更有利于文献的长期保存。

1. 相关标准与规则

近年来,随着对文献藏品保护工作的日益重视,出台了两种文献保存环境标准:《信息与文献图书馆和档案馆的文献保存要求》(GB/T 27703—2011)与

---

[1] 马木生. 公安机关纸质档案的保存与方法研究[J]. 办公室业务,2020(06):117-119.
[2] 张宇. 谈档案安全保管工作之环境条件对档案的影响[J]. 黑龙江档案,2021(01):82-83.
[3] 杜卫东. 古今图书保护安全措施分析研究[J]. 河南图书馆学刊,2013,33(04):132-133.
[4] 毛志平. 谈文物藏品害虫及其防治[J]. 中国文物科学研究,2009(02):56-58.
[5] Michael Schuetz. Integtated pest management [EB/OL]. [2023-3-12]. https://museumpests.net/wp-content/uploads/2014/03/3-Hist_New_England_IPM.pdf.
[6] Christa Deacy-Quinn. Fundamentalsofmuseumipm [EB/OL]. [2023-07-31]. https://www.spurlock.illinois.edu/pdf/fundamentals-of-museum-ipm-low.pdf.

《图书馆古籍书库基本要求》(GB/T 30227—2013)。然而,在这些标准中,无论是针对典藏区域还是针对文献藏品,都尚未有明确的清洁内容。

《清洁行业经营服务规范》(SB/T 10595—2011)[①]规定:室内卫生清洗作业应符合地面、立面、家具等表面清洁,无垃圾杂物、无可除去污渍、无明显积尘积水。作业工具应分类使用,保持洁净且经过消毒处理。

日本《事务所卫生基准规则》[②]规定:场所经营者应每 6 个月组织一次统一大扫除。

2. 积尘情况的测定方法

在制定清洁的操作程序前,需要了解馆内不同区域的灰尘积累情况和积尘速度,针对不同积尘情况和除尘需求的区域设计有针对性的清洁流程。

大英图书馆将灰尘积累情况分为了 0 级(没有或有很少灰尘)、1 级(轻微但可见灰尘)、2 级(中度灰尘)、3 级(重度灰尘或残渣)4 个等级(图 5-3-1),通过对灰尘积累程度的分级结果,划分出需要特别关注的区域,对易产生灰尘的行为进行调整。这一分级措施为改善内务管理实践和藏品保存环境提供了宝贵的参考意见。

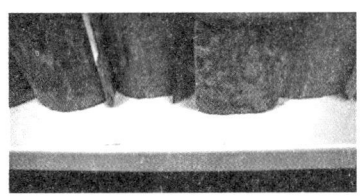
灰尘 0 级:没有或有很少灰尘

灰尘 1 级:轻微但可见灰尘

灰尘 2 级:中度灰尘

灰尘 3 级:重度灰尘或残渣

图 5-3-1　评估灰尘积累量指导图[③]

---

① SB/T 10595—2011 清洁行业经营服务规范[S],2011.
② 昭和 47 年劳动省令第 43 号,事务所卫生基准规则[S],1972.
③ 保罗·加赛德,凯伦·布拉德福德,萨拉·哈姆林."组合报告"在大英图书馆预防性保护中的应用[J].马瑞文,译.中国博物馆,2021,(S2):212-216.

在对灰尘的积累程度和积累趋势进行了评估后,图书馆对各个环境的灰尘积累情况进行分级,在制定清洁流程时针对这些不同积尘等级的区域采取相应的措施:3级为需要重点清洁的区域,必要时可使用清洁剂加强清洁效果;2级积尘的表面用吸尘器或扫帚清理后用潮湿抹布擦拭;1级积尘的表面用吸尘器或毛刷等去除表面的灰尘杂物即可;0级日常保持关注。

灰尘评估能简单地评价灰尘的积累程度,但若要定量反映灰尘随时间推移的变化趋势,需要采取措施以测量积尘量的变化。测量方法可以参考以下步骤:

用黏性表面如白色标签,或玻璃载玻片,静电捕获沉降的灰尘,然后测量灰尘颗粒的数量。若使用玻璃载玻片捕获灰尘,则可以45°角摄入光束至玻片表面,将光束反射至光电探测器中,测量其表面镜面反射的变化趋势。若使用黏性表面和载玻片结合的方法,则可以用数码显微镜观察,计算灰尘数量和所占的表面积[①]。捕获的灰尘数在一定时间后会达到峰值,无法继续捕获新的灰尘,因此,采样时间一般需要限制在7天内[②]。

3. 清洁规范

在完成了积尘情况的评级后,应当结合本馆的条件和本身已有的清洁程序制定一个完整而又清晰的IPM清洁规范。规范需涵盖以下内容:

(1) 管理要求

书库安全规范及出入库管理规章的相关内容,如:配合典藏区域管理人员做好出入库登记和文献安全管理工作;不得擅自移动馆藏文献;人员分工明确责任到人等。

(2) 注意事项和操作流程

清洁操作中的注意事项,如:应当穿戴专用的劳防用品;所使用的保洁工具应符合要求且专用于本区域,使用前后工具充分清洗晾干;清洁过程中及时更换洁净的清洁工具;潮湿的保洁工具不能直接接触文献等。

清洁工作流程,如:清洁的顺序应由外向内、自上而下;用吸尘器或扫帚除去地面的灰尘杂物后,用潮湿的拖把拖洗地面;使用灭鼠药、蟑螂药等固体药饵的库房,至少每年彻底更换一次药饵等。

[①] KNIGHT B. Dust deposition and measurement in libraries [J]. International Preservation News, 2011(53):16-23.

[②] S. J. Adams. Dust Deposition and Measurement: A Modified Approach, Environmental Technology [J]. 18:3, 345-350.

(3)清洁周期

在清洁规范中需要明确不同区域的清洁周期,如:英格兰历史网、南非国家文化历史博物馆①、美国陆军传统教育中心②等文博机构建议每年至少进行两次彻底的清洁。特别需要指出的是,由于春季往往是有害生物高发的季节,建议在春季之前对机构内部的所有空间进行一次较为彻底的清洁行动。

(4)复查与记录

每次清洁完成后需检查清洁成果并记录,如:保洁人员负责人自查清洁情况,要求触摸无灰尘、无水渍残留;书库管理人员对清洁成果进行抽查;登记清洁时间、区域/文献种册数,由保洁负责人和书库管理人员共同签名。

(三)人员安排

由物业管理部门安排保洁人员负责清洁工作。

为保证操作规范,保障文献安全,负责典藏区域工作的保洁人员上岗前,应经过典藏部门和IPM工作组的培训指导,且清洁工作应在典藏区域管理员的监督下进行。

培训分为两个部分:由典藏区域管理人员负责的书库安全规范与出入库管理规章;由IPM工作人员负责的清洁操作规范与工作流程等。必要时,可编写培训手册发放给保洁人员,以供书面学习。培训资料内应明确任务目标、清洁流程及注意事项、操作细则、出入库管理规章等相关要求和管理条例。

针对馆藏文献的清洁工作,由于库存量大、操作繁琐耗时长,建议成立临时除尘组,专事文献清洁、书架清洗等除尘工作。

为清洁人员提供规范的岗前培训对于清洁程序的良好执行是事半功倍的,维多利亚与阿尔伯特博物馆为博物馆的清洁工和物品清洁工举办了培训课程。结果显示,在经过彻底清洁的展厅,监测到的有害生物明显减少③。

(四)清洁工具

为了避免将外界有害生物风险引入清洁操作区域,清洁工具应保持洁净,

---

① INTEGRATED PEST MANAGEMENT POLICY FOR THE NATIONAL CULTURAL HISTORY MUSEUM [EB/OL]. https://museumpests.net/wp-content/uploads/2014/03/5-IPM_Policy_for_Nat._Cult._Hist._Museum_Pretoria_Rep_of_South.pdf.

② SOP for Integrated Pest Management (IPM) [EB/OL]. https://museumpests.net/wp-content/uploads/2014/03/7-SOP-on-IPM-v4.pdf.

③ Valerie Blyth. TRAINING FOR MUSEUM STAFF IS A PREREQUISITE FOR SUCCESSFUL INSECT PEST MANAGEMENT [C]//Integrated Pest Management for Collections. London: James & James (Science Publishers) Ltd., 2001:44-50.

使用前后及时清洗,妥善保管;且应按清洁范围用不同颜色标记,避免交叉混用。常用的清洁工具有:

- 带有高效空气过滤器(high-efficiency particulate air-filter,简称 HEPA)的真空吸尘器:真空吸尘器能高效除去灰尘和害虫活动产生的碎屑,HEPA 系统能防止灰尘通过排气系统重新回到空气中造成二次污染。使用时,应定期更换集尘袋,关注 HEPA 状态,每次使用后及时关闭电源。
- 拖把/抹布:入库工作前提前洗净,晾至微湿状态,如需水洗地面或擦洗书架,应配备吸水力强的干燥拖把和抹布。使用抹布或拖把时应远离文献,防止损伤或污染文献。
- 微磁场除尘抹布:磁抹布会在涤纶毛绒布的外表面形成一个弱磁场,利用静电吸附尘埃,它不含化学物质,不会对馆藏文献造成危害。
- 温和的清洁剂或速干喷雾清洁剂:用来清除难以除去的污渍,使用时应注意远离文献。
- 84 消毒液等杀菌剂:用于处理霉变的窗帘。

(五) 应用与实践

清洁工作应全面覆盖图书馆内的每个区域,且根据相应的清洁流程实施。下面将根据不同区域的特点与要求,为图书馆内各区域清洁流程的建立与实施提供参考:

1. 典藏区域

典藏区域是保存文献的主要区域,也是所有图书馆防治虫霉问题的关键位置。该区域的清洁工作主要分为两类:日常清洁与年度清洁。日常清洁主要清洁地面、柜架、桌椅等目之所及的表面,而年度清洁则要求更高,对典藏区域内的各个角落、堆放的杂物等都需要进行彻底的清洁和整理。

(1) 清洁周期

通常来说,典藏区域人员流动较少,门窗日常紧闭,延缓了新增灰尘的沉积速度。因此,建议每季度进行一次日常清洁(包括一次年度清洁)。而年度清洁最好安排在有害生物活动达到峰值的春季或夏末。

在实际典藏工作中,由于各图书馆情况不同,建议建立典藏区域日常巡查制度,定期检查库内虫害活动迹象及卫生情况,制定符合实际情况的清洁周期。

(2) 清洁范围

日常清洁的范围主要为清扫地面、擦拭书架的顶部和外立面,保持环境整洁无积尘。

而年度清洁在日常清洁的基础上,要求更加细致和彻底,平时容易忽视的角落、缝隙应当着重关注。同时,年度清洁时还应当移除无用的堆放物、清洁更换窗帘、清理书架内部及整理库内用品等。

(3) 清洁方法及步骤

以年度清洁为例:

第一步,清洁窗帘。用真空吸尘器或静电刷初步清理窗帘表面后再取下窗帘,可以防止窗帘表面的积尘扬起后沉降在文献表面。将取下的窗帘交给相应部门清洗,若发现霉变现象,请使用次氯酸钠等消毒剂处理后清洗,必要时进行替换。应尽快安排清洗并在窗帘干燥后及时复位,针对库内光照较强的区域,在窗帘取下期间应采取必要的遮光措施。

第二步,整理库内堆放的物品。首要的便是清除所有馆员的私人物品,部分典藏区域的管理人员可能贪图方便将个人用品放在典藏区域内,IPM 专员应当告知个人物品带入典藏区域会产生的危害,如:可能携带害虫或虫卵、易滋生霉菌等,明确要求个人物品不得带入典藏区域。其余必须放置在典藏区域内的物品,在入库前应当进行预防性处理,放置整齐并在附近布设虫害监测陷阱,定期查看,发现异常情况时及时处理。

第三步,自上而下清理库内的各个设施。使用潮湿的抹布、静电刷、微磁场除尘抹布或吸尘器自上而下逐排清理,先清理出风口,然后清理柜架的顶部、外立面及层板,清洁库内的桌椅等用具。需注意,使用潮湿的抹布时应配备干燥的抹布及时擦干水分,防止过多的水分引起库内湿度波动。对于积尘较严重的区域,可使用清洁剂,注意清洁剂不能沾到文献表面。

最后一步,清洁地面。使用吸尘器、静电拖或潮湿的拖把,逐排清理。使用潮湿拖把时需配备干燥且吸水性较好的拖把,及时吸干水分。使用扫把时会有灰尘扬起,因此不推荐在典藏区域内使用。

2. 公共区域

公共区域包括阅览室、过道、大厅、展厅等图书馆内部的开放区域。这类区域人流量较大且人员、物品较为复杂。曾有机构进行过调研,平均每位读者会留下三根头发和一片指甲①。此外公共区域内还容易积聚杂物碎屑,这些残留物便成为了有害生物理想的食物来源。因此,定期清洁、维护公共区域卫生尤为重要。

由于公共区域积尘较快,为了保持环境干净卫生,每日应安排保洁巡视、清扫地面、擦洗桌椅、倾倒垃圾。在公共区域内的书报架内外应当定期清洁。

公共区域中,临时展的展厅情况较为特殊。

在布展前应当对展厅范围进行彻底的清洁,包括地面、展柜内外及使用到的其他布展物品。在布展前,安排保洁人员清扫地面,使用湿润的拖把和抹布清洁地面、展柜内外,待水分蒸发后再放入展品。外来的布展材料应当经过隔离检查程序后进入展厅。

在展览期间,为了及时清除展厅内可能积累的灰尘、有机碎屑,应安排保洁人员每日清扫。闭展后当天使用潮湿的拖把或吸尘器清洁地面,使用潮湿的抹布或静电抹布擦拭展柜外部。须控制所使用的清洁工具带入展厅的水分,保持展厅环境内相对湿度的稳定。

展览结束后撤展时,重复使用的设备应当在清理干燥后妥善存放。

3. 文献

由于文献珍贵又易损坏,建议根据文献积尘与保存状态的实际情况决定是否清洁。清洁文献时也应当根据其材质、保存情况及脏污情况选用针对性的清洁方式和工具。

(1)破损严重的文献

这类文献一般虫蛀、脱线、酸化程度较高,搬动它们可能会导致文献纸页进一步脱落或损坏,在当前的保存状态下不适宜进行处理,应当联系专业人员修复后再予以清洁。

(2)材质较为脆弱的文献

如线装古籍、碑帖、家谱等质地薄软、机械强度差的纸质文献。在清洁这类文献时,可选用软毛刷与除尘台结合的清洁方法。

操作时,工作人员两人一组,一人负责文献的上下架及书架擦洗,另一人在除尘台上进行除尘操作。首先去除文献中夹杂的物品,然后一手捏住书口防止

---

① IPM-WG, Sanitation [EB/OL]. [2023-7-31]. https://museumpests.net/prevention-introduction/prevention-protocols-procedures/#Housekeeping.

灰尘进入书页之间，一手使用软毛刷或排笔依次扫过文献的六个表面。操作时注意及时清理更换毛刷，破损和标题位置应轻微拂拭或避开，破碎掉落的书页应夹回原处，若发现活跃的虫蛀现象应及时上报。

使用除尘台能实时吸走扫下的微尘和霉菌孢子，防止二次污染。市场上可直接购买多功能除尘操作台，若无购买条件也可自制。除尘台由工作台和吸尘器两部分组成（图5-3-2），两者以吸尘管相连，操作台面安装金属滤网防止吸入文献碎片，上方有塑料板合围，操作方向安装有塑料隔挡，阻挡灰尘散逸。

针对这类较为脆弱的文献，在正式开始除尘前应在试验品上尝试，确认其不会对文献造成损伤后再批量应用[1]。

（3）机械强度较好的文献

图5-3-2　除尘台

如硬质封面的外文文献、版画、油画等。这类文献可使用清洁泥等干洗工具清洁。

纸张清洁泥是一种质地为偏干燥的橡皮泥的清洁剂，需要存放在密闭的容器中，使用时取出一小部分，用手揉搓成球，然后在书页或函套、夹板上朝一个方向摩擦。它的轻微黏性能够清除文献表面的灰尘、污垢和污迹[2]。

操作时，同样两人一组，一人负责文献的上下架及书架擦洗，另一人使用干洗工具清洁文献，逐册轻柔地摩擦书籍封面、书脊、大书口及上下书口，去除黏着的灰尘和污渍。

该方法除尘能力强，能在有效清除污染物的同时，预防扬尘二次污染环境或文献，并保障工作人员的健康安全。研究表明，清洁泥可能在清洁对象表面

---

[1] 林明,周旖,张靖,等. 文献保护与修复[M]. 广州：中山大学出版社,2012.
[2] AMANDA NELSON. THE BEGINNER'S GUIDE TO CLEANING YOUR BOOKS [EB/OL]. [2012-12-14]. https://bookriot.com/the-beginners-guide-to-cleaning-your-books/.

残留微小的颗粒,这些颗粒不稳定、易老化[①]。因此,在干洗清洁后还应使用软毛刷轻扫表面,去除残留颗粒。

(4) 材质有一定强度且竖直排架的文献

如竖直排架的现代文献、期刊合订本等。这类文献的积尘主要集中在上书口位置。清洁时将吸尘器调整到合适的吸力后,工作人员手持刷头伸入图书上部与上层书架底部的空隙间,逐册清理上书口,吸走积聚的灰尘和污染颗粒物。

相比于前两种方法,本方法能避免搬动图书,防止意外损坏和顺序混乱,操作简便也能节省人力。在操作时注意使用可无极调控的吸尘器,调节至合适的档位,防止对文献造成损伤。

4. 办公区域

办公区域指只有内部馆员进出的办公室、过道及配套的卫生场所。卫生间及茶水间的下水管道易成为有害生物出入的通道。尤其是邻近典藏区域的地方,如果有害生物繁殖和活动,则危害范围将扩大,极有可能蔓延至典藏区域内部,进而威胁馆藏文献的安全。在上海图书馆的日常虫害监测中就发现,邻近卫生间的陷阱捕获蟑螂、蛾蠓等害虫的概率明显高于其他位置。因此,这类区域的清洁工作也应纳入重点关注的范畴。

办公室内部的卫生应由相应的使用人员自行维护,可以建立每日值班制度。保持地面整洁,每日倾倒垃圾,产生的湿垃圾应丢弃至远离典藏区域的垃圾桶。

走道、卫生间、茶水间等公用区域由保洁人员每日清理,保持马桶、水池无污垢无水锈,地面水池无积水,空气清新无异味,并及时维修故障设施。

(六) 检查及反馈

1. 检查标准

经过清洁的物体表面应无可除去的污渍,地面无杂物、无积水、无有害生物尸体,墙角无堆积物。尤其注意角落、窗台、书架桌椅下方等卫生死角内无污染物积聚,每日下班前垃圾桶应全部清空。

每次清洁工作完成后应有记录,由保洁负责人与相应区域负责人员签字确认。

---

① Daudin-Schotte M, van Keulen H. Dry Cleaning: Research and Practice [J/OL]//van den Berg K., et al. (eds) Issues in Contemporary Oil Paint. Springer, Cham. https://doi.org/10.1007/978-3-319-10100-2_24.

2. 人员安排

（1）典藏区域及文献情况检查

典藏区域与文献的清洁情况应由管理人员与IPM工作组成员合作检查。

典藏区域管理人员在日常工作中注意典藏区域内及文献表面的卫生情况，若发现需要清洁的情况，不涉及文献安全的可联系保洁人员清理，若涉及文献安全请上报IPM工作组由专人判断。IPM工作组成员定期进入典藏区域对环境情况进行检查，实时调整清洁安排。

文献完成下架清洁后，在确认文献表面积尘清除干净的同时，也应复查排架顺序，防止错架影响后续工作。

（2）公共区域及办公区域情况检查

公共区域与办公区域的清洁情况以物业管理人员自查为主。

3. 虫害情况反馈

应向相关工作人员普及反馈机制，即在清洁过程中，若清洁人员或复查人员发现虫害侵袭的迹象应及时反馈。在清洁培训时，IPM工作组成员应明确几个问题：

- 看哪里：需重点关注的虫害高危区。
- 告诉谁：虫害对接的部门或负责人及其联系方式。
- 怎么做：发现活虫需第一时间扑杀或捕捉，尽可能保护现场、保证虫尸完整，以便识别害虫类别和活动区域等。

除以上问题外，还应明确出现虫害问题不会追究清洁人员的清洁质量问题，以防相关人员为逃避责任而瞒报，导致虫情延误。

二、饮食管理

（一）食品带来的风险

食品、饮料的气味会吸引有害生物，食物碎屑会为它们提供繁衍所需的食物来源，充足的食物更是能帮助害虫耐受严酷的环境条件，使温湿度控制成为无用功。此外，变质腐坏的食物还会增加霉菌侵袭的风险。

在调研中发现，许多机构在预防有害生物的措施中都重点提出了要将食品与藏品完全隔开。《博物馆建筑设计规范》（JGJ 66—2015）[①]规定，食品小卖部、

---

① JGJ 66—2015 博物馆建筑设计规范规定[S]，2015.

食品仓库等用房严禁靠近藏品库区和陈列区。美国自然历史收藏保存协会[1](The Society for the Preservation of Natural History Collections,简称SPNHC)在网络上发布了有关食品管理的调查问卷,共收到来自 21 个国家的 351 份结果,其中有 54.9% 只允许在限定的区域内提供食物并饮食,74.6% 允许在办公室饮食,只有 2.6% 没有限制储存区内饮食。

伦敦博物馆将储存易感藏品的区域列为红色高风险区,严禁一切饮食,区域内提供纯净水供参观者饮用[2]。加拿大自然博物馆对博物馆内外的环境都做了规划和要求,其中在博物馆内部的餐厅应当远离藏品区域,针对工作人员在办公室内用餐的情况,提供专用冰箱和塑料密封盒储存食物[3]。曼彻斯特大学的惠特沃思美术馆(The Whitworth Art Gallery,简称 WAG)制定了食品守则,守则中规定员工和观众只能在大楼内的特定区域饮食,他们划出两间办公室专供员工在其中饮食[4]。

食品区域的良好管理实践至关重要,尤其要重视食品储存和残留物清理。

(二) 饮食管理要求

《保护文化遗产-有害生物综合管理(IPM)保护文化遗产》(BS-EN 16790:2016)提出"储藏区域内应禁止饮食,其他存有文物的区域也应尽可能限制饮食"[5]。食品管理就是通过限制食品的食用和存放范围,规范食品的保存方法,降低食品带来的风险。

根据图书馆内部不同区域与馆藏文献的关系,进行三区划分,分别为餐饮区、缓冲区和严禁饮食区。

---

[1] Rebecca Newberry, Bethany Palumbo, Fran Ritchie. BEYOND "NO FOOD AND DRINK IN THE GALLERY": WRITING A BEST PRACTICES DOCUMENT FOR FOOD MANAGEMENT IN MUSEUMS [J]. COLLECTION FORUM, 2016,30(1):111-117.

[2] Adrian Doyle, Chloe Evans, Maria Yanez Lopez. Integrating IPM risk zones and environmental monitoring at the Museum of London [C]//Integrated Pest Management for Collections. London: Archetype Publications Ltd, 2011:26-30.

[3] Marcie Kwindt, Laura Smyk. Building with pest managementin mind: a case study from the Canadian Museum of Nature [C]//Integrated Pest Management for Collections. London: Archetype Publications Ltd., 2011:46-54.

[4] Ann French. Skins, shoes and 2,500 saplings: combining integrated pest management and contemporary art installations [C]//Integrated Pest Management for Collections. London: Archetype Publications Ltd., 2011:174-179.

[5] BS-EN 16790: 2016 Conservation of culturalheritage — Integrated pestmanagement (IPM) for protection of cultural heritage [S]. UK: BSI Standards Limited, 2016.

1. 餐饮区

在图书馆内划分专用的饮食区域,一般为餐厅、咖啡厅等提供食品、饮料的场所,为读者、馆员提供每日所需的餐饮。在设计布局时,这些场所空间应相对独立,远离保存或使用文献的区域且中间设置隔断。若有条件,可将饮食区安排在单独的楼层或图书馆建筑外部。

在饮食区中应张贴宣传海报,告知就餐人员所购买的餐饮需在本区域内食用,不能带入严禁饮食的典藏区域、阅览室等。

饮食区的管理须注意以下几点:
- 存放的食品、饮料都应保存在塑料或玻璃的密封装具中,变质腐败的食物应当及时丢弃。
- 使用后的食物装具应及时清洗。
- 发现食物碎屑掉落或液体倾倒渗漏等情况应及时清洁。
- 每天下班前应清洁地面、桌面。
- 产生的垃圾应丢弃至建筑外部的垃圾回收处。

2. 缓冲区

暂存食品、饮料的区域,如寄包处、邻近典藏区域的管理员办公室等,在这些区域内可以临时存放食品、饮料。须注意,所有存放的食品、饮料应密封保存,气味较重的食品、饮料不能保存在这一区域内。

可在存放区内张贴宣传海报,让读者、馆员了解食品、饮料可能带来的危害。

3. 严禁饮食区

所有保存或暂存馆藏文献的区域严禁存放或食(饮)用食品、饮料,如:典藏区域、文献修复室、预处理室、阅览室、展厅等。

在这些区域尤其是公共区域内可标示餐饮区和存放区的位置,指引读者或馆员前往指定地点饮食或存放食物。当有读者在这些区域饮食时,馆员当及时制止读者的饮食行为,并引导其前往餐饮区。

可在阅览室、展厅等禁止饮食的公共区域外设置临时存放点、寄包处,便于读者保存食品、饮料。

(三)饮食管理措施

在建造一座新的图书馆时,我们可以将分隔饮食区域纳入设计考量中。然而既有的建筑无法改变其建筑结构,便需要对其进行区域划分。首先评估建筑内各个空间的用途,所有保存或可能需要临时存放文献的区域都划分为严禁饮食区,随后评估各空间所处的位置与严禁饮食区的距离,结合空间的密闭性、独立性,最终将与严禁饮食区有一定距离且密闭性较好的空间划分为餐饮区,其余空间为缓冲区。

然而,并不是所有图书馆都能顺利进行三区划分的。在一些历史悠久的图书馆内,典藏区域管理人员往往没有独立的办公室,办公、休息都在典藏区域内部进行,饮食需求难以避免,这无疑不利于饮食管理。为此,需要采取物理的隔离手段将生活办公区与典藏区域隔开。

大英图书馆的典藏区域为扁平化结构,工作人员在书库中央用隔板隔出了操作间和休息室,在休息室中,又用隔板分出一块区域作为工作人员的用餐区域。在这块用隔板间隔开的房间内部和四周布设了捕虫陷阱,预防害虫侵袭或操作间和休息室内的虫害蔓延至典藏区域。

上海图书馆曾经也是这样,典藏区域内的一张办公桌便是管理人员的办公休息场所了。为了改善这一情况,上海图书馆对典藏区域的空间进行了重新分割,在空间布局较为宽敞的楼层砌起墙壁,隔出供工作人员办公、休息的辅助区域,实现人库分离。工作人员可在此区域内按食品管理要求食(饮)用或存放食品、饮料。

实施饮食空间划分可能会引起员工的不满,伦敦大学学院访谈的一位IPM负责人就表示他们的员工抗拒改变他们的休息(饮食)空间。这也是IPM政策在推广过程中,当某项措施需要普通员工参与,让普通员工融入到整个IPM计划中时常会遇到的问题。当前惯常的做法是以管理制度为主,辅以奖励措施。在这一方面,仍需要寻求更多的建议[①]。

三、植物管理

(一) 植物带来的风险

植物包括盆栽、鲜切花和干花等,可以美化环境,营造赏心悦目的景观,是常见的室内外装饰物。然而,在图书馆建筑中引入新鲜或干燥的植物或其衍生品会带来有害生物侵袭的风险。这些风险取决于植物类型、种植基质和使用的

---

① Alex Rowe, Simoni Da Ros, Katherine Durran. Instruction versus practice: where can we improve upon IPM [C]//Integrated Pest Management for Collections. London: Archetype Publications Ltd., 2022:136-141.

容器,工作人员维护不善更是会带来巨大的风险。这些风险包括:

1. 引入有害生物

种植用的土壤、植株和植物制品中可能携带有虫卵或害虫,常见的害虫有:锯齿虫、千足虫、尖眼菌蚊等①。这些害虫不会对书籍造成直接的危害,但其生命活动留下的碎屑和尸体会吸引其他有害生物。

2. 吸引有害生物

开花植物散发的花粉或滴落的汁液等都会吸引有害生物聚集。

3. 提供生存条件

湿润的土壤、掉落的枯叶树枝、凋零的花瓣、死亡的植物,为有害生物提供了生存繁衍的适宜条件,且增加了清洁和检查有害生物的难度。

4. 导致室内相对湿度上升

若浇水过量且溢出的液体未及时清理擦干,会导致周围环境的相对湿度短时大幅上升,增加滋生虫霉的风险。

(二) 植物管理要求

明尼苏达州历史中心要求员工办公区域内的植物不能放置在有藏品的区域,只能放置在大厅、餐饮区和其他不涉及藏品的办公区域②。美国自然历史博物馆古生物部门也是如此,他们禁止将盆栽植物放在馆藏的区域内③。在采购植物时,宾夕法尼亚大学博物馆通过正规的供应商采购盆栽植物,保证工厂交付时的盆栽植物中没有潜在的害虫,使用过程中受到虫害的植物退回供应商处理或带到建筑的外部在防治专业人员的建议下进行鉴定和处理④。

图书馆日常的植物管理中,应根据预防有害生物侵袭的需要和图书馆内部不同区域与馆藏文献的关系将图书馆内部分为 2 个区域:严禁种植区和可供种植区。

---

① University of Pennsylvania Museum, Integrated Pest Management Policy and Procedures [EB/OL]. [2023-05-31]. https://museumpests. net/wp-content/uploads/2014/03/6-Univ_Penn_IPMPolicy031. pdf.

② Paul S. Storch. INTEGRATED PEST MANAGEMENT PROGRAMMINNESOTA HISTORY CENTER [EB/OL]. [2022-11-05]. https://museumpests. net/wp-content/uploads/2014/03/4-Minnes-otaIPM_PROC. pdf.

③ AMERICAN MUSEUM OF NATURAL HISTORYDIVISION OF PALEONTOLOGY PEST MANAGEMENT POLICY [EB/OL]. [2023-4-10]. https://museumpests. net/wp-content/uploads/2014/03/AMNH-Paleo-Pest-Management-Policy. pdf.

④ Integrated Pest Management Policy and Procedures [EB/OL]. [2022-11-05]. https://museumpests. net/wp-content/uploads/2014/03/6-Univ_Penn_IPMPolicy031. pdf.

1. 严禁种植区

所有典藏区域以及其他存放或有临时存放文献需求的阅览室、展厅、处理室、实验室和书库管理人员的办公场所中，应明确规定禁止种植活体植物或鲜花，也不应放置任何干花等植物制品。

2. 可供种植区

图书馆大堂、研讨室、会议室，以及与典藏区域隔开的办公场所等，可以种植不开花、不易生虫、需水量少的植物，首选使用假花、多肉植物、空气凤梨等低风险的装饰材料。应向专业机构采购生长状态良好的植株，盆栽使用的土壤须经过彻底的消毒杀虫处理①。

负责养护植物的工作人员应当接受过植物养护和有害生物预防培训，严格按照植物管理要求操作：

- 适量浇水，若有水分溢出应及时擦干、倾倒。
- 及时清理落叶和植物残骸，废弃物统一收集后丢弃至建筑外部的垃圾回收站。
- 定期检查，发现任何病虫害迹象，应立即汇报，病株装袋交由专业人员处理。

四、人员出入洁净程序

(一) 人员出入可能带来的风险隐患

当人员从环境风险较高的区域移动到风险较低的区域时，如从图书馆外到馆内、从餐厅到阅览室、从办公室到典藏区域等，不经意间便会给低风险区域带来不确定的风险因素，给低风险区域增加风险隐患。在图书馆的日常运营中，由于每日接待大量外来的读者，馆员们需要在各个区域间移动，人员进出带来的风险却很容易被忽略。

1. 引入有害生物

携带的物品和衣物可能会沾染在这个区域内活动的有害生物。某些类型的有害生物，如臭虫、霉菌孢子等，可以通过躲藏在个人物品中传播。引入的外来有害生物会迅速在图书馆环境中寻找到合适的巢穴，形成虫害，对藏品、家具

---

① Guidelines for Plants and Flowers in Museums and Historic Settings [EB/OL]. [2023-04-07]. https://museumpests.net/wp-content/uploads/2022/03/guidelines-plants-and-flowers-2022-03.pdf.

和其他图书馆材料构成巨大的威胁。

2. 带来杂质碎屑

除有害生物外，随身携带的物品或衣服上可能沾染外界环境中的食物碎屑、植物种子和其他杂质。我们在内务管理中严格控制饮食和植物，提出清洁的标准，营造了一个有害生物难以生存躲藏的洁净区域。而人员出入带来的杂质碎屑可能会让这些努力功亏一篑，它们为害虫提供丰富的食物来源，进一步增加虫害的风险，加大了监测和控制有害生物在图书馆内的传播的挑战性。

（二）建立人员出入管理办法

为了减少人员与文献接触过程中产生的有害生物风险，图书馆必须制定和实施全面的人员出入管理办法，以确保文献不受外来的有害生物侵扰。

管理办法需要分别针对读者和不同区域的工作人员提出要求：

- 在特定的重点区域，如古籍阅览室、展厅门口安装寄存柜，引导读者寄存随身携带的包袋、外套、食品和其他个人物品。
- 管理人员应告知读者寄存包袋，并指引读者前往寄存处。
- 读者借阅风险评级较高的文献时，管理人员应主动提供手套并提醒读者佩戴。
- 为典藏区域管理人员提供手套、帽子、大褂、鞋套等防护用品，管理人员进入相关区域时自觉穿戴防护用品。
- 在典藏区域的门口，铺设黏性脚垫，减少从外界带入的灰尘、种子、虫卵、霉菌和其他有害生物。

第四节　温度与相对湿度监控

◎ **本节重点**

温湿度与危害藏品的有害生物的出现、发展有着极为密切的关系，温湿度的高低可以直接影响文献害虫的生长发育、霉菌的繁殖蔓延，不适宜或波动频繁的温湿度还会加速藏品材质的老化、劣化，显著降低其保存寿命。本节详细介绍了文献保存环境温湿度的监测与调控手段、监测数据的处理方法以及监测调控设备的选用建议。保持图书馆典藏环境温湿度的适宜、稳定，是以预防性保护理念为出发点,达到抑制有害生物的生长繁殖、延缓藏品老化过程的目的,从而确保藏品长期妥善的保存保护。

◎ 关键词

温湿度监测;温湿度调控;保存环境;有害生物综合管理;IPM

一、温度与相对湿度监控的意义

藏品在长期保存中,不可避免会受到周围环境的物理、化学、生物等因素影响,这些因素主要包括温度和湿度、光辐射、污染气体(包括颗粒物)和有害生物四类。在诸多影响因素中,温度和湿度是影响藏品的2个最基本的因素,当保存环境的温湿度异常时,藏品很可能会湿胀干缩、加速老化甚至遭到虫噬霉蚀。

环境温湿度是影响藏品理化性能的重要因素,过高的环境温度会加速纸张老化的进程,过高的环境湿度容易使空气中的水与有害气体结合,在藏品表面生成酸性或氧化物质[1],过低的环境湿度会造成藏品的脱水脆化,温湿度的大幅度波动则会引发藏品材质在短时间内频繁地热胀冷缩和湿胀干缩而造成损害[2]。

与此同时,危害馆藏文献的害虫会在温度25℃～32℃、相对湿度60%～80%时大量快速地繁殖,在14℃以下和42℃以上时滞育,在5℃以下和45℃以上时开始死亡。不同于昆虫,影响霉菌生存的关键要素是水分,而不是温度。霉菌在低湿度时处于休眠状态,相对湿度高于65%时存活,相对湿度高于75%时生长活力增强,相对湿度高于85%时生长活跃[3]。

基于预防性保护理念,建立起运转良好的藏品环境温湿度监测调控系统,控制保存环境的温湿度在适宜指标下的平稳性,防止出现较大幅度的波动,能够避免出现有利于有害生物生长繁殖的条件,延缓藏品的理化性质发生改变乃至最终劣化。有别于在损害发生后再被动、滞后地采用抢救性保护与修复手段,有效的温湿度监控可以主动减少藏品的虫霉和机械损伤的风险。

实现对保存环境温湿度的有效控制,既离不开实时、连续的监测系统,也需

---

[1] 林明,周旖,张靖.文献保护与修复[M].广州:中山大学出版社,2012.
[2] 吴来明,徐方圆,黄河.博物馆环境监控及相关物联网技术应用需求分析[J].文物保护与考古科学,2011,23(03):96-102.
[3] 刘家真.馆藏虫霉防治的比较[J].图书馆杂志,2021,40(05):4-10,35.

要稳定、有效的调控系统。相互关联的监测和调控共同确保了保存环境温湿度的稳定性。监测是调控的依据,提供关于环境变化的精准反馈,据此可研判调节控制所需的具体措施;调控是监测的最终目标,利用监测系统的数据反馈,将环境温湿度调节控制至最佳状态并保持稳定。

二、温度与相对湿度的要求

为确保图书馆各类藏品保存于安全的环境中,《图书馆建筑设计规范》(JGJ 38—2015)提出了明确的温度和湿度要求[①]。季节更替导致的环境温湿度变化是不可避免的,建议冬夏的温度设定有所区别,但短时间内的温湿度波动幅度仍然需要调控,每天的日较差有限额。根据该规范中的表格(表5-4-1),不同类型的书库在不同季节时的具体温度和湿度范围以及波动要求均有明确规定。因此,图书馆应建立能够实时提供温湿度数据的监测与调控系统,以确保保存环境温湿度的稳定性。

表5-4-1 图书馆书库温湿度要求

库房类别			温度(℃)			相对湿度(%)		
			冬	夏	日较差	冬	夏	日较差
	古籍善本书库		16~20		≤2	45~60		≤5
	普通古籍书库		14~24		≤2	45~60		≤5
特藏书库	缩微胶卷片及照片	长期保存(>100年)(银-明胶型干银微泡重氮)	≤21 ≤15 ≤10			20~30 20~40 20~50		
		长期保存(>100年)(彩色)	≤2 ≤-3 ≤-10			20~30 20~40 20~50		
		中期保存(>10年)(银-明胶型干银微泡重氮)(彩色)	≤25			20~50		
	唱片、光盘库		15~20			24~25		
开架书库			18~20	25~27		30~60	40~65	
基本书库			≥14	≤28		30~60	40~65	

---

① JGJ 38—2015 图书馆建筑设计规范[S].北京:中国建筑工业出版社,2015.

我国地域辽阔,是一个多气候区域的国家。针对不同地区的气候特点,国家标准《图书馆古籍书库基本要求》(GB/T 30227—2013)分别制定了南方、北方和西北青藏地区的温湿度标准[1]。其中,北方地区的温度要求相对于南方地区降低了2℃,而西北青藏地区因为该地昼夜温差大、较为干燥,所以适宜温度上下限各放宽了2℃,最小相对湿度也下调了5%。这些标准制定时充分考虑到了不同地域的气候特点,为各图书馆因地制宜地采取调控措施预留了一定的弹性空间。

当外界自然气候与藏品存放环境的温湿度差别较大时,图书馆需要花费更多的人力和经费来控制温湿度[2]。图书馆应因地制宜,结合本地实际气候状况和本馆经济情况,参考藏品已经适应的稳定环境条件,选择更符合本地实际的温湿度的调控目标值,但不能超过藏品安全保存的限值[3],以利于藏品保存的可持续发展。

三、温度与相对湿度监测

准确、实时、连续的温湿度监测和记录,是开展图书馆典藏环境温湿度水平分析研究的基础。通过监测设备或自动化监测系统提供的藏品环境条件的准确描述与记录,以掌握环境温湿度的实际水平并进行客观评估,为选择安装温湿度调控设备提供依据[4]。通过监测也可及早发现环境中的问题或异动,评估温湿度调控设备运行的效率和效果,及时进行应对与调整,确保环境温湿度的持续稳定。通过对监测数据的科学统计与分析,可以对所监测环境的温湿度状况进行合理、有效的评估,从中探索和研究出潜在的温湿度变化规律,为图书馆文献保存与保护以及典藏环境控制等方面的工作提供有益的建议。

(一)监测方案的实施

建立起全面而有效的温湿度监测系统需要明确的计划,包括监测覆盖范围、系统设备选择、数据定期采集、仪器维护校准、人员协助培训等,同时应明确监测负责人员,确保数据存档有序且可回溯。

---

[1] GB/T 30227—2013 图书馆古籍书库基本要求[S],2013.
[2] 王国强.中国古籍保护方法南北差异的原因、意义及启示[J].大学图书馆学报,2020,38(01):93-98.
[3] 徐方圆,解玉林,吴来明.文物保存环境中温湿度研究[J].文物保护与考古科学,2009,21(S1):69-75.
[4] 马江丽,徐方圆,全定可.利用K线图分析馆藏文物保存环境中温湿度研究[J].文物保护与考古科学,2019,31(03):127-132.

安装监测设备时,选择的位置应能准确反映藏品保存环境的整体温度和湿度条件,远离地面、门窗、出风口、温湿度调控设备等受外部因素影响较大的区域。在记录温湿度监测结果时,应标出测量的具体地点、时间和测量者,并将数据整合到专用平台。为确保监测数据的准确性和及时性,应对监测设备进行定期维护和校准,设备经校准后,相应的校准信息(如日期、时间和任何变化)也应记录在内。此外,任何可能对环境温度和湿度条件产生影响的特殊事件(如除湿设备、空调系统出现故障等)都应该被记录下来,可以用以解释或追溯环境条件的异常变化。为了更好地应对突发情况,建议将监测设备与警报系统相结合,监测到温湿度异常时及时发出警报,以提示管理人员采取必要措施。

除了依靠监测设备,还可以对与藏品环境最紧密相连的展厅或书库的工作人员进行相关培训,帮助工作人员更早识别出温湿度异常的迹象,如环境闷热、管道滴水、藏品发霉、墙壁和窗户渗水、墙面起泡和发霉等,在发现这些迹象时,工作人员作为第一线的哨兵应当及时向 IPM 工作组发出警报。

(二) 监测设备的选用

温湿度的监测设备种类繁多,可以大致分为"快照式"和"记录式"。

快照式温湿度监测顾名思义就是工作人员记录特定时刻的温湿度数据(使用液体温度计、干湿球湿度计、湿度指示条、毛发湿度计、电子温湿度计等,如图 5-4-1 所示)。设备价格相对低廉,但需人工记录数据,数据连续性方面局限性较大。

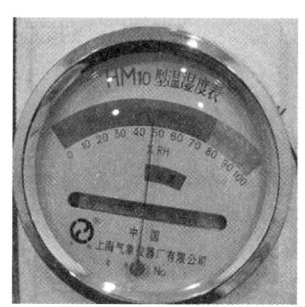

图 5-4-1a 快照式温湿度表

图 5-4-1b 电子温湿度计

而记录式温湿度监测是采用连续记录方法,捕捉温湿度水平在一段时间内的变化(使用双金属自记温度计、自记毛发温湿度计、数字温湿度记录仪等,如图 5-4-2 所示)。虽然价格较高,但节省人力且数据连续性更好。

在选用温湿度监测设备时,必须兼顾设备的性能特点以及图书馆的监测需求、人力需求与资金压力等。这涉及设备价格、可采集的数据类型、测量的温度和湿度范围与精度、联网和数据导出的便捷性、设备使用与维护过程中所需的人力等。温湿度监测的人工记录数据阶段会被逐步淘汰,被自动化、智能化替代,这种从人工到自动化系统的过渡是图书馆走向现代化、智慧化发展的必然趋势。

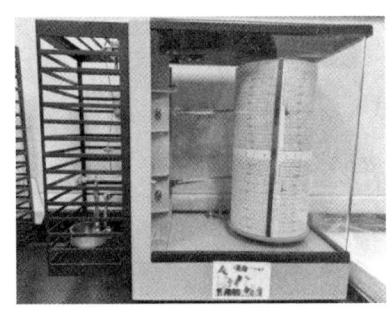
图 5-4-2a 记录式周记仪

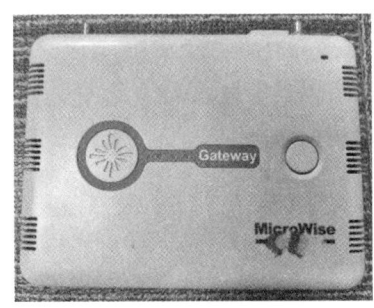
图 5-4-2b 数字温湿度记录仪

无论监测设备是快照式还是记录式,数据记录是人工记录还是自动化传输,最终的统计分析、数据挖掘、调控改善等仍必须依靠人工来完成。因此,建立完善的管理制度,调动馆员的积极性和主观能动性,才能实现保持保存环境温湿度适宜、稳定的最终目的。

1. 快照式温湿度监测设备的使用

根据使用方式可以将快照式温湿度监测设备分为 2 种:一种是将快照式设备作为主要设备来进行全部的环境温湿度监测;另一种是将快照式设备作为提供实地、实时查看功能的辅助手段,是整体监测策略的补充。

快照式设备高度依赖人工,只能有限测量定时、定点的温湿度情况,提供环境的粗略描述,无法在午夜等可能出现极端温湿度的时间点进行测量。当藏品环境唯一的温湿度监测设备是快照式设备时,管理人员应定时按照管理制度做好温湿度的数据记录,并定期将原始的温湿度记录数据交给 IPM 工作组或相关人员,以便进行后续的数据处理。这种方法工作繁杂、任务量大、统计不方便、效率不高、可视化程度低。

(1) 确定负责人员

主要以该负责藏品环境的管理人员兼任记录工作。需要为相关人员预先统一做好培训,确保他们可以熟练使用温湿度记录设备,坚持做好记录工作,保证温湿度数据的系统性、完整性和准确性。

(2)确定测定的周期、信息

测定的时间建议每天3次,在日间温湿度变化较大的时间点记录:9AM/1PM/4PM。记录信息包括:位置、时间、温度、相对湿度。

当快照式温湿度监测设备被用作现场实时目视查看温湿度的辅助工具时,应将其放置在显著位置。虽然设备无法记录积累数据,但提供了简单明快的方法来评估该地点的即时温湿度状况。由于设备位置的易见性与可及性,工作人员很容易就能注意到温度和湿度的变化,在其明显偏离预期值时及早发现问题。

2. 记录式温湿度监测设备的使用

记录式温湿度设备可以分为2种:一种是传统的自记型设备(如图5-4-2a 记录式周记仪);一种是现代化的数字化设备(如图5-4-2b 数字温湿度记录仪)。

在监测图书馆环境的温度和湿度方面,记录式设备是比快照式设备更好的选择,因为记录式设备可以在其运行时间内连续记录温度和湿度数据,易于采集,省时省力,能提供更完整准确的温湿度环境数据。部分包括远程访问和实时警报等功能的数字记录仪可以让异常情况被迅速发现。

但图书馆传统的自记型设备仍有不少局限性。如传统的自记型设备周记仪,仍需要结合人工巡检定期采集设备数据,在时效上存在一定的滞后性,实时性差,这可能导致识别异常情况延迟,无法对环境温湿度调控措施的采取给予及时、有力的支持。实际工作中,自记型温湿度设备应由专门的工作人员定期巡查并收集、保存原始的温湿度数据,以便进行后续的数据处理。具体的收集频率以设备的记录周期为准(如周记仪为每周收集一次)。

无法远程访问的数字温湿度记录仪依旧需要专门的工作人员定期巡查并导出数据。选用允许定时采集、远程访问、数据传输功能的数字温湿度记录仪,可以让工作人员远程访问监测即时环境,及时做出调整以达到远程管理的目的;如果还搭载数据自动对比和报警功能,则可以在环境温湿度出现异常时自动将警报信息发送至相应工作人员。预算充足时,可以建立全面的自动监测系统,提供实时数据,及时发送警报,既确保图书馆藏品的安全,又减轻了人工工作量,大大提高图书馆温湿度防护的实时性、安全性和高效性。

(1)确定值班制度

每日应有工作人员轮守温湿度监测设备的云端。以上海图书馆为例,有专门的值班表,每日轮班的 IPM 工作组成员需要早晚 2 次访问设备云端,登记温湿度情况范围、波动情况及当日天气,并在发现温湿度异常情况时及时反馈。

(2) 每月收集留档云端上的原始数据,以待后续分析处理。

(三) 上海图书馆文献保存环境监测体系介绍

上海图书馆致力于馆藏文献与藏品的长期保存保护。为确保得到更佳的馆藏保存环境,我们一直在不断地探索和尝试更加先进的监测技术和手段,以提升温湿度监控能力。在这方面的实践中,我们主要将重点放在书库环境和展厅环境,通过多套温湿度监测系统并行的方式,对馆内藏品环境进行实时监测和评估,帮助图书馆管理人员及时发现环境中的问题并采取相应的调整措施,避免藏品受到影响与损害。

目前,上海图书馆使用由多个数字温湿度记录仪组成的温湿度智能监测系统,覆盖了部分展厅以及各类书库。在实际应用上,根据无线通信网络类型(WiFi 与 LoRa)的使用场景,采用了两套独立的数字温湿度系统。布置相对空旷的展厅时,上海图书馆使用基于 2.4 GHz WiFi 无线信号的温湿度监测系统。该系统信号稳定,数据上传及时,可随时随地多终端访问云端,并具备超出限值的报警功能,为展期内展厅温湿度的调节提供科学依据,在提供更舒适的参观环境的同时,也保证了藏品在最适宜的温湿度条件下得到展示。然而,由于 WiFi 信号难以穿透大量金属质书架、高度密集书籍及书库厚重的墙体,因此在书库环境中采用了基于 LoRa 通信技术的监测系统。LoRa 通信技术避免了数据丢失、传输迟滞、终端失联等问题,确保信号传输的可靠性、准确性和完整性,满足书库对温湿度实时监测的需求[1]。

而在东馆展厅,我们还额外采用了智能自动调湿展柜,这种展柜能够更加智能地对展柜微环境变化做出反应并自动调节,同时也能够实时监测并记录温湿度数据。该数据会自动上传至数据管理平台,方便管理员随时查看数据,及时发现并解决潜在的问题。

此外,除了现代化的数字监测设备,上海图书馆也保留了传统的温湿度监测设备作为辅助手段来完善补充。书库内继续沿用传统的周记仪,每周有专员收集记录纸;书库内配备指针式或数显式温湿度仪,供员工实时查看、发现异常。

---

[1] 顾彧平,谢文绮,陈培文.图书馆典藏环境下无线温湿度监测系统的实现与应用[J].自然与文化遗产研究,2019,4(S2):185-188.

不同类型设备的组合应用,确保了上海图书馆的员工能够及时发现不适宜的温湿度情况,迅速采取适当的措施来调节和改善藏品环境,避免不良保存环境造成的损失持续扩大。

在发现温湿度异常情况后,IPM工作组迅速采取行动,必要时前往现场实地探查,因地因时制宜,拟定切实可行的调控对策,尽快改善藏品环境。记录并留档异常情况的时间地点、发生原因、应对措施,并跟踪复查措施的实际效果,整理成报告后传达给管理层。

(四) 监测数据的统计分析

单纯地监测与记录数据是远远不够的,温湿度监测的真正价值在于对数据的分析和解释。应有专门负责温湿度分析处理的专员或部门,主动通过各种渠道(巡查采集、云端传输等)收集温湿度数据,定期分析处理数据并给出建议。通过将数据导成电子数据并创建可视化图表,识别分析温湿度的范围、波动、趋势,能够更深层次地理解环境现状,让图书馆对各藏品环境实施有针对性的调控措施。

除了为实施调控提供依据外,分析数据还可用于评估现有调控措施的有效性。通过比较措施前后的温湿度水平,可以梳理其中的短板或漏洞,确保调控措施能够随着时间的推移不断完善,工作人员能够及时改进调控方向,形成更高效的监测与调控系统。

此外,分析温湿度的长期数据、比对数据变化的趋势走向,还能确定在各个藏品环境温湿度的季节周期与隐患。可以据此预测每年异常温湿度的频发时段,有助于提高虫霉检查效率、有效调整温湿度调控力度,降低藏品虫霉风险。

1. 数据的导入与备份

温湿度监测产生的数据往往会因为数量庞大而让人不知所措,难以直接处理。有效管理分析温湿度数据的关键在于将监测结果数字化并导入数据库,以便于后续利用数字工具对数据进行进一步处理[①]。

无论是手工记录簿上的"快照式"点数据,还是自记设备记录纸的"记录式"条数据,亦或是电子温湿度设备传输出的未处理电子表格,这些采集到的温湿度数据都需要被导入数据库中。数据库可以使用 Excel、Origin 等类型的数据

---

① 園田直子.博物館環境データ(生物生息調査、温度・湿度モニタリング)分析システム・スモールパッケージの開発[C]//IPM フォーラム・臭化メチル全廃から10年:文化財のIPMの現在.東京:独立行政法人文化財機構東京文化財研究所,2015:38-47.

库处理软件来创建。数据库能长期储存收集到的数据,也可以在任何时候保存、备份、删除、调用和查询数据。

整理并归档保留人工收集的原始数据记录(如温湿度记录纸和册)。

2. 数据的可视化

数据可视化指的是选择所有或特定测试点的数据、所有或局部时间的数据,以报表、曲线的形式对原始数据进行界面显示,直观地显示出温湿度的趋势、波峰波谷、波动频率等关键信息。有多种软件能够实现数据可视化,如Origin、MATLAB、SciDAVis等,本文重点介绍上海图书馆文献IPM工作组使用的开源软件SciDAVis的图表制作方法。为了更好地理解SciDAVis折线图的制作过程,本文以2023年1—2月某外围书库四楼和五楼的相对湿度数据为例进行说明,并提供可视化教程(SciDAVis软件下载及教程视频见附录D)。需要注意的是,本文的用法仅为举例,SciDAVis的用处不局限于此。

(1) 折线图

a) 首先,将五楼书库的所有时间数据复制到第一列[X1]、所有相对湿度数值复制到第二列[Y1]。

其次,在时间列[X1]的设置中,将Type设为时间(Date and time)格式(图5-4-3a);在相对湿度列[Y1]的设置中,将Type设为数值(Numeric)格式(图5-4-3b),并将Description中的抬头名改为5F(%)。

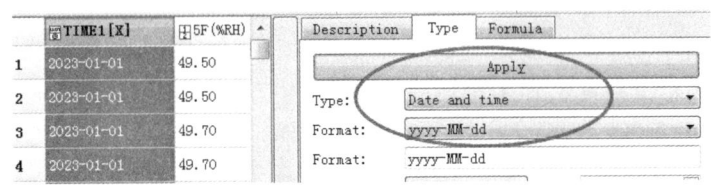

图 5-4-3a 时间列属性设置

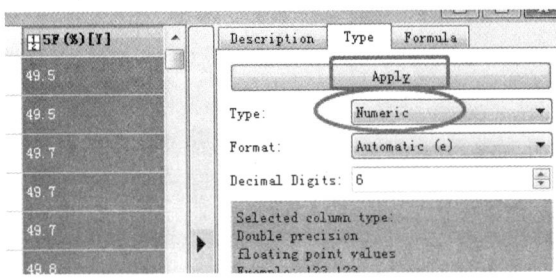

图 5-4-3b 相对湿度列属性设置

谨记：每次设置后请点 Apply。

b) 如果设备抓取温湿度的时间设定不同或有所缺失，可以分别设置每行的时间，避免数据偏移。

增加列数，并右键选择第三列，将其设为 X(图 5-4-3c)，得到 X2、Y2。将 4 楼的时间数据和相对湿度数据分别复制入 X2 和 Y2 中，并按照 a 的步骤设置属性和抬头。

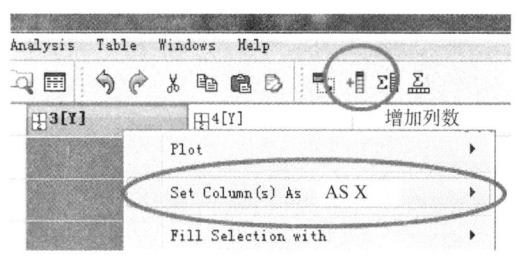

图 5-4-3c　x 轴设置

c) 选择所有列，点击折线图生成键(图 5-4-3d)，即可生成初步的折线图。

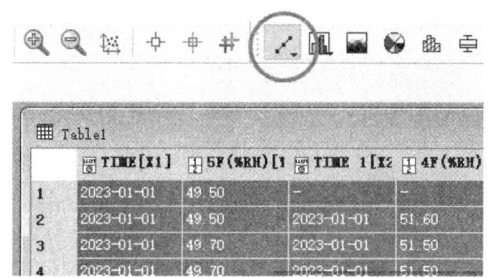

图 5-4-3d　折线图生成

d) 为了美化折线图，可以进行一些调整。双击 y 轴刻度值后，在设置中的 Scale 栏中可以设置 x 轴或 y 轴的范围(图 5-4-3e)，在 Grid 栏中可以设置辅助线。此外，还有其他设置可以自行探索。最终折线图效果如图 5-4-3f 所示。

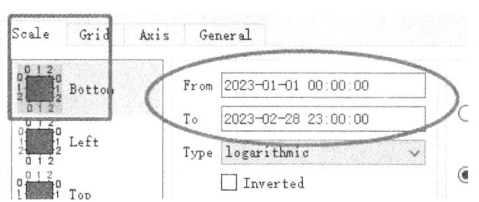

图 5-4-3e　折线图范围的设置

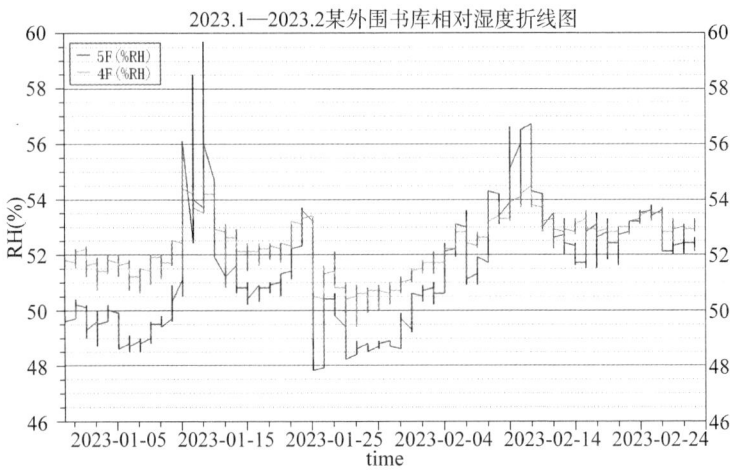

图 5-4-3f　折线图成品

（2）箱体图

箱体图的五条线从下到上分别表示最小值、下四分位数、中位数、上四分位数和最大值。返回工作表，选取所有楼层的相对湿度列，点选箱体图生成键（图5-4-4a），微调后即得箱体图成品（图5-4-4b）。

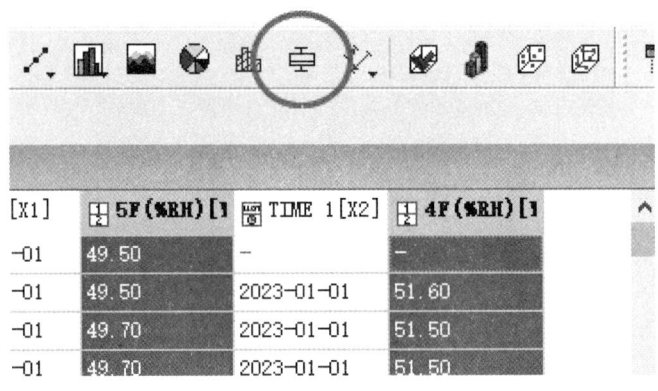

图 5-4-4a　箱体图生成

（3）分析表

选中所有相对湿度列，点选"Analysis"→"Statistics on Columns"，即可得到包含2个楼层相对湿度的平均值、方差、范围、最大最小值的分析表（图5-4-5）。

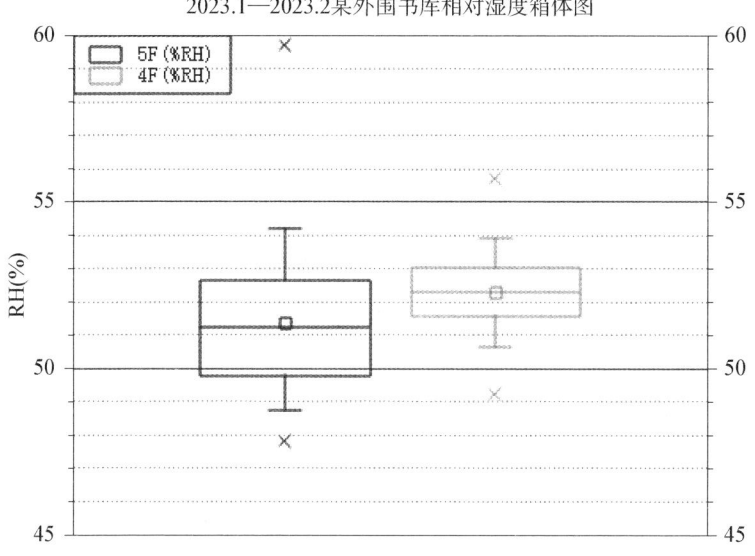

图 5-4-4b　箱体图成品

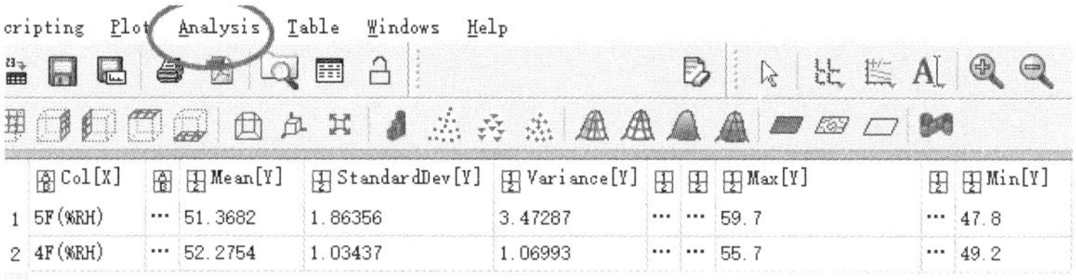

图 5-4-5　分析表的生成

3. 数据的分析

综合分析图表并排比数据，可以直观地了解藏品环境，确定温湿度的趋势和异常情况，方便未来的温湿度调控措施的调整。通过折线图，能够快速直观地了解温湿度随时间变化的趋势走向以及波动，确定温湿度是否有突然飙升的情况。而箱体图可以反映温湿度数据的分布特征，让人确定温湿度异常时间的占比有多少。分析表则是一个补充，表格直接给出平均值、极值，以及代表波动的标准差，将这些数据与既定的温湿度标准比较，可以确定该区域的温湿度条件是否符合要求。

了解温湿度的变化和规律，可以让调控措施事半功倍。找出所有温度或湿度水平超出规定范围的藏品环境，或与其他书库相比出现了更加极端数值或更加剧烈波动的书库。调查导致这些现象的可能原因,确定是否需要采取改进纠正的调控措施,提出合理建议并实施。认识并掌握图书馆的温湿度的季度变化规律,可以提早预测异常温湿度的出现时间。总之,有效地利用温湿度数据分析,图书馆员工可以确保藏品能够在最佳条件下得到长期保存。

在对藏品环境的温湿度水平进行分析评估后,就能知道哪些地方有异常。为了有效地跟踪和管理这些区域,建议建立一个罗列了包括所有书库、展厅等藏品环境的内部表格,荧光色标注需要更多关注的地点,其他则是监测设备与调控设备的设置情况。

4. 定期报告

建议统计并编制每季度的温湿度报告并分享给相关管理人员。报告应包括温湿度图表以及相应的分析和改进建议,这些报告可以帮助管理人员做出更好的决策,有助于温湿度合理化建议与措施的实施,如确定是否需要更换或升级调控设备,或者采取其他措施来改进环境控制。同时,长期连续完整的监测报告还能反映温湿度的季节周期,更好地预警提示工作人员,在各季节极端天气出现前做好预先防范。所有的监测结果和分析报告都应该作为可追溯的原始资料归档。这些信息可以为温湿度调控系统的有效性提供真实而有价值的佐证,并保留历史记录以供未来追溯或参考。

以上海图书馆 IPM 工作组为例,该工作组每年出具 3 份季度报告与 1 份年度报告。季度报告是本季度的情况总结,并根据季度末的温湿度水平提供调控设备维护的建议;每年年初编写上一年度的详细报告作为年度总结,检验现有调控设备的有效性或局限性,为后续管理提供有效建议,为未来继续改善的着力方向提供数据支撑。

四、温度与相对湿度调控

根据第二章第三节中针对国内图书馆虫霉防治及 IPM 发展现状的调查问卷中的典藏环境中温湿度调节设备和材料的使用情况(表 2-3-2),可以发现大多图书馆缺乏温湿度调控手段,与此同时,有调控能力的图书馆大多会使用多种调控材料/设备。其中最常应用的设备为中央空调(41.03%)和恒温恒湿机组(40.17%),接下来是单体除湿机、空调和被动调湿材料。选择"其他"项的主要采取无人工干预的自然通风方式。

温湿度的调控对图书馆藏品的保存至关重要。调查问卷显示大多数图书馆缺乏有效的调节手段,而温湿度失控的典藏环境条件很可能导致霉菌、害虫的生长,同时带来理化损害的风险,严重威胁到藏品的保存。因此,这里将着重探讨调节图书馆温湿度的手段,以确保藏品保存环境的合适性和稳定性。

图书保存环境的温湿度调控是一项复杂的实践性工作。温湿度的调控一般是通过密闭、通风、降温、增温、降湿和增湿相结合的方法[①]。温湿度调控手段的最终目的是将温湿度条件控制在理想范围内并尽可能减少数值波动。

藏品环境温湿度异常且调控设备缺位时,可以考虑安装温湿度调控设备。选择设备时,注意设备的额定功率是否与待调节的空间大小相匹配,避免出现"小马拉大车——拉不动"或"大马拉小车——太浪费"的情况。如果调控设备已经到位,但依旧不符预期,则可以进行现场调查,检查设备是否出现故障或设置不当,及时维护或调整。如果仍不奏效,密闭性差往往是设备调节效果不力的原因。

(一) 密闭

温湿度控制环节中的密闭是隔热性(冷热交换)、气密性(空气流通)、防水性(防水防潮)三者的结合。密闭的最终目的是减少外部恶劣的温湿度对内部的影响,保障藏品环境的温湿度水平能在适宜条件下维持稳定。同时,良好的密闭性还能降低调控设备的能耗、减少设备开启时因内外环境条件差异大而引起的温湿度波动。

隔热性差的藏品环境容易受外界影响,围护结构容易出现结露现象,如墙体屋檐出现水液等,必须长期运行调温设备才可能实现温度控制,一旦调控设备停止运行,藏品环境中的热量或冷量就会流失严重,短时间内就会出现温度改变并引发相对湿度的失控。同样地,糟糕的气密性与防水性都会允许室外的空气与水分通过图书馆的缝隙和漏点(新风系统、围护结构)渗透进藏品环境中,直接造成温湿度的异常。改善密闭性可以通过这些方法实现:

- 采取适当的门窗密封措施,尽量保持关闭状态以减少自然通风。这可以通过减少窗户面积,为门窗安装防风条、填缝剂,或升级窗户层数来实现;也可以在入口处安装空气帘,减少外部空气的进入;并设立缓冲区,

---

① 唐来林.温湿度对档案材料的影响及防护措施[J].山西气象,2001(02):53-56.

采用环廊的建筑形式①降低外界影响。
- 定期检查建筑中是否有缝隙、孔洞等各类结构性缺陷,并及时封闭。密封墙体、地板、屋檐的缝隙,如管道穿刺、墙体开裂、地板起翘等②,有助于防止外部空气的渗入导致的温湿度波动。检查维护图书馆的给排水系统管道,包括屋顶、排水沟和下水口等,解决积水或管道破损问题,防止水流入或渗入藏品环境中。
- 在墙体、屋顶和地板等围护结构中添加防水/隔热材料,减少图书馆内外环境里水汽/热量的交换,保持更稳定的藏品环境温湿度水平。重点检查墙体是否存在渗漏情况,如墙体沁水、滴水、墙皮起泡、发霉等现象。
- 为珍贵的藏品设置专用无酸装具(可内置调湿材料),在微环境中维持更高等级密闭性。

(二) 通风

通风与密闭相反,是有计划地使空气流动,促进空气交换,以达到调节环境温湿度的目的。通风可以分为自然通风、机械通风和室内鼓风③。

1. 自然通风

在硬件设备缺失的情况下,自然通风可以将外界的相对湿度适宜的空气引入藏品环境内来缓解内部高/低湿度压力。但这往往效果有限,且可能会引入有害生物和污染性气体等外界污染物,因此对开窗通风应持谨慎态度。

以内部过高湿度的书库为例,仅在空气质量好且满足以下条件时可以选择开窗通风:库外温湿度都比库内低;库内外相对湿度相同,而库外温度低于库内;库内外温度相同,而库外相对湿度低于库内。

为避免通风气流过强对藏品造成损伤,藏品环境内部应设置隔板、窗帘等装置,来控制自然气流的流通速度和方向。需额外注意,自然通风过程中应避免引入有害生物:只有带纱网防护的门窗才能够用以通风;禁止门窗长期敞开;通风时室内禁止开灯。

为满足部分高湿度书库的通风需求,同时考虑到通风过程中藏品环境安全的考虑,上海图书馆 IPM 工作组曾推出过通风建议,有通风需求的图书馆可据此作为参考。

---

① 杨德福. 古籍库恒温恒湿空调系统设计[J]. 四川:制冷与空调,2016,30(02):142-144.
② 吴榕. 有害生物综合防治中围护结构在档案保护上的运用[J]. 档案管理,2021,No. 250(03):76-77.
③ 林明,周崎,张靖. 文献保护与修复[M]. 广州:中山大学出版社,2012.

典藏环境通风建议(2022年9月下旬—11月)

上海10月日均气温为18℃~24℃,11月日均气温为12℃~18℃,且日间气温较高时相对湿度较低,温湿度情况符合图书馆文献书库的温湿度要求。因此,9月下旬起至11月期间基藏书库及外围书库可参考表5-4-2选择适宜时段对书库进行自然通风。

表5-4-2 书库自然通风时段表

	9月下旬	10月	11月
8:30—10:00	**适宜通风**	适当通风	适当通风
10:00—11:30	**适宜通风**	**适宜通风**	适当通风
11:30—13:00	适当通风	适当通风	**适宜通风**
13:00—15:00	适当通风	适当通风	**适宜通风**
15:00—17:00	**适宜通风**	**适宜通风**	适当通风

备注:1. 不宜通风指书库外窗应处于闭合状态,适当通风指部分书库外窗可处于半开状态,适宜通风指部分书库外窗可处于全开状态。
2. 遇风雨天气时,书库不宜进行自然通风。
3. 遇雾霾天气,或空气质量指数(AQI)大于100时,书库不宜进行自然通风。
4. 对可能出现阳光直射文献情况的外窗,须谨慎开启或注意使用遮光帘防护。

2. 机械通风

通风的机械通常不具备温湿度调节功能,其开启时机也与自然通风的时机相同,一般是通过排气扇、抽风机、中央通风系统(中央空调)等设备将新风送入室内,以达到换气、通风的目的[1]。应配备吸附过滤设备,用以去除空气中的悬浮颗粒、有害气体、有害生物和微生物等,保证新风洁净,避免藏品因此受害。

3. 室内鼓风

在室内使用鼓风机形成空气流,消除滞留的高湿度空气的淤积。空气的滞留会导致大量湿气、灰尘、霉菌沉降,也更容易诱发霉菌暴发,因此有必要设法消除空气的淤积[2]。

---

[1] 金建军.高校图书馆室内空气质量现状分析及优化策略——以河南理工大学图书馆为例[J].大学图书馆学报,2011,29(04):45-50,85.
[2] 向坂卓也.神奈川県立金沢文庫におけるカビ被害と保存環境改善の取り組み[J].文化財の虫菌害,2017,(74):13-20.

使用鼓风机是消除藏品环境空气淤积的最简单的方法，同时还能将低湿度的空气送往调湿设备难以触及的地方。设置鼓风机面向墙壁，可以让风沿着墙壁流动形成外周循环。操作鼓风机时需要注意避免产生大量灰尘，也要避免风直接吹向藏品造成形变。

（三）调温设备

中国地域辽阔，南北温度差异大，出现不符合设定温度的情况时图书馆需要采取主动的增温或降温措施。建议采用能均匀、安全、方便调温的设备，如中央空调或单体空调，不过还是需要注意管道滴漏的问题。一些其他种类的调温设备，如有泡水跑气隐患且环境升温不均的暖气片、有火灾隐患的小太阳和火炉、对降温毫无作用的鼓风机等，并不推荐。由于高湿的危害性往往大于高温，当相对湿度居高不下且无法除湿时，可将温度调节作为降低藏品环境相对湿度的最终手段。在环境温度仍处于适当水平时，升高温度可以成为降低相对湿度的有效方法。

无论是调温设备还是调湿设备，开启后就应维持稳定，避免频繁开关带来的温湿度频繁波动。但同时也需考虑用电安全和运行成本。

1. 中央空调

通过中央空调的管道网络，可以一定程度上调节图书馆的温湿度，应每天（至少在工作时间内）运行，有明确的负责系统操作与维护的工作人员确保其有效运作。为了维持馆藏环境的温湿度水平，中央空调应配备加热、冷却和空气循环的设备，还应能够监控新风的温湿度水平，避免入库新风干扰藏品环境，最好载有空气过滤或净化系统，以防虫霉灰尘进入藏品环境。

2. 单体空调

为确保用电安全，建议将单体空调放在专门的房间里。非常年开启的单体空调需要一个工作人员负责启闭与故障报修，并关注空调有没有冷凝滴水之类的问题。工作人员应了解温度标准，知道该何时开空调。

（四）调湿设备

长江中下游地区在梅雨季或夏季往往会受到高湿度的困扰，冬季时又会有低湿度的情况出现。单纯的密闭/通风只能缓解外部环境湿度的影响，但无法足量调节，同时个别库房存在库内空气循环不佳等状况，易造成局部相对湿度偏高的现象。因此有必要配置湿度调控设备。可以主动有效地调节环境湿度的调控设备可以分为3个类型：双向调湿设备、单向除湿设备、单向加湿设备。

1. 双向调湿设备

(1) 恒温恒湿机组

恒温恒湿机组是一种昂贵的空调系统,旨在对特定空间的温度和湿度水平进行精确控制。它在原理上与中央空调相似,但能提供更精准的温湿度控制。运行时需定期检查和维护设备,包括检查管道是否漏水并确保适当的排水等;定期检查环境温湿度是否达到设定值,以评估设备运行的有效性。

(2) 被动调湿材料

被动调湿材料通常是小体积的、可重复使用的材料,如设定了湿度目标的专用调湿片,其使用方法主要是放在相对密闭的陈列柜或装具中调湿,是辅助调湿手段。这些材料利用可逆的吸湿或吐湿能力,将微环境的湿度维持在出厂设定的湿度水平,并降低湿度波动。不过如果长期放置在过于潮湿或干燥的环境中,调湿材料可能吸满或释放完水分后就失去了调湿效果。应定期查看微环境湿度,根据湿度水平更换材料。

2. 单向除湿设备

(1) 单体除湿机

单体除湿机需要专员负责启闭与故障报修。如果除湿机有固定排水管道,则需要注意管道漏水问题;如果除湿机需要人工倒水,则有一定泼洒风险,需要观察水箱水位线并根据需要清空水箱,设备停止使用后必须完全清空水箱,确保库内无残存积水。

建议除湿压力较大的地区在每年 5 月时(或根据当地实际情况)提前检修已配备的除湿机、空调,保障设备在夏季能正常运行。

(2) 被动除湿材料

被动除湿材料通常是小体积的、一次性使用的材料,如除湿盒、植物纤维干燥剂等商用型除湿材料。使用方法主要是放在相对密闭的陈列柜或装具中除湿,禁止直接放置在藏品上。被动除湿材料不太环保,有泼洒风险,且更换较为费力,但在藏品环境调控能力不足、湿度过高的情况下,也能够有效除湿。应定期检查除湿材料,水满后更换。

3. 单向加湿设备:单体加湿器

单体加湿机需要专员负责启闭与故障报修。加湿器出风方向应远离藏品并对准空旷处,加湿的水源必须保证洁净且独立于其他系统,仪器需定期清洗,员工应注意看护加湿器以防设备倾倒、漏水、漏电。设备停止使用后需及时倾倒,确保库内无残存积水。

第五节　隔离检查

◎ **本节重点**

除建筑围护结构的漏洞会为有害生物提供侵入的途径外,进入储藏区域的物品也会成为有害生物的"顺风车"。本节主要阐述了外来物品正式进入图书馆内部前的隔离检查流程与预处理措施,为图书馆预防外来有害生物提供参考方案。

◎ **关键词**

隔离检查;预处理;预防性保护;有害生物综合管理;IPM

图书馆馆藏文献流通量大,涉及受捐、借展、采购等多种情况,若让既往保存环境不明或不理想的物品未经处理就直接进入书库,则极有可能引入外源的有害生物,对原有馆藏产生危害。

针对这种情况,《图书馆古籍书库基本要求》(GB/T 30227—2013)在防霉、防虫和防鼠要求中提到,古籍书库应在库外适当位置设置文献消毒用房和杀虫设备,用于文献入库前的消毒和杀虫处理。同样,维多利亚与阿尔伯特博物馆[1]、苏格兰国家博物馆[2]等文博机构都有严格的物品检疫流程,要求新收购的或从其他机构借还的藏品和相关材料都必须在经过检查后才能入藏或用以展览。

隔离检查就是在文献和其他材料入藏或实现其他用途前,加强检查、验收、消毒工作的措施,是有效防止外源有害生物进入典藏区域的关键一步[3]。

日本民族学博物馆将外来的藏品分为 2 个类别,分别进行处理。一类是从国外新收集的藏品,这些藏品内部可能潜藏着此前从未在日本出现过的害虫。针对这类藏品,采取见效较快的化学气体熏蒸措施。另一类是那些从日本国内

---

[1] Valerie Blyth. TRAINING FOR MUSEUM STAFF IS A PREREQUISITE FOR SUCCESSFUL INSECT PEST MANAGEMENT [C]//Integrated Pest Management for Collections. London: James & James (Science Publishers) Ltd., 2001:44-50.

[2] Catherine Haworth. Pestily ever after: 20 years of IPM at National Museums Scotland [C]// Integrated Pest Management for Collections. London: Archetype Publications Ltd., 2022:117-122.

[3] 姚志刚. 档案库房虫害与霉变防治研究[J]. 北京档案,2020(09):25-28.

收集到的藏品,以及展览后回库的藏品或者别的博物馆归还的藏品,这类藏品则不使用气体熏蒸的杀虫处理①。

一、建立隔离检查规范流程

为了使所有参与文献运输、材料采购的工作人员都了解并按照规范的流程进行操作,IPM 工作组的成员需要设计一个符合本馆需求的规范化的隔离检查流程,以书面说明和培训的形式传达给相关人员。相关人员必须按照该流程进行操作,任何疏漏的行为都可能导致无法及时发现藏匿的有害生物,而带来有害生物繁殖并破坏文献的隐患。

(一) 确认隔离检查的对象

需经过隔离检查与预处理后才能进入图书馆内部区域的物品分为 2 类:一类是所有新入库的文献藏品及其相关包装材料,另一类是与文献藏品直接接触的家具或装具。

1. 新入库的文献藏品及其包装材料

新采购或受捐的文献。此类文献过往储存环境不明,存在较大的携带有害生物的风险,需着重关注。

展出或借展超过一个月的文献,在展览环境符合要求、运输途中包装密封完整的前提下,这类文献存受到有害生物侵袭的风险相对较小。

2. 与文献藏品直接接触的家具或装具

建议在正规的厂商处采购符合规范的家具和文献装具,到馆的家具与装具都要经过 IPM 工作人员的检查。

(二) 规划入馆路径

一个完整的隔离检疫流程需要专用的隔离、处理空间,包括:

1. 检疫隔离室

检疫隔离室是物品到达图书馆后处理前的暂存空间②。该空间应邻近装卸货物区,是个相对独立、封闭的空间。由于空间的出入口往往是有害生物入

---

① 日高真吾.IPM 実現のための予算獲得について－国立民族学博物館の事例から[C]//臭化メチル全廃から10年:文化財のIPM現在.2015,48-54.
② Helen Kingsley, David Pinniger, Amber Xavier-Rowe, et al. INSECT CONTROL: A TOTAL APPROACH FOR SMALL AND REMOTE MUSEUMS IN THE TROPICS [C]//Integrated Pest Management for Collections. London: James & James (Science Publishers) Ltd., 2001:76-80.

侵的主要途径,因此应尽可能保持检疫隔离室门常闭,并在窗沿、出入口的门底安装密封条、黏性地垫、W型防虫条等防虫配件,使用胶泥、硅胶等封堵管道孔洞,避免外源有害生物利用结构漏洞进入本空间以影响隔离检疫结果,同时也避免物品内藏匿的有害生物逃逸到图书馆的其他空间。

2. 处理室

处理室是处理受到有害生物蛀蚀的物品或对高风险物品进行预防性处理的空间,通常情况下与馆藏文献虫害处理共用空间与设备。在处理室内,应配备适用于处理有害生物的设备、用具。和检疫隔离室一样,当有物品正在处理时,处理室的门窗应保持关闭,可使用密封条等配件增加门窗的密闭性。处理室门口应悬挂指示牌,提示正在处理的物品类型、使用的处理方法和处理时间。不同批次物品被处理之间,应对处理室进行消毒,深度清洁上一批物品残留的杂物或霉菌孢子等,预防不同批次物品之间交叉感染。

入馆的路径将卸货区、检疫隔离室、处理室和典藏区域串联起来形成一条隔离检疫的通路,使物品入馆、临时保管、消杀处理、入藏、出库的路径形成单向通行,避免未处理与已处理的物品处在同一空间、交叉感染。在既有建筑中规划入馆路径时,首先就需要考虑不同区域之间的相对位置,对现有的路径进行评估。

若不具备提供单向通道的条件,也需采取一定的措施隔离污染区与洁净区。如日本民族学博物馆为了改善不同处理阶段的藏品在走廊混杂的情况,对动线进行了调整,增设了卷帘门等隔断措施,以形成相对独立的单向动线。在实践过程中,也的确避免了进货口害虫侵入洁净区的情况[①]。

(三)操作流程

不论是文献、装具,还是各类家具或展陈用具等,到达卸货区后,都由相关负责人完成验收登记,将无用的包装材料等废弃物丢弃至垃圾站,其余物品转运至检疫隔离室,交由IPM工作组相关人员进行隔离检查处理。图5-5-1是隔离检查全过程的流程图。

1. 目视检查

IPM工作组在收到新入馆的物品后,首先进行目视检查,查看物品和包装

---

① 日高真吾. IPM実現のための予算獲得について-国立民族学博物館の事例から[C]//臭化メチル全廃から10年:文化財のIPM現在. 2015,48-54.

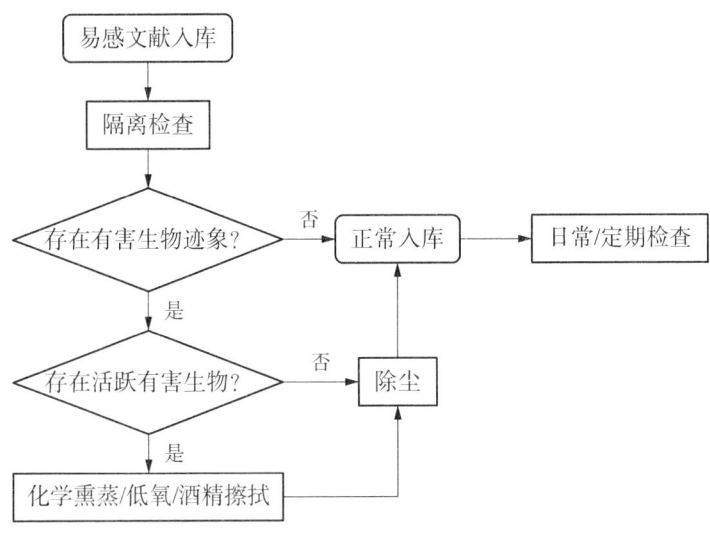

图 5-5-1　隔离检查流程

材料上或周围是否存在虫害、霉变或鼠害等侵蚀后的迹象,判断这些物品过往的保存情况和当前的有害生物蛀蚀情况。

- 虫害迹象:虫蜕、虫卵、虫尸、排泄物、物品碎屑、活虫等。
- 鼠害迹象:啃痕、鼠屎、毛发、鼠等。
- 霉菌迹象:霉斑、霉花、水浸痕迹等。

以由外而内的顺序进行检查,首先观察外部包装材料表面,然后打开包装材料查看内部空间,随后取出文献及其他物品观察其外观,最后仔细翻看检查物品内部尤其是角落、书脊等细小的区域。

2. 隔离检疫

在目视检查中,比较容易发现虫蛀的孔洞、霉菌及鼠啃痕迹,然而微小的虫卵、幼虫等往往隐藏在物品内部,尽管工作人员进行了仔细又全面的检查,但它们可能仍隐藏在物品中间且随时可能钻出物品表面危害邻近的文献藏品。需要经过一段时间的孵化后,工作人员才能确定这些虫卵或幼虫的活性。因此,通过了目视检查的物品,还需在隔离检疫室暂存两周。

隔离期间需要采取一定的隔离手段预防暂存期间孵化的害虫逃逸,同时也方便观察虫害情况:

- 体积较小的物品、运输箱,使用透明重型聚乙烯(PE)材料包裹,或放置在透明收纳箱里。聚乙烯包裹中氧含量有限,害虫为了获取更多氧气会向缝隙处聚集。因此,在包装时需要注意用胶带密封缝隙,防止害虫逃逸。

- 大型的家具、物品在条件允许的情况下,也可以使用透明重型聚乙烯材料包裹,除了材料接缝外,还需加强物品的底部位置,预防材料破损。
- 大批量或大型的物品,也可在下方铺白色塑料托盘、泡沫、纸张等衬垫,周围的地面上贴上一圈高黏性的双面胶带隔离。建议使用特制的双面胶带,与地面相粘的一面为无痕好撕的胶水,向上的一面则为高黏性胶水。

在透明的聚乙烯包装和白色的衬垫上,害虫活动产生的痕迹会更明显、更易发现。经过了一段时间的孵化后,重复目视检查的步骤。

上海图书馆 IPM 工作组在隔离检疫室的工作台上铺白色 A4 纸,将初步目视检查未发现有害生物的文献放置在 A4 纸上,周围布置一圈黏性陷阱,保持隔离检疫室门窗关闭,预防外源害虫影响检疫结果。如此,放置 1 周后,查看包装内、白纸上、陷阱中是否出现有害生物活动的痕迹。

3. 处理

经过上述两个步骤,能够发现绝大部分受到有害生物侵袭或存在隐患的物品,这些文献都需要移入处理室完成消杀后才能进一步利用。而过往保存环境较差的文献,如果经 IPM 工作组成员判断存在较高的风险,可能携带有害生物,则一同采取预防性处理措施。

在处理受到有害生物侵蚀的物品时,首先使用软毛刷、吸尘器等清洁工具,清除碎屑和其他杂物。随后针对出现的有害生物类型采取相应的措施。为了保障人员与环境安全,建议优先使用物理方式处理文献,如低氧气调、冷冻、高温、酒精擦拭、低温烘干等处理方法,尽量避免使用化学药剂熏蒸。在处理期间中,任何人员不得进入处理室。

经验分享 ▶

上海图书馆处理流程一览

在上海图书馆,过往保存环境不明、存在较高风险的文献中即便未发现明显的有害生物侵袭痕迹,仍会转入低氧气调处理室进行为期 3~4 周的预防性消杀处理。而那些展览回收的文献,若展览过程中未发生过有害生物侵袭情况,则在完成目视检查与隔离检疫确认未发现有害生物侵袭痕迹后不再采取额外的预防性措施,只对运输途中使用的包装材料进行低氧消杀。

若发现文献受到了虫鼠蛀食,则将文献转移至除尘台,使用软毛刷去除文献表面及内部残留的碎屑,粗清洁完成后单独装箱安排消杀处理。主要使用低氧气调法处理受到有害生物侵蚀的文献,处理中的文献要在氧含量低于0.5%的处理室中维持3～4周。仅针对部分虫蛀情况非常严重、需加急处理的文献采取药剂熏蒸的方式,在隔离检疫室内喷洒微毒熏蒸药剂——复配拟除虫菊酯防蠹液,紧闭门窗熏蒸1周,以杀灭潜在的害虫。

若发现文献出现霉变,则先将文献送入真空烘箱降低含水率,使霉菌失活,随后转移至通风橱,使用75%酒精棉片除霉后放回真空烘箱内烘干。

处理完成的物品交还相关负责人继续完成入藏、布展等工作。

二、操作规范与文献安全

(一) 操作规范

- 废弃物及时丢弃至垃圾回收处。
- 隔离检疫室内不同批次的物品间应当保持一段距离,并设置物理隔离。
- 操作人员须规范穿戴口罩、手套、工作服等。
- 处理室门口张贴运行状态指示牌,使用期间应封锁门窗,禁止人员出入。
- 处理完毕后,开启通风设备,待处理室内环境恢复常态后再进入。
- 经过处理的物品不应与待处理的物品置于同一空间。

(二) 交接登记

所有进入隔离检查流程的物品都需要有详细明确的记录,包括接收时间、处理时间、物品类型、物品数量、交接人员及采取的处理措施。每次文献进出时,在登记本记录并由双方交接人员签名,每月根据登记本记录的流水信息,登记电子台账以供保存与追溯。上海图书馆在接收文献时,首先由相关书库管理人员签收后送至隔离检疫室。IPM工作组接收并登记接收日期、文献种类和文献册数。待文献检查处理完成后,IPM工作组与相关书库负责人移交文献,做好签收记录,登记处理时间、文献种类、文献册数与处理方法。参考格式如下(表5-5-1):

表 5-5-1 处理交接表

年份	序号	接收			出库			目视检查			隔离检查			处理			类型	数量	状态
		日期	交接人员		日期	交接人员		日期	交接人员		日期	交接人员		日期	交接人员				
yyyy	1	mm/dd	aa	bb	mm/dd	aa	bb	mm/dd	aa	bb	mm/dd	aa	bb	mm/dd	aa	bb	古籍	10 册	处理中
yyyy	2	mm/dd	aa	bb	mm/dd	aa	bb	mm/dd	aa	bb	mm/dd	aa	bb	mm/dd	aa	bb	家谱	1 箱	已交接

第六节 有害生物监测

◎ **本节重点**

本节介绍了 IPM 的监测环节中的目视检查、陷阱捕捉、信息素诱捕等方法。监测数据的持续记录、保存、分析则能帮助图书馆评估环境中害虫活动水平及分布。

◎ **关键词**

陷阱监测；信息素；监测技术；有害生物综合管理；IPM

IPM 方案中的预防与阻断措施，可以最大限度减少害虫进入图书馆典藏环境，但任何建筑都无法做到完全密闭而安全无虞。即便已建立起完善的有害生物管理程序，仍可能存在这样的情况——害虫或之前已存在于建筑中，或总会找到方法进入其中。正因如此，定期监测渗透到建筑结构内且会对藏品产生威胁的有害生物的种类和数量是落实 IPM 方案的一个重要环节。运行良好的监测、检查机制将确保图书馆 IPM 方案得到有效实施并持续改善。

全面而完整的虫害监测包括目视检查、陷阱捕捉、信息素诱捕等综合措施。使用主动监测计划来提供有害生物活动等级和活动地点的信息，采用客观的方法和器材判断害虫栖息密度，必要时配合正确使用信息素诱饵，可以显著提高监测的效率。现场目视检查和陷阱诱捕的结果必须记录在案，持续监测以掌握虫害的种类、发生场所、密度等。当虫害活动水平对馆藏造成重大威胁时，必须果断采取补救措施。

一、目视检查

使用陷阱捕捉可以掌握目标害虫的种类、密度，但陷阱资源是有限的，无法也没有必要在图书馆所有区域包括典藏环境进行高密度陷阱布设。因此为了全面掌握情况，目视检查仍是不可缺少的。

目视检查的目的是寻找有害生物及其活动的迹象，同时也是发现霉菌污染的最常见方法。检查应按设定的时间间隔定期进行，重点关注典藏环境与展示区域，有条件时应覆盖图书馆场所内外所有区域。在此基础上建立包括典藏工作者在内的馆员观察、记录、报告制度,让每一位馆员发挥有害生物监测"神经末梢"的作用。图书馆内每个区域的管理人员和清洁人员与文献藏品、馆内环境接触最为密切,他们是最有机会成为第一个注意到有害生物出没的痕迹、发现文献受到有害生物蛀蚀的人。由于目视不是单纯的巡视,因此在入职培训和定期培训中,对相关人员开展生物的分类、生态、习性等知识的基础培训,使其具备发现和识别有害生物出没迹象的敏感性和专业度,也是这项工作的关键之一。

(一)目视检查的规范要求

各书库管理人员是最容易发现负责区域有害生物的人员。应对书库管理人员进行有害生物知识培训,并为其提供风险地图、害虫资料和收集工具,将目视检查融入典藏书库日常管理工作中,即形成覆盖典藏环境的第一道有害生物防治监测网。如在文献流通出入库的过程中,留意文献保存状况与有否虫霉侵扰迹象;定期抽查重点区域和重点文献,掌握文献保存状况与有害生物活动水平等。

目视检查的范围及要求如下:

1. 书库环境

定期巡视典藏书库,检查书库出入口两侧、窗台、沿墙地面、墙角、空调管道、出风口等位置,着重注意柜架下方、潮湿阴暗角落、死角。注意查看环境中是否有害虫的蛀屑、分泌物、虫尸、虫蜕等标志性残留物。发现虫尸等有机质污物时应及时予以清理,因为其尸体作为有机质会为部分其他害虫提供理想的食物资源。

2. 书柜、书架

定期检查书柜书架表面、书籍堆叠的间隙处、书柜书架周边一定范围的地面。日常须注意保持藏品和存放环境的整洁无尘,这样能让虫蜕和新鲜的害虫活动痕迹明显,不常清洁的环境会导致管理人员难以区分新旧虫害侵袭痕迹。

3. 书籍、装具

观察书籍和装具的外表面是否有异常孔洞、破损、碎屑残留等,是否有絮状霉斑、霉点,特别是易感物品(如函套、木夹板、漆布封皮、皮质封面、纺织品);抽检部分书籍,戴上手套轻轻翻检内页,对其进行完整检查。

4. 其他

发现害虫尸体或捕捉到害虫时,可将虫体标本放入小瓶中保存,以备进行虫种识别。在春末夏初害虫活跃的时候应加强有害生物巡查,重点关注季节性害虫,如地毯甲虫。在每次检查结束后,应当填写表格或撰写报告,纳入管理并存档。

(二) 保持信息沟通

在日常工作中 IPM 专员也需要经常与书库管理工作者沟通交流,引导他们注意到身边的蛛丝马迹。例如,询问相关人员在工作环境中发现的问题:是否在工作区域的书架、展柜、墙角、管道等地方经常发现碎屑或细小颗粒物;是否在工作的时候看到过害虫、老鼠等有害生物;是否在文献或装具上看到了虫蛀鼠啃的痕迹;监测陷阱中是否出现较多同种害虫或鼠毛;文献或书架上是否出现了霉斑。甚至要多倾听保洁人员的抱怨——刚清理完的地方没多久又有不明碎屑了。以诸如此类细致入微的引导,潜移默化地让相关人员参与发现有害生物的工作中。上述的一系列迹象归根结底都显示着图书馆内出现了有害生物,馆藏文献可能受到了损害。IPM 专员可以从这些信息中提取有效情报、发现潜藏在图书馆内部的有害生物。

当图书馆的工作人员发现了有害生物出没的痕迹后,需要第一时间拍照留存,将图片和所处位置报告给 IPM 工作组。信息的沟通需要及时有效,建立通畅的上报渠道尤为重要。应当确保每个工作人员都知晓发现有害生物出没的迹象后怎么上报、向谁汇报、报告哪些信息。接到报告后,IPM 专员会通过图片分析有害生物的种类和危害性,前往现场查看有害生物侵害的情况,采取应急措施防止影响范围的扩大并及时处理有害生物。

二、陷阱捕捉

陷阱捕捉是 IPM 监测措施的重要组成部分,使用陷阱捕捉可以追踪监测目标害虫的种类和数量。通过陷阱监测这一连续动态评估害虫活动水平的系统方法,能及时有效掌握图书馆内部有害生物活动的轨迹、分布、密度,持续科学的监测能有效促进内务管理、建筑维护的加强与完善。

(一) 陷阱类型选择

在有害生物监测计划中并没有单一的最佳陷阱,重要的是要使所使用的陷阱与具体情况下的环境条件以及目标害虫的生物特性相匹配。陷阱类型选择不当会导致错误描述某个区域中有害生物的真实数量,比如以下几种情形:使用悬挂陷阱监视很少飞行的甲虫,导致其无法进入陷阱;使用仅具有薄胶表面的黏胶陷阱来捕捉啮齿动物或大型昆虫,其进入陷阱后很容易逃脱。

1. 通用黏性陷阱

通用黏性陷阱通过黏胶作用捕获途经的昆虫,但不能用作啮齿动物的陷阱,在灰尘较多的区域中也会因黏性降低而失去效用。陷阱应布置在离典藏文献足够远的位置,以防黏合剂对文献造成损坏。图 5-6-1 所示是 3 个陷阱的连体形式,也可以撕开,分为 3 个较小的陷阱使用,其样式直观地指示了昆虫容易出没的路径。

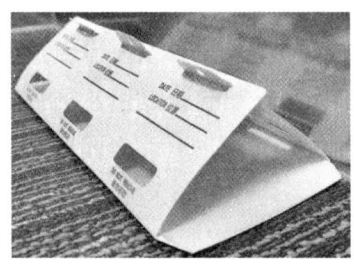

图 5-6-1　通用黏性陷阱

2. 扁平黏性陷阱

多功能通用型陷阱,可用于爬行昆虫,也可与信息素诱饵配合使用来抓捕衣蛾等飞行昆虫(图 5-6-2)。

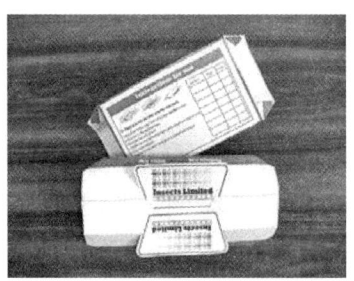

图 5-6-2　扁平黏性陷阱

3. 啮齿动物陷阱

其较厚的胶层能捕获啮齿动物和大型昆虫。该陷阱也适用于捕获较小的昆虫,但不建议将其与信息素配套使用。存在大量灰尘的区域,其效果可能会降低(图 5-6-3)。

图 5-6-3 啮齿动物陷阱

4. 多种害虫诱捕陷阱

该陷阱为塑料材质,透明的盖子既可遮挡降尘也便于进行检查,坚实耐用的聚丙烯底座和可更换托盘配合信息素使用可诱捕多种害虫。扁平的设计使其应用广泛,适用于如书架底部等狭小的空间(图 5-6-4)。

图 5-6-4 多种害虫诱捕陷阱

5. 钻石形悬挂陷阱

悬挂陷阱常配套信息素诱饵,用于捕捉飞蛾和具有飞行能力的甲虫(图 5-6-5)。

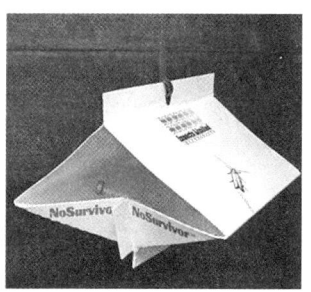

图 5-6-5 钻石形悬挂陷阱

6. 三角陷阱(塑料)

这种悬挂式诱捕陷阱可在室内或室外使用,配合信息素诱饵,仅用于飞蛾和甲虫。塑料外壳有助于防止雨淋后失效(图 5-6-6)。

图 5-6-6 三角陷阱(塑料)

7. 桶形陷阱

信息素诱饵直接挂在此陷阱的捕获区域上方。当飞蛾或甲虫飞向诱饵时,它们会落在光滑的表面上并掉入较低的捕捞区域。这些陷阱非常适合大规模现场捕获(图 5-6-7)。

图 5-6-7 桶形陷阱

8. 黏性衬垫

用于三角陷阱黏胶失效后的替换材料,使塑料三角陷阱可以重复使用(图 5-6-8)。

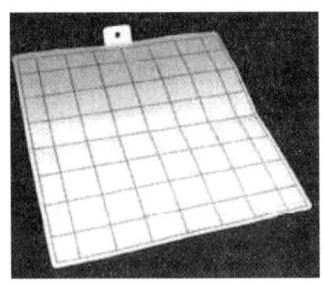

图 5-6-8 黏性衬垫

9. 光陷阱

一种利用光线吸引昆虫并将其捕获的设备,可以相对快速地诱捕光敏感害虫(图 5-6-9)。值得注意的是,放置光陷阱时必须远离任何对光敏感的藏品,如纺织品等。

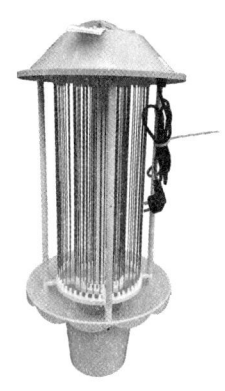

图 5-6-9　光陷阱

(二) 信息素

昆虫信息素是昆虫分泌并释放体外,能够在个体间传递信息、引起同种个体间(种内信息素)或异种昆虫间(种间信息素)产生生理或行为反应的微量化学物质[①]。信息素诱捕是 IPM 措施中重要的技术手段,利用信息素的吸引与聚集作用,对害虫进行种群监测、定位与诱杀,有利于对虫害发生规律的研究与害虫的数量控制,且信息素无色无味、无腐蚀性,具有用量少、不接触文献藏品等优点。

1. 信息素类型

昆虫信息素分为种内信息素与种间信息素,通常使用种内信息素中的性信息素和聚集信息素作为害虫的诱集物。

(1) 性信息素

昆虫性信息素是由发育成熟的昆虫腺体向体外分泌释放的具有特殊气味、能引诱同种异性个体的微量化学物质。

(2) 聚集信息素

不同于性信息素只能吸引同种异性个体,聚集信息素是单一个体释放到体

---

① 孙志锋. 两种昆虫性信息素的不对称合成研究[D]. 西北农林科技大学,2018.

外,大量引诱同种的两性个体聚集取食的信息物质。聚集信息素多存在于昆虫排出的粪便中。聚集信息素的吸引距离比性信息素短得多,通常有效距离在几米内。某些聚集信息素的化合物没有物种特异性,可以用来交叉吸引不同物种,尤其是密切相关的物种[①]。

2. 信息素作用

信息素具有较强的物种特异性,因此在使用信息素诱饵之前获取明确的昆虫种类至关重要。目前,皮蠹、衣鱼、书虱、烟草甲、药材甲、衣蛾等文献害虫,其信息素成分已被研究识别,可以合成信息素诱饵应用于陷阱[②]。因此,通过将信息素的吸引效果与陷阱的黏性固定作用结合起来,可帮助捕获密度太低而不能使用其他监测方法诱捕的害虫,从而实现对典藏环境的虫情监测与诱捕诱杀。

(1) 虫情监测

当常规陷阱捕捉监测到的虫害密度较低或者虫害刚发生时,配合使用特异性较强的信息素,可加强对目标害虫虫情发展状况的针对性追踪,确定虫害的发生期、发生量、主要分布区域和危害程度,为确定下一步防治的区域、时间、方法与措施提供依据。它们可以帮助精确定位大型存储区域内的感染,以便将陷阱置于显示最高捕获率的区域内。

当害虫密度较高时,因释放信息素的个体增加,环境中信息素浓度变大,而导致诱集效果降低。

(2) 诱捕诱杀

诱捕是所有监测、识别和定位昆虫种群的 IPM 措施的重要组成部分,能够帮助有效实施控制措施。信息素的诱杀作用主要表现在 2 个方面:第一,信息素诱捕效果更好。在典藏区域内找到理想的栖息地和食物来源的昆虫可能不会被黏性陷阱捕获,因为它们没有移动的动力。如果正确使用信息素诱饵陷阱代替其他陷阱,可以显著提高监测效果。第二,实现虫害的治理。通过诱杀能够减少繁殖下一代个体的基数,显著减少下一代的虫量。尤其适用于雌雄比例接近 1∶1,且雌雄均为单次交配的害虫[③]。

---

① 耿双双.聚集信息素在蓟马种间互作中的作用[D].浙江师范大学,2019.
② 张国庆.信息素在文物害虫防治中的应用与展望[J].环境昆虫学报,2022,44(04):869-879.
③ 于宝生,刘宏伟,聂丹井,等.性信息素防治白杨透翅蛾的原理及取得成功原因研究[J].黑龙江环境通报,2006(03):72-73.

(3) 其他

迷向作用主要使雄性昆虫无法准确找到雌性交配,能够延迟昆虫交配时间或者降低昆虫交配几率,从而降低其下一代的数量,减轻虫情危害。但需要在目标区域喷洒较大量的人工信息素,成本高昂①,也并不适合轻易于图书馆典藏环境使用。

3. 使用方法

(1) 缓释

昆虫信息素多是易于挥发的有机化合物,若直接放置于空气中则会很快挥发而无法起到诱集的目的。因此,信息素使用时常搭配起缓释作用的载体。信息素类物质多样,搭配的缓释载体的形式也比较多。

信息素在化学实验室中被识别和合成,然后被放入递送装置或诱饵中。这些装置有各种形式:橡胶隔垫、中空纤维、薄片、胶带、层压塑料以及聚乙烯管(图 5-6-10)。诱饵设计应以模仿目标昆虫的自然释放速率和浓度的方式将信息素释放到环境中。由于信息素浓度和释放速率的差异,诱饵的有效持续时间和吸引距离不同。

图 5-6-10　信息素聚乙烯管

(2) 限定覆盖范围

控制信息素诱饵释放,使其以足够小的浓度释放,以诱使害虫进入诱捕器,但强度又足以辐射覆盖到一定的区域范围。在监测期间,尽可能将正在监测的典藏区域的门关闭,这能最大限度地减少来自相邻存藏区域或室外的有害生物被吸引进入的可能性。保持信息素的诱饵远离门窗等库房出入通道,与任何通向库外的门保持至少 5 米的距离。也不建议将信息素用于可能与藏品存储区域相邻的物流或餐厅等区域。一旦开始在陷阱中发现害虫,可以调整陷阱的位置以帮助查明来源。在用陷阱初步定位受感染的区域后,可以辅助使用目视检

---

① 张国庆.信息素在文物害虫防治中的应用与展望[J].环境昆虫学报,2022,44(04):869-879.

查来进一步确定来源。

4. 潜在风险与注意事项

用化学引诱剂诱捕的诱捕器只能捕获一个物种或一小部分物种。这种特异性简化了目标害虫的识别和计数。灵敏度和特异性使引诱诱饵陷阱有效、省力。如果正确使用信息素诱捕方法，则不会将额外的害虫吸引到监视的区域。所以，常见的图书馆害虫如烟草甲、衣蛾和地毯甲虫的信息素仅吸引成年雄性昆虫，模拟雌性昆虫的性信息素无法吸引极具破坏性的幼虫，或带有卵的雌性昆虫，因此使用信息素并不能诱捕尽所有目标昆虫。

使用信息素时应注意以下几点，以防外部的昆虫被引诱入存藏或展览空间：应使用镊子或穿戴手套（乳胶或丁腈）将信息素从包装中取出，并立即放入诱集装置，使用过的手套或工具应及时带离；信息素不应与藏品、装具、书柜、书架等接触。

信息素诱饵远比单一的陷阱要贵，因此应该在高风险区域或怀疑某些种类的害虫出现时使用，正确选择诱饵和陷阱的位置十分重要。

（1）信息素的安全性

已有的科研成果表明昆虫信息素是高效无公害的生物杀虫剂[①]，在使用信息素时务必与所有化学药品一样，参考化学品安全说明书（material safety data sheet，简称 MSDS）和其他制造安全准则，以确保其被安全地存储和使用。

（2）信息素"污染"

关于诱饵中的信息素是否会吸附到材料上并将材料转化为"诱饵"的问题，尽管有研究表明，以具有比其他物体更强的吸附能力的纺织品做实验，结果显示并未因吸附作用而对雄性织带衣蛾显示出显著的吸引力。但在实际使用中，仍应避免信息素随意接触其他物品或材料。

（3）信息素的有效期

从信息素的商品说明书中获取其有效期、释放的持续时间、推荐的诱饵间距、生产日期和一般成分（例如混合的信息素）等信息，这可以确保信息素诱饵稳定、长时间地保持有效。质量不佳的诱饵只含有非常少的信息素，且无法控制释放率。

---

① 张新慰,李景刚,武海卫.昆虫性信息素研究进展[J].山东林业科技,2020,50(03):88-91.

> **案例学习**

温度对捕捉飞行害虫陷阱选择的影响

悬挂陷阱对于飞行害虫的早期警戒感染与侵袭现象十分有效。当温度足够高、适宜昆虫飞行时,一天内被信息素诱捕的蛾子可能多达无信息素诱饵的20倍。当温度低于20℃时,雄虫不愿意飞行,这时悬挂陷阱的效果相对较差。在这些情况下,信息素诱饵可以放置在地上的黏胶陷阱里。

(三) 陷阱适用场景

根据监测室内或室外环境的不同、目标虫害的不同等各种因素,可以选择某一场景下的适用陷阱以取得良好的监测效果。此外,环境温度、灰尘多寡也会影响黏胶的黏性表现。在实践中我们发现,监测环境的清洁程度不佳往往会导致黏性陷阱的黏胶表面覆满灰尘,短时间即失去其胶黏作用。

表 5-6-1　不同场景下适用的陷阱

使用环境	目标虫害	材质	陷阱选择	适配信息素
室内	爬行昆虫为主	纸质 纸质 塑料	通用黏性陷阱 扁平黏性陷阱 多种害虫诱捕陷阱	是
室内	飞行昆虫为主	纸质 纸质	钻石型悬挂陷阱 扁平黏性陷阱	是
室内	啮齿动物	纸质	啮齿动物陷阱	否
室外	飞行昆虫为主	塑料	三角陷阱	是
室外	飞行昆虫为主	塑料	桶形陷阱	是

(四) 陷阱布置方案

馆内应设置陷阱主动监测的方案,来获取有关虫害(包括啮齿动物)的种类类型、进入点、数量、栖息地和存活原因等信息。使用陷阱监测目标空间,重点包括各种有害生物渗透和栖息的典藏与展示区域。陷阱的诱捕结果和现场目测结果必须定期检查、记录在案,当虫害活动水平对馆藏造成重大威胁时,则必须采取补救措施。以上海图书馆为例,在典藏区域布置陷阱的方法

与步骤如下:

1. 绘制平面布局

通过实地踏勘,绘制整个建筑物的平面图,标出各区域并编号。调查布置陷阱的区域,重点掌握书库出入口、窗户的数量与位置,定位所有空调管道、水源、热源和书架,掌握书库内部重点文献藏品的布局与区域。依据陷阱资源量确定关键位置点,做好陷阱布局规划,后期也可根据陷阱监测结果及时动态调整其分布位置、数量密度与检查频率。给每个监测点编号并在楼层分布图上标注陷阱位置。图 5-6-11 详细显示了上海图书馆某书库内的监测陷阱数量与位置。

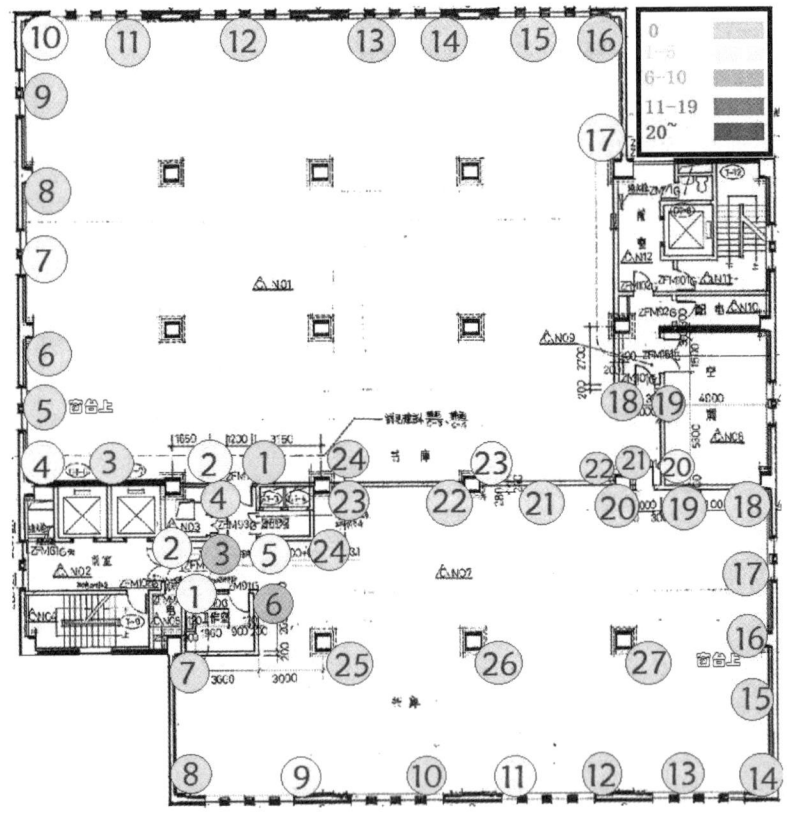

图 5-6-11　上海图书馆某书库监测陷阱布局图

2. 实施陷阱布置

在室内典藏环境使用经济实用的通用黏性陷阱。在整个库房和建筑物的出入口和周边设置监测陷阱，书库内部的陷阱按规则的网格形式放置在墙面和地面的夹角处。陷阱布置须着重注意窗户、墙角、立柱、排水管和出现侵袭迹象的高风险位置，以及害虫易藏匿的架子和存藏单元，而不是将陷阱放在房间中间或空旷区域。在陷阱上书写日期、编号，记录下其编号与位置点，并在平面布局图上做好标识，形成该区域陷阱监测布局图，以便于日后进行陷阱检查时按图索骥准确定位。

陷阱监测的目的主要是为了发现虫害防治漏洞、动态掌握虫害活动水平，陷阱的资源总是有限的，过多的陷阱也将为后期的检查带来人力和物力的压力。因此，虽然更多的陷阱或许有机会捕捉到更多的虫害，但陷阱并不是越多越好，陷阱监测应将虫害情况的关键记录作为最终目标。

3. 简要步骤及注意事项

- 绘制整个建筑物的大幅平面图，标出各区域并编号。
- 在建筑物平面图上，确定所有门、窗、管道、水源、热源和家具。
- 确定可能的害虫活动路径。
- 在平面图上标注陷阱位置并标记编号。
- 按平面图的指示，在需要监控的区域放置陷阱，按相应位置给陷阱注明编号与放置日期。
- 定期检查并收集陷阱。
- 根据收集到的线索，调整陷阱的放置和检查计划。例如，如果在特定的区域发现了虫害感染的迹象，则适当增加陷阱投放的密度。
- 陷阱不可接触到藏品，黏合剂会造成藏品的损坏。

（五）定期收集检查

1. 检查人员

应由经培训或熟悉基本文献害虫知识的 IPM 专员进行陷阱检查工作。

2. 检查工具

- 黏性陷阱：替换补充失效或回收的陷阱。
- 一般昆虫信息素：出现隐患时，开展针对性诱捕。
- 小号聚乙烯拉链袋：存放回收的陷阱或其他需带离的杂物。
- 带盖塑料或玻璃小瓶：暂时保存有害生物标本。
- 上一周期的虫害统计表：因部分较干净的陷阱可沿用至下一周期，因此用上一周期统计表的原始记录对比计算本周期陷阱中新增的害虫品种与数量。

其他还包括:放大镜(手持式镜头)、铅笔、马克笔、小刷子、镊子、LED 手电筒、记录表格、便携工具箱等。

3. 检查周期

依据监测环境虫害活跃水平与季节,应定期检查陷阱(至少每 3 个月),虫害活跃的春夏季节,应适当增加检查频率,如上海图书馆目前定于 1 月、4 月、6 月、8 月、10 月进行陷阱检查。

4. 收集检查

在检查现场目视或使用放大镜观察陷阱中捕获的害虫,初步识别并记录捕捉到的害虫种类、数量和成长阶段。保留任何其他活动证据的详细报告,如:活的害虫、虫尸或粪便。使用可利用的资源正确识别捕捉到的害虫,标注成虫或幼虫。当陷阱沾满灰尘或脏污(失去黏性)或捕捉到大量害虫时,应当替换该陷阱。必须识别每个捕捉到的害虫,以确定它们会以何种方式对图书馆藏品构成威胁。任何监控或陷阱手段都可能无意识地影响非目标物种,如蝙蝠、壁虎。室外环境的陷阱应当采取措施避免这类情况。

(六) 观察记录保存

1. 观察识别

有经验的 IPM 专员在现场可利用放大镜、手电筒等工具识别大部分常见文献害虫。如果现场识别无法准确判断,则可以使用实验室解剖镜或显微镜进一步观察。正确识别属和种可以帮助了解害虫的生命周期与生物特性,并采取更好的控制措施。暂时无法识别的害虫标本可以通过与业内同行交流或咨询专业人士进行识别。

2. 记录保存

记录保存是监测的重要部分,所有的监测结果都应妥善保存。记录保存的范围可以从简单的列表、电子表格、自定义数据库到复杂的基于地理位置的跟踪信息。记录信息应包括:日期、地点、区域、陷阱编号、品种、阶段(成虫、幼虫等)、类型(翅膀、碎屑等)、数量和其他生物等。其他异常迹象必要时可进行图片记录保存,基于此次发现对下次检查提出的建议也应记录下来。同时,IPM 监测也应辅以详细的环境监测数据(如库房温湿度)。

典型的害虫数据库字段列表可分为四类:必填、建议、可选和不建议。每个图书馆可能有不同的防治需求和目标,因此在设计数据库时,选择适合本馆需求的字段,通过保持数据库的简单实用,可以提高其可用性。

- 必填字段:通用陷阱位置,特殊陷阱位置,陷阱编号,检查日期,害虫通用名(或害虫学名),害虫生命阶段,观测到的害虫数量,有害生物的关联生态系统(如潮湿、腐烂、霉菌、水分、外部、温暖、排水等),危险因素。
- 推荐字段:房间功能,位置细节(如近窗、近水管),陷阱布置日期。
- 可选字段:环境条件,性别,害虫状况(如活、死),备注。
- 非推荐字段:采取的措施,事件。

通过监测捕获害虫的陷阱位置、检查日期和捕获清单等核心信息,最终可建立形成一个数据库,据此绘制风险地图,追溯害虫的规模、类型和季节性周期。

3. 数据分析

(1) 形成报告反馈

在原始基础数据的积累与存档的基础上,经汇总分析,可形成表格、报告,描述虫害发展变化趋势、特征、范围等,评估不同区域虫害与霉菌的活动水平与风险等级。

(2) 评估虫害活动水平

监测是连续动态评估害虫活动的系统方法。以监测调查中获得的虫害活动水平为基础,将维持管理水平分为高、中、低风险 3 个状态与阶段进行区分,科学合理制定必要的措施,将有限的 IPM 资源投入关键之处。

(3) 绘制风险地图

经过长期记录害虫规模、类型和季节性周期的数据积累,可以根据捕捉结果和地点记录绘制风险区域分布图,建立基于本馆建筑的有害生物情况数据库,以追踪陷阱位置、防治日期和捕获清单,并预测虫害暴发时间段和害虫入侵路径。

> 域外来风 ▶

在博物馆 IPM 中使用风险区

英国自然历史博物馆开始制定 IPM 政策时,建筑的规模和复杂性使工作人员有些畏惧,有人建议把博物馆分成更容易管理的部分,由此产生了风险区的概念。该馆首先从物业部门获得了南肯辛顿所有建筑的图纸,查看了不同空间的使用情况,并试图总结出如何确定其工作的优先次序。该馆给每个空间分配了一个与害虫构成的风险有关的颜色,红色是最高的风险,然后是橙色和黄色,最后是绿色,表示害虫构成风险最小的空间(图5-6-12)。这些颜色后来形成区域,颜色表示昆虫或啮齿动物对藏品的危害性。该馆借鉴了交通灯系统的颜色标识——红色、黄色、绿色,因为这是公认的警告标准,而且非常容易解释:红色——严重的损害风险,橙色和黄色——一般的损害风险,绿色——较小或少量的损害风险。显然,啮齿动物和昆虫的风险区是不同的,所以该馆分别绘制了所有区域的啮齿动物和昆虫的地图。该馆用这种颜色方法绘制了博物馆的地图后,这个想法有了进一步发展,工作人员认为让所有人都能看到这种地图是非常必要的,并且简单可行,所以他们设计了标牌,以提醒任何进入博物馆空间的人,他们正在进入哪个风险区,并附上一个协议,让他们遵循。IPM专员在每个符号上添加了甲虫和啮齿动物的轮廓图以示区别,还添加了一个能够代替颜色的字母,A代表风险最高,D代表风险最低,这是考虑到了色盲及色弱人群的需求(图5-6-13)。印刷品和字体需要得到博物馆规划团队的批准,而且要足够大,以便让视力障碍者清楚地看到。该馆设计的标志让各个层面的参观者都能一目了然。

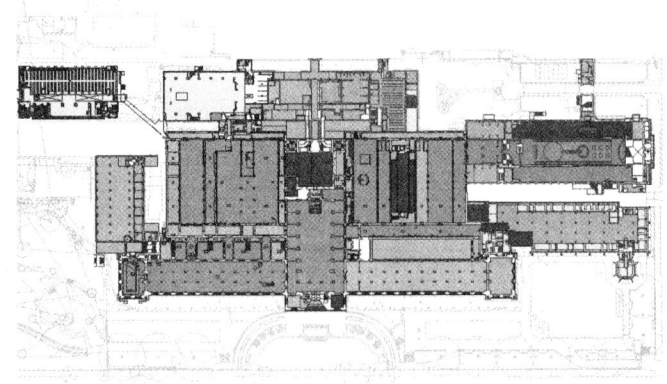

图5-6-12 英国自然历史博物馆IPM风险区地图

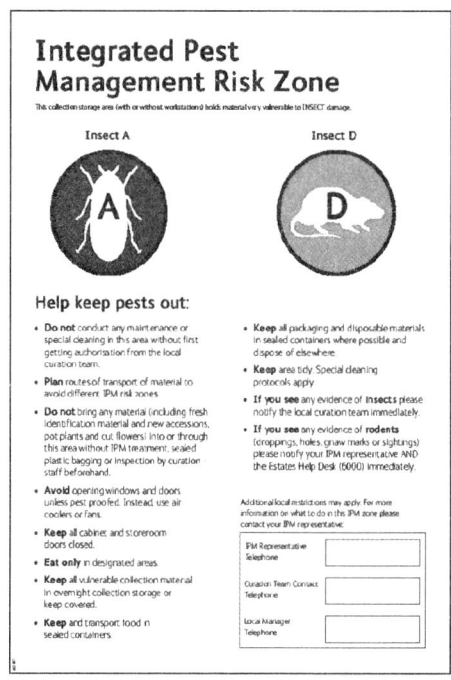

图 5-6-13　英国自然历史博物馆 IPM 风险区标识图

(4) 跟踪虫情变化

基于数据积累与分析,形成年度变化曲线等,预测或指导后续虫害防治工作。

通过实施一定周期的持续虫害监测,有助于建立对本图书馆建筑或典藏区域特定"生态系统"的理解:

- 建立对图书馆建筑和藏品易于受到何种害虫侵袭的认识与意识。
- 跟踪掌握建筑内部不同典藏区域的虫害密度及布局,绘制虫害分布风险地图。
- 了解不同季节变化下的虫害演变趋势,包括逐年的变化情况。

【案例学习】

上海图书馆陷阱监测报告反馈制度的良性循环

在定期例行巡查完成后对陷阱捕获虫害种类、数量进行统计分析,整理出该周期 IPM 巡查报告。截至 2022 年 12 月底,共计完成巡查报告 37 份,经识别确认捕获衣鱼、地毯甲虫、档案窃蠹、米象等 61 种入侵生物,在此基础上建立起上海图书馆典藏环境虫害图谱。巡查报告主要依据监测所得虫害活动水平,围绕书库虫害总体概况、天气影响与季节因素、书库围护结构的缺陷、书库内部隐患等方面进行及时反馈,并给予基于文献预防性保护理念与原则的措施建议。从实际落实情况看,保护组反馈的书库办公区墙体裂缝墙面酥松、书库窗帘水痕显示墙体渗水、书库内部中央空调管道局部漏水、个别书库内部个人杂物不合理堆放等问题均第一时间在物业安保中心的支持下得到整改解决。

以陷阱监测为 IPM 工作的切入点,通过一定周期的陷阱监测与巡查分析,形成问题反馈机制,促使 IPM 工作向完善书库围护结构与加强内务管理等预防与阻断阶段迈向纵深。

(七) 监测新技术

1. 近红外光谱技术与高光谱检测技术

近红外光谱技术是一种高效快速的现代分析技术,近年来也被用于害虫检测。近红外光(波长范围 780～2 500 nm)会在样品表面和内部发生反射,根据不同物质特有的反射信息,可定性或定量分析出样品内部是否存在害虫,以及害虫的种类。该检测技术无损、快速,能检测隐蔽在深处的害虫,但仪器昂贵且经常需要校准[1]。

高光谱检测技术是对从紫外到近红外(波长范围为 200～2 500 nm)的样品吸收或反射进行光谱检测和成像。相较于近红外光谱技术,其优势在于分辨率高、波段窄、光谱范围广、高清成像等,但目前仍处于实验室阶段,尚未大规模推广使用[2]。

2. 声测技术

声测技术的原理是将害虫活动产生的声音变成电信号,通过电子过滤器把害虫发声的频率与环境声音的频率分开,根据音程的百分比和数量来分辨害虫的种类和数量。该技术可以识别出不同钻蛀性害虫的钻蛀振动声音,以达到检

---

[1] 吕建华,黄宗文,王殿轩,等. 储粮害虫检测方法研究进展[J]. 中国粮油学报,2020,35(11):194-202.
[2] 张蓝月,邵小龙,黄行健,等. 储粮害虫检测技术研究进展[J]. 食品安全质量检测学报,2014,5(08):2366-2371.

测或预警目的。声学方法的缺点是无法检测粮食中的死亡害虫和害虫幼虫,如何区分环境中的噪音与害虫自身发出的声音以及当有多种害虫同时发声时如何对其声音进行分类也是声测法的技术难题之一[1][2]。

3. 自动化陷阱监测设备

传统的黏性陷阱监测方法较为耗费人力与时间,有数据显示,害虫防治专业人员检查1个传统的信息素陷阱平均需要73秒,馆员把大量的时间与精力消耗在了前往现场、巡视检查每一个监测陷阱,以及人工识别和计算陷阱中的害虫数量上。国外已出现专业自动化陷阱监测设备(图5-6-14),该设备提供每日图像、害虫识别和害虫种群计数[3],允许IPM专员做更值得他们关注的事情——解决害虫问题。

自动化陷阱提供自动监控,一目了然的分析和趋势帮助图书馆在虫害出现之前快速解决问题:

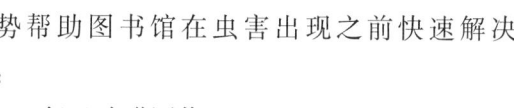

图5-6-14 SightTrap自动化检测陷阱

(1) 每日陷阱图像

自动拍照系统能提供陷阱中捕捉到的害虫的每日图像。

(2) 移动辅助功能

使用移动设备可随时随地查看陷阱图像。

(3) 详细报告

专业软件提供及时做出决策并保持低害虫数量所需的信息数据。

自动化陷阱监测设备将确切地提供问题的时间和地点等信息,随着数据的记录与积累,甚至可以预测何时会发生潜在侵扰的增加,从而让工作人员及时做出反应并在暴发之前积极采取预防。

技术的发展正在逐步改变我们监测害虫的方式。

---

[1] 脱小倩.基于深度学习的钻蛀性害虫声音识别[D].北京林业大学,2020.
[2] 钱志海,张超,付松林.储粮害虫实仓在线检测识别技术研究现状与展望[J].粮食科技与经济,2021,46(02):105-108.
[3] M Doyle A, Kelley P, Portoni F, et al. Remote monitoring for museum pests: a 21st-century approach [C]//Integrated pest management for collections: proceedings of 2021: a pest odyssey, the next generation. London: Archetype Publications, 2022:20-36.

第七节 有害生物识别

◎ **本节重点**

精准的害虫识别是图书馆 IPM 工作的关键要素,确认捕获的生物是否为文献害虫,才能进一步根据害虫的生物特性采取针对性的防治处理措施。本节结合上海图书馆的实践经验,重点讲述害虫识别的理论基础与步骤,包括观察体征和确认种类,及针对每种害虫的不同方法,对部分害虫识别推荐资料进行简要使用说明,并介绍害虫卡片的制作方法。

◎ **关键词**

昆虫分类;昆虫识别;显微镜;文献害虫;有害生物综合管理;IPM

在图书馆有害生物综合管理工作中,寻求针对性解决有害生物问题的前提,是对有害生物种类及产生的危害进行科学识别。识别的目的在于确认捕获的"不速之客"们是否属于文献害虫,进而结合它们的生物学特性,帮助 IPM 专员迅速采取综合有效的防治对策。科学认识、准确识别害虫,也有助于客观正确地评估图书馆环境中虫害风险的高低。

但囿于图书馆有害生物防治工作开展程度的不同,以大部分馆员的害虫知识储备,并无法达到一望而知、了然于胸的熟悉程度,因此,国内图书馆对害虫的识别往往处于既有想法又有难点的境地之中。2022 年上海图书馆发起的全国图书馆 IPM 工作情况调查问卷结果(表 5-7-1)也揭示了这一现实,目前仅有 33.33% 的图书馆会对馆内出现的害虫进行种类识别。

除文献害虫外,国内外部分机构还会对文物表面意外出现的霉菌进行种类识别(表 5-7-2),但霉菌的分离、培养、鉴别等操作都需要依靠高精密的设备仪器和专业的实验技能。调查结果显示,各图书馆对霉变情况大多采用"控制温湿度"和"使用酒精擦拭"这两种处理方式,对于无设备采购经费和无相关专业技术人员的文化文物单位来说,这也是切实可行且安全无毒的普适性除霉方法,可以暂不开展难度较高的霉菌识别工作。

表 5-7-1　图书馆有害生物综合管理情况调查问卷结果

题目	选项	小计	比例
是否对出现的虫害种类进行识别	是	39	33.33%
	否	59	50.43%
	不清楚	19	16.24%
发现霉变情况时，采取的处理方式有	使用乙醇(酒精)擦拭	28	23.93%
	低氧气调处理	6	5.13%
	控制温湿度	53	45.3%
	使用抑霉药剂或喷洒药液	23	19.66%
	先继续观察	45	38.46%
	其他	20	17.09%

表 5-7-2　常见馆藏文物表面霉菌种类[①]

地点	文物名称	主要优势霉菌
甘肃武威市博物馆	藏文大藏经	毛壳霉属、曲霉属、毛霉属、白僵菌属
楚州博物馆	牧牛图轴	根霉属、耙齿菌属、裂褶菌属、蜡质菌属、腐霉菌属
英国伦敦自然历史博物馆	鲸鱼骨架	马拉色霉菌属、青霉属
成都文物考古研究所	竹笥	曲霉属、枝顶孢霉属、青霉属、木霉属
西班牙圣安托修道院	油画	青霉属、链格孢属、细基格孢属、葡萄穗霉属、毛霉属、曲霉属
天津博物馆	木雕	毛壳霉属、曲霉属、青霉属、镰刀菌属
罗马尼亚阿玛拉蒂教堂	画作	薄孔菌属、青霉属、链格孢属、细基格孢属
辽宁大学图书馆	古籍	里氏木霉属
故宫博物馆	彩画	曲霉属、拟青霉属、共头霉属、毛壳菌属

本节将结合上海图书馆多年的实际工作经验，重点介绍关于害虫识别的步骤与办法，包括观察体征、确认种类，以及推荐相关文献资料与制作害虫卡片等内容，帮助识别经验较少的 IPM 工作人员逐步开展害虫识别工作。

---

① 覃丹，陈美均，唐欢. 馆藏文物表面常见微生物种类及生物劣化机理[J]. 文物鉴定与鉴赏，2023，No. 246(03)：29-33.

一、观察生物体征

可以通过肉眼或普通放大镜观察辨别常见、熟悉的卫生害虫、仓储害虫等，而对于无法当场确认种类的未知生物，则可借由显微镜观测记录生物的体征细节，留待后续种类确认。

（一）肉眼或放大镜观察

在 IPM 监测陷阱的定期检查现场，除蚂蚁、苍蝇、蟑螂、蜘蛛、老鼠等可以直接确认种类的常见生物以外，针对其他体型较大的生物也可直接通过肉眼观察，主要有土鳖、叩甲、鼠妇、蟋蟀等昆虫，和蜈蚣（唇足纲）、蚰蜒（唇足纲）等其他节肢动物，以及壁虎等脊椎动物，见图 5-7-1。

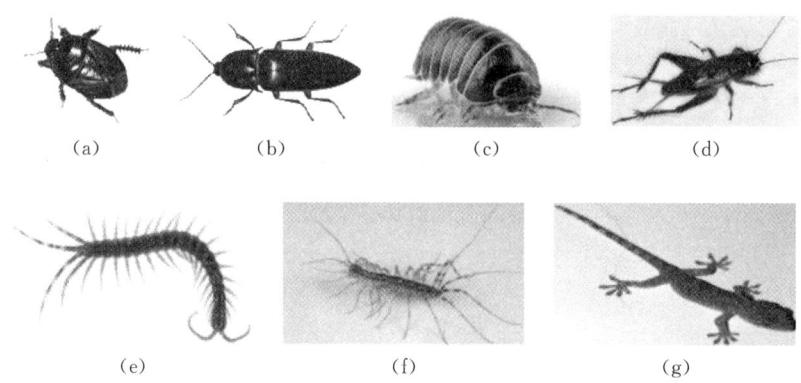

图 5-7-1　(a)土鳖；(b)叩甲；(c)鼠妇；(d)蟋蟀；(e)蜈蚣；(f)蚰蜒；(g)壁虎

如遇图 5-7-2 中衣鱼、象甲、蛛甲、蛾蚋等体型较小但体征明显的昆虫，可配合使用放大镜（完整检查工具目录见本章第六节），观察生物体征的同时也能进行准确的计数。

图 5-7-2　(a)衣鱼；(b)象甲；(c)蛛甲；(d)蛾蚋

（二）显微镜观察

对于首次进行害虫识别的 IPM 工作人员来说，书虱、跳虫、粉蠹，以及窃蠹科、皮蠹科等昆虫,因其体型小、同科昆虫体征相似等原因,可能即便使用放大镜也无法观察清楚,则应将捕获的未知生物带回实验室,使用显微镜进行放大观察测量。

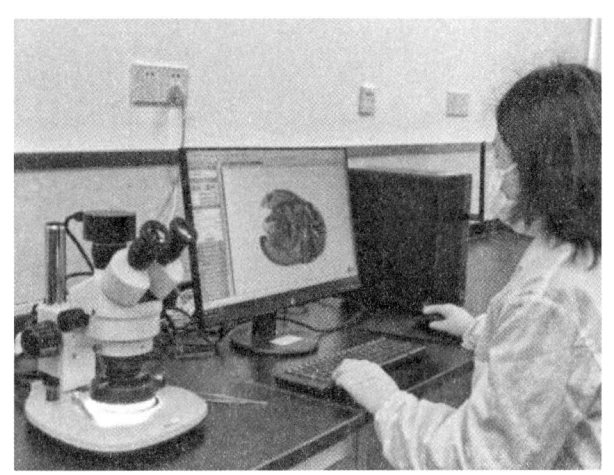

图 5-7-3　上海图书馆 IPM 工作人员使用体视显微镜观察昆虫体征

显微镜下观察,昆虫一般有头、胸和腹 3 个体段。显微镜观察昆虫体征时可主要集中在这几个方面:头部有口器、1 对触角、1 对复眼或 2～3 个单眼;胸部有 3 对足,常具 2 对翅;腹部有外生殖器,有时还有 1 对尾须;此外还有昆虫体长、花纹花色等。如图 5-7-4 中,常见高危文献害虫——烟草甲成虫体长在 2～3 毫米,使用显微镜放大后,在补充光源下能清晰地观察到昆虫背部花纹、触角类型、头部复眼位置等主要体征。应如实记录并拍照,留待后续的种类确认。

图 5-7-4　上海图书馆捕获烟草甲的显微放大图

利用显微镜,除了能观察微小昆虫的体征细节,还可帮助直接判断所捕获的是否为昆虫。以上海图书馆为例,在某次例行陷阱检查过程中,工作人员在陷阱中发现未知生物(图5-7-5),体长约3毫米,使用随身携带的普通放大镜观察似存在昆虫的头胸腹结构,对足明显,背部条纹清晰且有常见黑棕色花纹。后经显微镜观察确认,此"生物"仅为文献上脱落的碎屑。

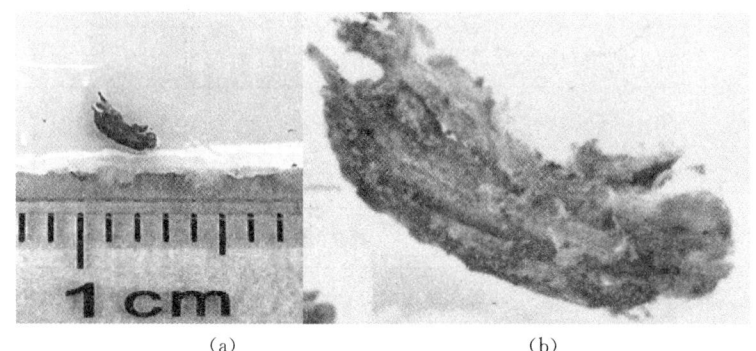

(a) (b)

图 5-7-5 (a)手机实拍图;(b)显微镜放大图

二、确认生物种类

对于较难辨别种类的生物,应在对其形态特征进行显微观察测量的基础上,通过专业昆虫分类检索表、文献参考与图片比对等方法确认其生物种类。

(一) 昆虫分类检索表

生物分类体系是由界、门、纲、目、科、属、种7个主要阶元组成的,后由于生物种类繁多,进化程度和级别分化,又添加了次一级的分类阶元:亚、次、部、组、族。针对未知的昆虫纲生物应首先确定其"目"。成虫的分目是根据翅的有无及类型、变态情况、口器的构造、触角的形状、跗节节数等进行的,表5-7-3是常见昆虫成虫分目检索表[1]。此外,还有根据昆虫幼虫的翅芽、气孔、腹足、口器等状态制定而成的幼虫分目检索表5-7-4[2]。使用成虫检索表时,首先判断昆虫有无翅膀,有翅则直接转至序号12并根据不同的昆虫形态描述继续转至序号13或17,如此依序作答直至得出最终结果,便可确定未知昆虫所属的"目"。使用幼虫检索表亦然。

---

[1] 张立峰. 常见昆虫成虫分目检索表[J]. 生物学通报,1984(03):17-18,54.
[2] 张立峰. 常见昆虫幼虫分目检索表[J]. 生物学通报,1985(09):12-13.

表 5-7-3　常见昆虫成虫分目检索表

序号	体征选择	结果	序号	体征选择	结果
1	有翅	转至 12	9	触角细长	啮虫目
1	无翅	转至 2	9	触角短	转至 10
2	具长尾须	缨尾目	10	体两侧扁平；跳跃足	蚤目
2	无长尾须	转至 3	10	体背腹扁平；非跳跃足	转至 11
3	大型昆虫，通常体长约 2.5 厘米或更长	直翅目	11	头通常宽大于长；咀嚼式口器	食毛目
3	小型昆虫，通常体长约 1.2 厘米或更短	转至 4	11	头通常长大于宽；刺吸式口器缩进头内	虱目
4	通常腹部附有分叉的枝状物（弹器）；小型昆虫	弹尾目	12	尾须明显可见，或细长丝状分节，或变为坚硬而不分节的铗状	转至 13
4	小型昆虫，通常体长约 1.2 厘米或更短	转至 5	12	尾须甚短而不明显或无	转至 17
5	腹部末端背面具腹管	同翅目	13	触角鬃状（或称刚毛状）	蜉蝣目
5	腹部末端背面无腹管	转至 6	13	触角丝状	转至 14
6	腹部与胸相连处有一收缩细腰部	膜翅目	14	前足适于挖掘或捕捉	直翅目
6	腹部与胸相连处没有收缩细腰部	转至 7	14	前足与中足相似	转至 15
7	锉吸式口器，呈锥状喙；复眼膨大，体细长后端尖	缨翅目	15	后足扩大为跳跃足，或前、中、后足相似，善于疾走	直翅目
7	咀嚼式或刺吸式口器；复眼通常退化	转至 8	15	后足与中足相似	转至 16
8	触角念珠状；有短尾须	等翅目	16	腹部末端具一对大而不分节的坚硬的尾铗	革翅目
8	触角非念珠状；无尾须	转至 9	16	腹部末端具一对丝状、细而分节的尾须	襀翅目

(续　表)

序号	体征选择	结果	序号	体征选择	结果
17	前后翅均有一个前结脉（粗横脉）或缺切;触角刚毛状	蜻蜓目	24	前翅厚而坚硬，一般没有翅脉	鞘翅目
	前后翅皆无前结脉（粗横脉）或缺切	转至18		前翅具翅脉;后足通常变大成跳跃足，或前足变为捕捉足	直翅目
18	具一对翅;后翅变为平衡棒	双翅目	25	前后翅大小相等	等翅目
	具两对翅;没有平衡棒	转至19		后翅小于前翅	转至26
19	口器呈喙状,刺吸式,口针在喙内	转至20	26	虹吸式口器盘卷于头的下方;虫体及翅面常覆鳞片	鳞翅目
	口器为其他类型,不如上述	转至22		口器不卷于头之下方;鳞片无或少,原始翅脉（与原始脉相相似）	转至27
20	后足没有跗爪,适于游泳,呈桨状	半翅目	27	翅上横脉甚多,特别在前缘多	脉翅目
	后足有跗爪	转至21		翅上横脉甚少	转至28
21	通常具有半鞘翅,静栖时翅平放于腹部背面	半翅目	28	口器退化（缩小）;仅保留下颚须	毛翅目
	前后翅质地均一,静栖时翅多呈屋脊状	同翅目		口器发达或正常	转至29
22	锉吸式口器,呈锥状喙;翅缘有长毛	缨翅目	29	咀嚼式口器延长似喙	长翅目
	不如上述	转至23		咀嚼式口器不延长或嚼舐式口器	膜翅目
23	前翅角质或与后翅质地不同	转至24			
	前后翅均为膜质	转至25			

表 5-7-4　常见昆虫幼虫分目检索表

序号	体征选择	结果	序号	体征选择	结果
1	有外翅芽,有复眼	转至12	2	虫体无足	转至3
	无外翅芽,无复眼	转至2		虫体有足	转至6

(续 表)

序号	体征选择	结果	序号	体征选择	结果
3	有头(或缺乏色素)	转至 4	10	上颚镰刀状,长于头部,与下颚构成刺吸的管,腹部有明显的侧附器	脉翅目
	无明晰的头,通常具有一对大的后气孔	双翅目		即使腹部侧附器消失,似丝的鳃仍可见,幼虫水生,常居于沙质巢筒中	毛翅目
4	体直而长或末端有呼吸管	双翅目	11	腹部无宽大的骨片	脉翅目
	不如上述	转至 5		腹部有宽大的硬骨片	鞘翅目
5	胸部气孔一对	鞘翅目	12	刺吸式口器	转至 13
	胸部气孔二对	膜翅目		咀嚼式口器	转至 14
6	腹部有腹足	转至 7	13	口器从头的前方伸出,触角丝状	半翅目
	腹部无腹足	转至 8		口器明显从靠近前胸腹面、前足之间伸出,触角刚毛状或丝状	同翅目
7	腹部腹足 2～5 对,末端有趾钩	鳞翅目	14	下唇比头部长,延伸时成为分节的,末端有钩适于捕捉的脸盖,幼虫水生	蜻蜓目
	腹部腹足 6～8 对,末端无趾钩	膜翅目		下唇不延长成脸盖,正常大小	转至 15
8	腹部有鳃	转至 10	15	腹部末端有二根尾须及一根中尾丝,腹部有鳃	浮游目
	腹部无鳃	转至 9		腹部末端有二根或无尾须	转至 16
9	体型为 C 型,背板消失	鞘翅目	16	尾须长,可达腹部的 1/2 或更长	襀翅目
	体型非 C 型,或有背板	转至 11		尾须短,短于腹部的 1/2 或更短	直翅目

统计上海图书馆多年来的害虫监测结果,发现典藏区域所捕获的昆虫主要集中在鞘翅目、双翅目、鳞翅目、半翅目、蜚蠊目这几个目。

当确认未知昆虫的"目"后,便可依次进行"亚目""总科""科"和"亚科"等的检索。完整详细的昆虫纲成虫分类检索表和检索方法可查阅蔡邦华所著的《昆虫分类学》一书。下文截取书中"鞘翅目—肉食亚目—步甲总科—步甲科—步甲亚科"的逐级检索举例[①]。使用检索表时需从第 1 题答起,若昆虫实际情况

---

① 蔡邦华.昆虫分类学[M].北京:化学工业出版社,2017.

如题所述,则依序转至下一题,若不如题所述则转至圆括号内的题号,如此答至题后出现分类名即为最终结果,以下文《步甲总科分重要科检索表》中第 1 题为例,若昆虫体征如题所述,则转至第 2 题继续作答,反之则转至第 8 题,即确定该昆虫为龙虱科。

鞘翅目分亚目检索表

1(2)头延长如象鼻,外咽缝合一或全缺,缺前胸腹板缝,植食性 ………………………………………………………………………………… 象甲亚目

2(1)头不延长,外咽缝两条,至少前后方分离,前胸腹板缝显著

3(4)下颚外叶须状,第一腹节腹板被后基窝所分隔,后翅中部有一二横脉(肉食型),前胸有明显侧板缝,触角丝状,跗节 5 节。幼虫衣鱼型,跗节有一或二爪,肉食性 ………………………………………………………………… 肉食亚目

4(3)下颚外叶非须状,第一腹节腹板不被后基窝分隔,后翅缺横脉,前胸缺侧板缝,触角与跗节有种种变化。幼虫变化亦多,跗节与爪相愈合,植食性或动食性 ……………………………………………………………………… 多食亚目

肉食亚目分总科检索表

1(2)腹部有明显腹板 4 枚,触角先端膨大呈棒状或叶片状,菌食性 ……………………………………………………………………………… 棒角甲总科

2(1)腹部至少有明显腹板 6 枚,触角丝状

3(4)眼分裂为两对,触角甚短,粗而不正形 ………………… 豉甲总科

4(3)眼完整不分裂

5(6)体瓢形或长瓢形,触角细长,一般居地面,疾走,捕食性 …… 步甲总科

6(5)体长扁或长筒形,居家屋古木中或树皮下,触角丝状或念珠状

7(8)体长而扁,足细瘦,居家屋古木中,触角丝状,后翅有小翅室 ……………………………………………………………………………… 长扁甲总科

8(7)体长筒形,居树皮下,触角念珠状,缺小翅室 ………… 条脊甲总科

步甲总科分重要科检索表

1(8)后胸腹板有一显明横缝,划出一三角形基节前片,后足缺密生长缘毛

2(7)后足基节前方的横缝左右相连,在基节间划成三角形的基节前片

3(6)后足基节常形,触角11节,至少先端6节有绒毛,陆栖性

4(5)唇基左右伸张,超过触角基部,触角生自额部,位于上颚基部上方,下颚内叶先端呈可动的钩,眼大,头垂直向,较胸部为阔,中等大,细瘦,有金属光泽,栖于河岸沙堤,运动活泼··虎甲科

5(4)唇基不伸过触角基部,触角生于头侧,位于上颚基部与眼之间,下颚内叶先端无钩,眼普通形,头水平向或略倾斜,一般较胸部为狭,普通黑色,也有美丽金属光泽,小型至大型种类,善步行··步甲科

6(3)后足基节固定,伸张为二阔板状,盖于腿节及腹基部,触角10节,缺绒毛,水栖性,小卵形,色暗黑··沼梭科

7(2)后足基节前方的横缝甚短,仅达于中部,后胸腹板不向后基节间延长,前基节球状,胫节和跗节缺游泳毛,小型,(半)水栖性··················两栖甲科

8(1)后胸腹板缺横缝及基节前片,后足有密生长缘毛·····················龙虱科

步甲科分亚科检索表

1(2)中胸后侧片,达于中基窝,此窝不全部被中胸腹板所围绕,前基窝后方开口,或闭口,一般为大型种类···大步甲亚科

2(1)中胸后侧片,不达于中基窝,该窝全位于中胸腹板之内,前基窝后方闭口,前胫前缘有深刻,一般为较小种类···步甲亚科

当检索确认至"步甲亚科"后,《昆虫分类学》中便会详举我国产的具体"种",包括行夜、水步甲、黄边青步甲、脊(线纹)青步甲、赤胸步甲的具体形态与分布区域等信息,供读者对比确认所捕获生物的种类。

值得一提的是,在分类检索过程中,针对衣鱼、档案窃蠹、小圆皮蠹(即地毯甲)、衣蛾、烟草甲、药材甲、白蚁等直接危害程度较高的昆虫,需要准确识别至具体"种",以便确认其生物学特性;而对于其他普通昆虫,一般分类确认至"科"即可,如偶发入侵典藏区域的土蜂科、步甲科、金龟科等田野昆虫;亦可将各种

蝇科、蚁科、蛾科（除谷蛾科外）昆虫统称为苍蝇、蚂蚁、飞蛾，以尽可能减少不必要的识别工作，将更多的工作精力投放于随后的害虫防治工作中。

（二）文献参考与图片比对

在地面或书架等区域收集到较完整的昆虫尸体时，可配合使用显微镜和上述检索表对昆虫进行种类确认。但当昆虫为黏性陷阱所捕获时，尸体无法被完整取下，因此较难通过显微镜观察到其全身所有体征，无法顺利使用检索表。

此外，检索表中涉及的各种体征描述，需要观察者具备较高的专业知识储备。对于缺乏相关学科背景或专业培训的观察者来说，很难分辨出所有昆虫构造的异同。此时，便只能依靠论文专著、线上昆虫图库等资料完成识别工作。

观察者可通过昆虫的体长、背部特殊结构或形状、花纹等体征，参考各类文献资料进行比对确认。下文以上海图书馆首次监测捕获烟草甲后的害虫识别工作为例：

观察图 5-7-4 中昆虫背部翅膀特有的"骨化"状态，首先确定此虫为鞘翅目昆虫。但处于发展早期阶段的上海图书馆 IPM 工作组并无充足的昆虫分类知识储备，无法进行下一步的检索分类，因此只能通过文献资料比对确认。鞘翅目的档案窃蠹是自 20 世纪以来为文博行业所熟知的一种典型文献害虫，小组成员发现捕获的昆虫与文献中的档案窃蠹照片较相似，决定从档案窃蠹所属的"窃蠹科"进行下一步搜查。通过对窃蠹科昆虫的穷举比较，成功将可能的答案范围缩小至烟草甲和药材甲。从检索得到烟草甲与药材甲的高清标本（图 5-7-6)，可以发现两者区别：烟草甲的触角呈锯齿状，而药材甲触角呈念珠状且末端 3 节膨胀变大；烟草甲鞘翅刻点不明显不成列，药材甲鞘翅白刻点明显且成纵列。对比图 5-7-4 和图 5-7-6，最终确认上海图书馆捕获的昆虫为烟草甲。

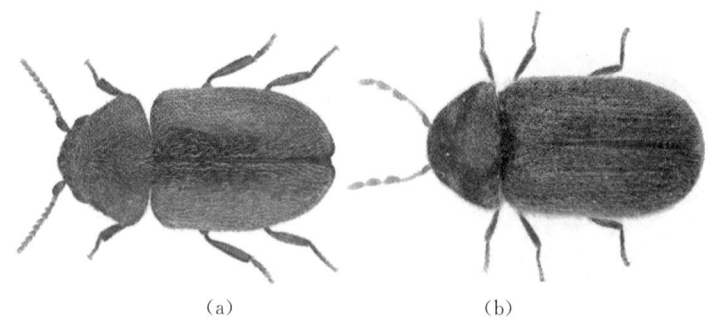

图 5-7-6 （a)烟草甲；(b)药材甲

三、害虫识别资料推荐

根据上海图书馆多年的工作经验,我们收集归纳了参考价值较高、使用较便捷的害虫识别资料,供同行业工作人员参考,详见附录D。建议未开展昆虫识别或识别经验较少的单位可先针对常见目(鞘翅目、蜚蠊目、双翅目、鳞翅目等)的昆虫与国内常见的仓储害虫进行资料查阅与学习,提前熟悉各目昆虫的主要特征,有助于在识别时快速缩减检索范围。

中国台湾昆虫谱网站(http://gaga.biodiv.tw/new23/cp021.htm)收录有近万种昆虫图片,访问者可以通过查阅某一目下的昆虫图片,逐一对比确认所需的昆虫名称(图5-7-7)。而针对完全无法确定昆虫所属目的情况,则可使用站内的"图示选单"功能,网站会列举所有目的主要种类的昆虫图片,待使用者找到相似项后会再引导进行进一步的准确比对排查。

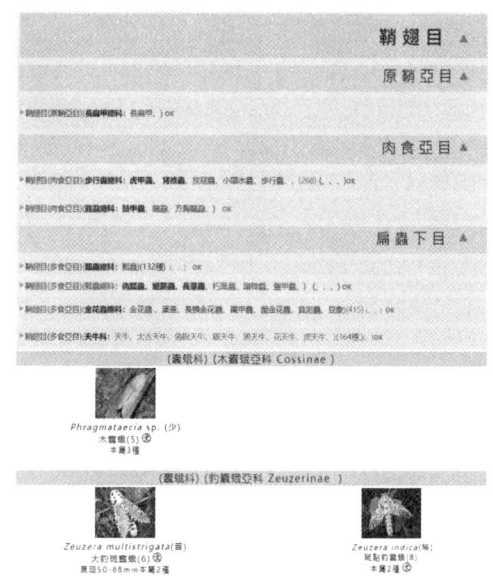

图5-7-7 昆虫谱网站截图(2023.06.20)

以上海图书馆的实际使用为例,IPM黏性陷阱捕获了图5-7-8(a)中的昆虫,根据昆虫的翅膀状态基本确定该虫为蛾类昆虫,在昆虫谱网站中选择"鳞翅目(蛾类)",查阅该目录下的所有科的昆虫图片进行逐一比对,最终确认该虫属于纹翅蛾科,如图5-7-8(b)所示。

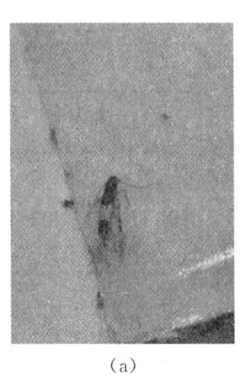
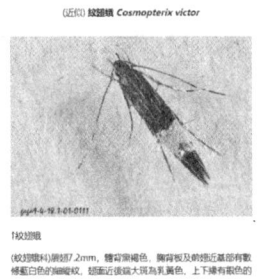

图 5-7-8 （a）黏性陷阱捕获昆虫；（b）昆虫谱网站的纹翅蛾信息

虽然使用昆虫谱网站查虫属于工作量较大的"穷举"方法，但是对于害虫识别经验和理论知识积累都较少的 IPM 工作人员来说，仍是一种不错的选择，而且还能在使用过程中逐渐培养他们对昆虫的基本分目能力。

《文化遗产害虫百科辞典：为了推进博物馆、美术馆中的 IPM（有害生物综合管理）》[《文化財害虫事典：博物館・美術館におけるIPM（総合的害虫管理）推進のために》]一书创新性地在书口位置设计了 3 个索引框，包括害虫侵害材料（木材、纸张、丝绸、动物标本等）、侵害方式（啃食、污染等）和侵害形态（成虫、幼虫），即便未捕获害虫，也可通过藏品的受害状况检索到建筑内可能存在的害虫。该书在详细叙述生物学特性和防治管理对策的同时，还将不同生物进行危险程度分级，共 A、B、C 三级，A 级代表危害程度最高（图 5-7-9）。但本书为日文专著，需配合使用翻译工具进行阅读。

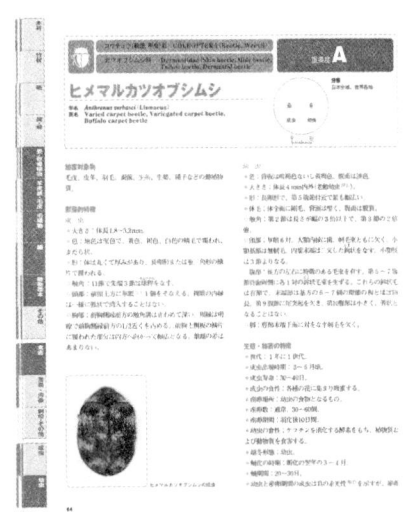

图 5-7-9 《文化遗产害虫百科辞典》书内版面

"大城小虫工作室"编订印发的昆虫科普图册《上海昆虫 1000》（图 5-7-10）包含上海昆虫 18 目 233 科，共计 1000 种。同时，该工作室还组织线上交流群，群内有来自全国各地的昆虫学家和昆虫爱好者。上海图书馆 IPM 工作组曾在此交流群内寻求昆虫识别帮助，得到过快速有效的回复。

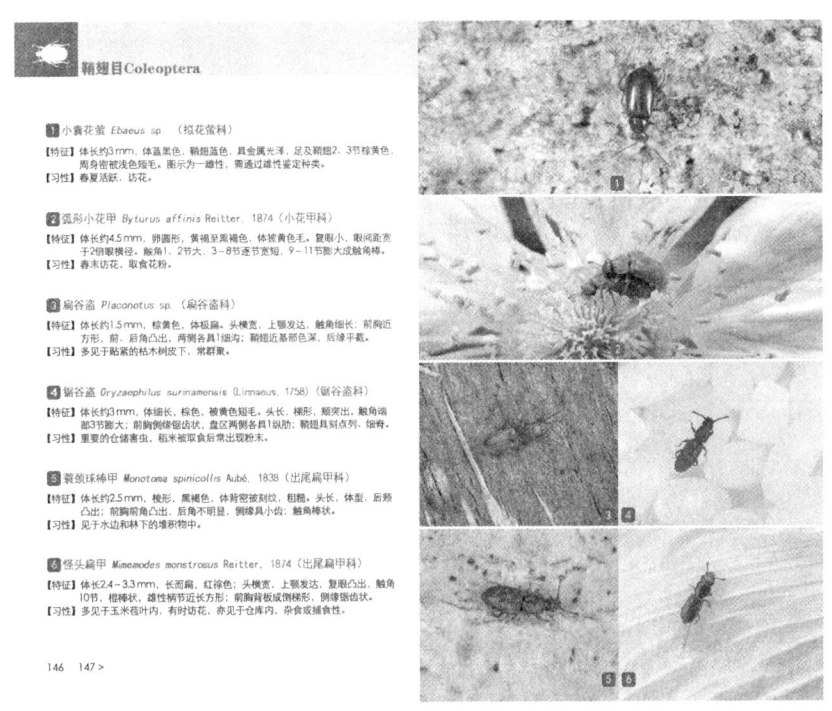

图 5-7-10 《上海昆虫 1000》书内版面

若使用上述识别方法依旧未能识别确认未知生物的种类，则建议可以向故宫博物院、国家图书馆、重庆中国三峡博物馆、上海图书馆等具有多年有害生物防治经验的单位进行咨询。

四、制作害虫卡片

文献资料或线上图库大多以成虫形态描述为主，幼虫检索表的检索难度也比成虫更高，如遇未知幼虫则较难进行查询确认。因此，上海图书馆 IPM 工作组的选择是：预先收集确认国内常见的以及本馆已捕获的所有害虫种类，通过文献资料将每一种害虫的成虫与幼虫照片积累成册并进行学习熟知，待未来监测发现幼虫时，便可"按图索骥"确认幼虫所属种类。

除了完成本馆害虫资料库的搭建，此卡片还可以用来在馆内进行科普宣传教育，带动馆内各岗位人员共同参与 IPM 工作中。

卡片主角应优先选择会对文献造成危害的文献害虫,而蚂蚁、苍蝇、蚊子、蕈蚊等居家常见昆虫几乎不会造成直接危害,可暂时不予制作。害虫卡片应至少包括以下内容:

- 昆虫的学名/通用名称。
- 昆虫的目、科分类。
- 昆虫图片(成虫与幼虫)、主要体征、感染迹象、生物学特性(食物来源、生命周期与繁衍)、防治手段。

此外,还可根据以上信息额外制作简易版害虫卡片,更方便书库管理人员在日常工作中比对识别,如图 5-7-11 所示。

上海图书馆制作的害虫卡片实例如下:

烟草甲 Cigarette Beetle
(鞘翅目窃蠹科) 高危

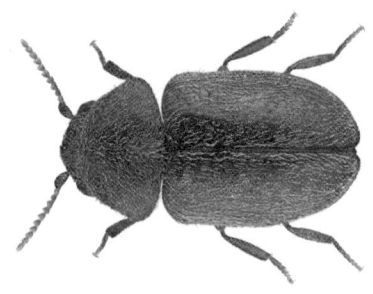
△烟草甲成虫

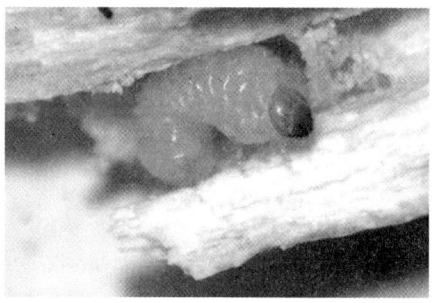
△烟草甲幼虫

- **主要体征**

成虫:长 2~3 毫米;椭圆形;呈红褐色;鞘翅上有细小毛发,看上去光滑。
幼虫:长 4~5 毫米;白色;体附长毛。

- **感染迹象**

留意书架上及周围是否有成虫蛀食活动残留的碎屑,翻阅书本查看是否存在幼虫。由于烟草甲成虫会被紫外光吸引,也可使用捕虫灯进行监控。

- **食物来源**

烟草甲以干燥的烟草、淀粉类食物、水果干、种子、鱼干及许多有机物质如植物标本、书本装订材料、覆盖有亚麻或稻草的软垫家具等为食。

- **生命周期与繁衍**

烟草甲的生命周期受温度和食物影响,温度越低生长速度越慢。雌性成虫在食物中或周围产卵约 100 枚。虫卵会在 6~10 天后孵化,幼虫避光生活并取食周围的食物,经过 35~70 天的生长期后化蛹,蛹期一般为 7~21 天,羽化为成虫后可生存约 28 天。在温暖的气候下,不同世代会重叠。

- **防治手段**

维持良好的内务管理能有效预防烟草甲侵袭。应将食物保存在防虫的器皿中并定期检查。被感染的物品应及时隔离,并应彻底清洁相应区域。

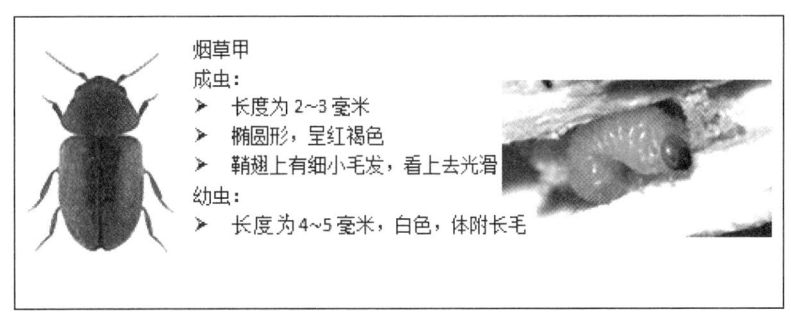

图 5-7-11　简易版害虫卡片

害虫识别技术在 IPM 工作中是很重要的一个环节,使用这种技术可以让 IPM 工作人员及时发现害虫、防治害虫,达到保障文献安全的目的。随着科技与时代的不断进步,未来可以通过成熟的高科技智能设备对典藏区域进行自动实时监测,针对出现的各种害虫进行更加准确的分类鉴定与计数,使未来的害虫识别技术更加智能化、高效化、精准化。

此外,国内的图书馆、博物馆、档案馆等各类文化文物单位可协同探索建立一个信息共享平台,该平台将汇聚不同单位所收集的害虫数据、害虫防治技术的应用效果与创新研究、害虫识别的咨询帮助等资源。通过该平台,既可构建中国独特的文献/文物害虫数据库,同时也能促进单位机构之间的知识共享与技术合作,齐心协力推动中国文化文物保存单位的有害生物防治工作获得进一步的提升与发展。

第八节 有害生物感染处理

◎ **本节重点**

本节介绍了图书馆内发现有害生物出没时的处理流程。发现有害生物时，首先需要将受到侵袭的物品与其他物品隔离开，随后检查并清理相关的区域，由专人对受到有害生物侵袭的物品进行处理。常用的处理方法有低温冷冻、高温、低氧、熏蒸、捕鼠器等，建议尽量避免使用化学的方法处理发现的有害生物。

◎ **关键词**

有害生物；应对措施；隔离；消杀；IPM；有害生物综合管理

IPM 的首要任务是预防有害生物侵袭文献，然而在图书馆的日常工作过程中，难免会发现有害生物突破"防线"的情况。如果在文献或图书馆内发现有害生物，那么便需要采取妥善的补救措施，杀灭发现的有害生物，阻止有害生物进一步扩散。

一、隔离并检查邻近物品

为了防止侵袭范围扩大，首先需要做的便是将受到有害生物侵蚀的物品与其他物品隔离开。

（一）文献

当工作人员在文献中发现了有害生物或有害生物侵蚀的迹象时，应第一时间拍照并报告给 IPM 工作组，待 IPM 工作组确认后，相关区域的管理人员根据受有害生物侵蚀的文献的数量和大小，将受到影响的文献装入透明自封袋或周转箱内，做好记录后移交给 IPM 专员移送至处理室。在密封保存下，可以有效防止有害生物在运输途中逃逸或扩散至其他区域。

移走了受影响的文献后，IPM 专员会检查周边其他文献、柜架的情况，尤其需要注意书架的背后和相邻的文献，确保没有遗漏的有害生物。

（二）家具、绿植

在家具或绿植中发现有害生物的活动迹象时，IPM 专员在接到反馈后前往现场查看侵蚀情况,判断有害生物种类和侵害程度。

对于不会直接对文献产生危害的昆虫或其他生物,指导保洁人员对相关区域进行清洁,去除这些生物和它们留下的杂物碎屑,防止残留物成为其他有害生物的食物源即可。若发现了老鼠、蠹虫、毛衣鱼、霉菌等高危的有害生物,应当立即将受到侵蚀的物品与周围环境隔离开来,小型物品装入周转箱转移至处理室,难以移动的大型物品用重型聚乙烯塑料或网眼材料包裹,留待处理。

随后,IPM专员应当检查附近的文献、管道、地面、家具内部,查看有害生物的影响范围是否已经扩散。

二、消杀清理周边区域

在典藏区域,使用手持吸尘器或桌面扫把清理并收集掉落的碎屑,用75%乙醇(酒精)片擦拭柜架,消除有害生物复苏的隐患。若虫害的情况严重,可以闭馆后在虫害区域附近喷洒以拟除虫菊酯为有效成分的杀虫药剂。这类药剂挥发性强、毒性微弱,不会对人体产生危害[1]。

在公共区域,联系保洁人员清理周边环境,用吸尘器或扫帚清理周围地面上的碎屑,随后用浸泡过消毒液的拖把或抹布进行消毒。为避免对公共区域的工作人员和读者产生影响,在公共区域不宜使用大范围的杀虫喷剂。可以在发现有害生物的区域周围的角落、家具底部放置捕虫陷阱,也可投放二氧化硅干燥剂粉末[2]或有效成分为毒死蜱的杀虫药剂,这类药剂药效释放缓慢,滞留期长,害虫爬过投放过药剂的地面时会被杀灭。注意在投放了药剂的位置应当设置指示信息,防止误触也防止保洁人员清洁时将药剂一并清除。

同时,针对发现了霉变情况的区域,还需要检测区域内的相对湿度。若相对湿度超过了60%,则需要用单体除湿机降低区域内的湿度,不能使用空调等与其他空间连通的设备,霉菌孢子可能会通过这些设备的管道扩散到其他区域。

---

[1] 日髙真吾.IPM実現のための予算獲得について-国立民族学博物館の事例から[C]//臭化メチル全廃から10年:文化財のIPM現在.2015,48-54.
[2] Kristina Mandy, Sarah Coggins. Grey silverfish at the National Gallery, London — The importance of monitoring and advocacy in IPM [C]//Integrated Pest Management for Collections. London: Archetype Publications Ltd., 2022:195-201.

三、处理受到有害生物侵袭的物品

在处理室内,IPM专员对物品做初步的清理,去除表面的杂物碎屑,判断物品受到了哪一类有害生物的侵袭、受到侵蚀的程度以及有害生物的活跃度。图 5-8-1 展示了不同有害生物侵袭所留下的不同痕迹。应对虫害(包括鼠患)和霉菌时所采取的措施和期望达到的目标是不同的。

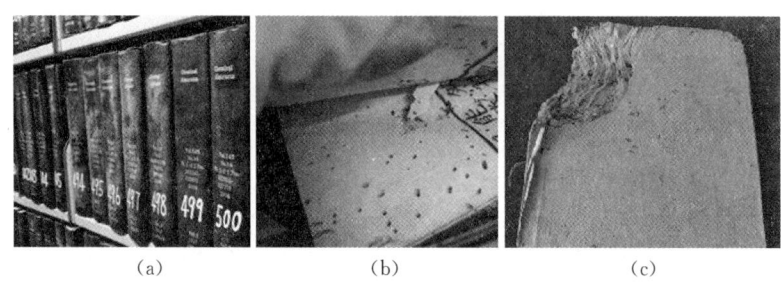

图 5-8-1 (a)霉变;(b)虫蛀;(c)鼠啮

虫类和鼠类一般只能通过入库的物品、建筑结构的漏洞、进出人员的随身物品等出入,在预防性措施完善的图书馆内,能够完全杀灭虫鼠、营造一个无虫鼠的洁净环境。而霉菌的情况截然不同,由于霉菌孢子颗粒微小,能悬浮在空气中借由空气流动传播到空间内的各个角落,想要保持无菌的环境十分困难。因此,预防虫害的关键在于建立无虫环境,预防霉菌发生的关键在于控制环境,尤其是微环境的相对湿度[①]。

处理文献中发现的有害生物时,应当保障文献、人体、环境的安全,选择无残留物的处理方法[②]。过往图书馆使用甲基溴、环氧乙烷等化学药剂熏蒸的方式处理典藏环境和文献中发现的害虫,显然是不符合这一要求的,且长期使用化学药剂灭虫会导致害虫产生抗药性,降低杀虫效果。

IPM建议首选物理、生物方法处理文献,在无法起到理想效果时,才使用对人体危害小、无残留的化学药剂。在实际操作中可以选用多种方法综合处

---

① 刘家真. 馆藏虫霉防治的比较[J]. 图书馆杂志,2021,40(05):4-10,35.
② Judith Wagner, Pascal Querner, Andrea Pataki-Hundt. Pest comparison of three treatment methods for archival materials against grey silverfish (Ctenolepisma longicaudatum Escherich, 1905): re-evaluation of the efficacy limits of freezing, heating and anoxic treatment with oxygen absorbers [C]//Integrated Pest Management for Collections, London: Archetype Publications Ltd., 2022:94-101.

理。在处理前,需要对操作人员进行培训,确保操作规范且安全。

(一) 除虫

1. 冷冻

冷冻杀虫法是利用昆虫变温动物的特性,通过改变温度影响昆虫体内代谢的过程。当温度达到-10℃～8℃时,昆虫会进入昏迷休克状态,在该温度区间内保持较长时间,能使昆虫死亡。当温度达到-40℃～-10℃时,昆虫体内的液体析出结冰,导致昆虫机械损伤、脱水,最终杀灭昆虫[1]。

《图书冷冻杀虫技术规程》(GB/T 35661—2017)规定,图书冷冻杀虫的温度与冷冻时间如下(表5-8-1):

表5-8-1 图书冷冻杀虫的冷冻温度和冷冻时间[2]

冷冻温度(℃)	冷冻时间(天)
-20	7～10
-25	5～7
-30	3～5
-35	2～4

处理时将待处理的物品用透气性好、不易结露的材料包裹,再在外部包裹一层聚乙烯材料,防止冷冻中温度变化导致文献内部湿度剧烈变化以及解冻时物品表面产生冷凝水。在处理过程中,需要监测物品中心的温度,确保达到设定的温度。

冷冻处理所需的成本较低,可根据各图书馆的条件和杀虫需求,配备立式、卧式冷冻柜或步入式冷冻处理室。若没有采购相关设备的条件,也可与冷冻仓合作,租用能达到处理温度的冷冻库(图5-8-2)对遭到虫害的文献和物品进行处理。在冷冻处理完成后,需要让文献缓慢恢复至室温,若使用自适应冷冻处理的设备,在复温阶段进行温度控制和调节,则能够避免包装物体所需的额外时间和材料。

联合国教科文组织世界记忆项目在为巴巴多斯国

图5-8-2 冷冻库内部

---

[1] 荆秀昆. 档案害虫的物理防治:低温冷冻杀虫法[J]. 中国档案,2020,(05):80.
[2] GB/T 35661—2017 图书冷冻杀虫技术规程规定[S].

家档案馆的一批藏品处理提供技术支持时,选择了租用冷藏公司的冷冻库这一成本效益较高的方式。项目实施前,工作人员对冷冻库的安全性进行了评估,该冷冻库是专为大型易腐食品设计的。整个建筑物是一个大仓库,分为几个大房间。房间是密封的绝缘和防火门,可以保障处理期间藏品的安全。同时,对人员出入和钥匙的使用也进行了限制,仅经过授权的人员两人一组才能进入冷冻库。

处理时,使用无酸纸和聚乙烯材料包装待处理的藏品,在冷冻库−25℃环境下处理了3天,从冷冻库中取出后保持原包装自然回温1天后拆包进入下一阶段[1]。

对于多数文献而言,冷冻处理是安全无毒的虫害处理方式,同时低温还能抑制霉菌生长。但是对一些不适宜冷冻的材质需要慎重对待,如高分子材料、丙烯酸成分的涂料、油画、木制品、含蜡的物品等,在低温下这些材质的特性可能出现变化。

2. 高温

高温处理也可杀死书籍里的昆虫,50℃的温度就能使虫体脱水死亡。将物品密封在聚乙烯袋中,防止加热过程中物品失水。在加热室或烘箱内加热到52℃以上,保持4小时,恢复至室温后取出密封袋。有条件的图书馆可以配备恒湿加热设备,有效避免处理过程中物品的相对湿度发生变化。

在南方地区夏季温度较高时,可以直接利用太阳能加热。用黑色塑料袋包裹物品,完全暴露在阳光下吸收热量,物品下方垫一些保温衬垫防止热量损失。若条件允许,可以建造专用的处理棚,棚顶和向阳面使用金属材料,其余墙壁和棚底铺设保温材料,处理棚的外部涂抹黑色颜料。在处理时,可利用白天的高温杀虫,夜间降温恢复到常温。

躲藏在物品中的害虫会向物品中温度较低的位置聚集,因此不论是使用加热设备还是借用太阳能,都需要监测物品中心温度,确保其达到处理所需的温度,起到了良好的杀虫效果。

需要特别注意,熔点低的材质不适用加热处理方法。

斯里兰卡图书馆对高温杀虫的有效性进行了研究[2]。研究中使用一个带

---

[1] Anne Bancroft ACR, Valerie Blyth ACR, Elizabeth F. Watson. Minus 20 degrees in the sun [C]// Integrated Pest Management for Collections, London: Archetype Publications Ltd., 2011:95-101.

[2] Udaya Cabral, L D Amarasinghe, Pascal Querner. Efficacy of low cost simple solar heating box to eradicate insect pests of libraries in Sri Lanka [C]//Integrated Pest Management for Collections, London: Archetype Publications Ltd., 2022:69-72.

盖、表面刷黑色水性漆的硬质泡沫塑料箱,壁厚20毫米,塑料箱尺寸为470毫米×405毫米×362毫米。箱子的外表面固定一个温湿度计,探头插入箱体。实验在晴天进行,将塑料箱敞口放置在放在斯里兰卡国家图书馆的院子里约1小时,直到箱内温度达到45℃。选择受到了烟草甲、衣鱼、白蚁侵食的大中型文献30册,记录害虫数量。用吸水纸5册一包包裹,以缓冲水分波动,防止文献中水分流失,还可以遮挡紫外线和可见光。将包裹后的文献放入预热好的塑料箱内,并紧紧盖上盖子。记录温湿度计的读数,处理20分钟,随后记录昆虫的死亡率。对照组放置在室内条件下(温度30℃±2℃;相对湿度80%±10%)。

衣鱼在温度45℃±1℃和相对湿度45%±5%下暴露20分钟后显示出100%的死亡率。当暴露时间增加到40分钟时,烟草甲和白蚁的成虫和幼虫的死亡率都增加了,在60分钟内死亡率达到了93%~96%。

因此,高温处理方式是斯里兰卡图书馆推荐的灭虫方式。由于本方式成本低、操作简单,也可以应用于其他小型的个人或公共图书馆。

3. 低氧

在低氧的环境下,昆虫为了摄取氧气会加大呼吸,进而脱水死亡。

低氧处理时,将待处理的物品放入密闭性较好的低氧气调室或用柔性塑料膜包裹,降低空间内的氧含量,营造一个低氧的环境。建议在相对湿度55%、温度25℃、氧含量≤0.2%的环境下处理3~4周,这样能杀灭所有生长阶段的害虫。低氧气调法也可用于长期保存藏品。

有三种方式可以降低并保持空间内的氧含量:

(1) 动态降氧

使用低氧气调设备将氮气、二氧化碳或其他惰性气体冲入密闭的空间内,检测到空间内的氧含量达到设定值(0.5%)以下时,减少流量、维持低氧环境。动态降氧法可以处理体积较大或大批量的物品,但是需要配备相应的气调设备,前期投入较大。在使用的过程中需要持续供电,如若低氧气调室的气密性较好,则在达到要求的氧含量后可关闭一段时间,保障用电安全。

(2) 动态-静态降氧

和动态降氧一样,使用低氧气调设备将惰性气体冲入处理空间,待氧含量达到设定值后,快速放入除氧剂,密封整个空间。动态静态结合的方式也有处理大体积或大批量物品的优势,并能满足无法持续供电的环境需要。

（3）静态降氧

这种方式适用于处理较小的物品，用柔性 RP 材料包覆待处理的物品，根据包装的容积放入足量的除氧剂后密封，维持低氧的环境。静态降氧无需额外安装设备，仅需包覆材料和除氧剂便可运行，前期投入少，具有较高的机动性，但操作人员需要准确估算除氧剂的用量，保证除氧效果。

使用低氧气调法杀灭有害生物，需要有较多的资金投入和技术支持，若图书馆内部无法达成处理所需的条件，也可与相关的服务公司合作，外包给专业人员。

上海图书馆当前常用低氧气调法处理受到虫害的文献。在收到虫蛀文献后，首先在除尘台上扫除大部分的碎屑、害虫或虫尸，随后将文献放置在敞口的周转箱内，送入低氧气调室。采取动态降氧法，用氮气置换掉气调室内部的氧气，使气调室内的氧含量达到 0.5%，维持 4 周。低氧处理完成后再次检查文献内部，清除虫道内残余的污染物。

4. 信息素诱捕

针对图书馆环境中出现的虫害问题，可以采取信息素诱捕的方式歼灭害虫。首先 IPM 专员需要识别出现的害虫种类，选用合适的信息素陷阱。将信息素陷阱放置在发现虫害的位置及其周围。在放置时需注意，为避免吸引外源的有害生物，信息素陷阱的放置位置应当远离门窗（详见本章第六节）。

然而，信息素诱捕的方式存在一定的局限性，仅能捕获活动范围相对较广的成虫，而幼虫、蛹、虫卵状态的害虫，活动范围窄，不易受到信息素的诱惑，无法捕捉。信息素诱捕杀虫的方法可作为辅助杀虫和处理后的长期监测措施使用。

上海图书馆在发现过地毯甲的区域内放置了对应的信息素陷阱，用于诱捕地毯甲成虫。在后续的长期观察中，诱捕到的成虫数量未继续增加，推断该区域地毯甲的风险降至较低程度。

5. 药剂熏蒸

当发生了大范围的虫害问题，其他方式已无法杀灭害虫时，采取化学药剂熏蒸的方式杀灭害虫。注意选用无残留、低毒性的化学药剂。

（1）以拟除虫菊酯等为有效成分的杀虫剂

这类药剂在常温下会大量蒸发，熏蒸处理完成后能快速消散，且对人畜毒性极低不会对人体健康造成损害。处理时，将物品集中放置在一间处理室内，操作人员穿戴外套、手套、防毒面具，做好个人防护，向处理室内喷洒杀虫剂，随后关闭门窗保持 1 周。待处理完成后，打开门窗和排风扇，待室内残留的杀虫剂充分散去后再进行下一步操作。

（2）昆虫生长调节剂（IGRS）

这类药剂会扰乱昆虫的生命周期，使害虫化蛹不成功或不完全，或阻止害虫正常角质层的形成，破坏其正常生长代谢或使其脱水而死亡[1]，是一种较为安全的杀虫药剂。

为了应对可能出现的虫害问题，日本民族学博物馆改造了一间多功能熏蒸库（图 5-8-3），在熏蒸库中能够实施气体熏蒸、二氧化碳气调处理、氮气气调处理，还连接了高温、低温控制系统[2]。

图 5-8-3　多功能熏蒸库

（二）捕鼠

杀灭鼠类时，图书馆往往会使用灭鼠的毒饵，但以谷物为原料的毒饵会成为昆虫的粮食、家园和霉菌繁殖的理想基质。而且误食毒饵而死的老鼠，它们的尸体会隐藏在隐秘的角落中，尸体和腐烂的气味会引发新一轮的有害生物危机。

上海图书馆曾做过一项实验，将典藏区域内放置了一段时间的毒饵带回实验室在恒温培养箱内培养，一段时间后繁殖出了大量烟草甲。其他文博机构也曾在毒饵中发现过谷物象甲、锯谷盗、蛛甲和各种蛾类。这些昆虫在诱饵中繁殖，待形成规模后便会扩大侵袭范围，扩散到藏品之中。

对此，英国的艾德·艾伦咨询服务公司（Ed Allan Consultancy Services）也建议不要长期使用以谷物为原料的毒饵。在英国的大城市，老鼠已经无法消化谷类食物，反而更喜欢高蛋白质食物，谷物原料可能无法起到诱饵的效果。而且老鼠对一些常用的灭鼠剂也产生了抗药能力，从而降低了毒药的效果[3]。

建议使用黏鼠板、捕鼠笼、捕鼠夹等物理捕鼠工具捕捉，可以在捕鼠工具上放置专用的诱饵，且诱饵也需要定期检查并更换。

---

[1] Helen Kingsley, David Pinniger, Amber Xavier-Rowe, et al. INSECT CONTROL: A TOTAL APPROACH FOR SMALLAND REMOTE MUSEUMS IN THE TROPICS [C]//Integrated Pest Management for Collections. London: James & James (Science Publishers) Ltd., 2001:76-80.

[2] 日高真吾. IPM 実現のための予算獲得について-国立民族学博物館の事例から[C]//臭化メチル全廃から10年:文化財のIPM現在. 2015:48-54.

[3] Ed Allan. The problems of house mice inhistoric houses and museums [C]//Integrated Pest Management for Collections, London: Archetype Publications Ltd., 2011:90-94.

(三) 除霉

1. 加强清洁措施，控制环境湿度

通过清扫和净化室内空气能有效降低典藏区域内存在的霉菌数量，并将区域内部的相对湿度控制在60%以下，是解决霉菌问题的一项有效措施。

大多数以无机物为材料的家具本身不会受到霉菌侵蚀，这些家具表面的霉变现象是由积攒的灰尘等有机物在潮湿的环境下产生的，因此当在这类家具上发现了霉变的迹象时首先需要联系保洁人员对相关物品进行清洁，然后用浸泡过消毒液或75%乙醇的抹布擦拭物品表面便能去除灰尘和霉菌。

为了根除霉菌，防止相关区域内的霉菌复苏，应当使用除湿机、排风扇或被动调湿材料保持该区域的相对湿度在较低的范围。

2. 乙醇消杀

针对小规模霉变的文献，首先放置在真空干燥箱内低温烘干，使霉菌失活；随后使用带有HEPA的吸尘器在文献表面清洁，除去表面吸附的霉菌、孢子；然后用75%乙醇的消毒片擦拭文献表面的霉菌。在使用乙醇前，应当在文献的边角做小范围的试验，确保不会对文献造成损害后再进行操作。擦拭时应尽可能将乙醇片挤干后使用，防止纸张过湿而产生形变。

擦拭完成后，将物品置于真空干燥箱内低温烘干，去除除菌过程中带来的水分，让文献保持干燥的状态，长期抑制霉菌生长。

3. 除霉剂消杀

仅在霉菌已大范围扩散，使用乙醇无法杀灭所有霉菌时，才能选用防霉剂处理霉菌。用于熏蒸的药剂，应选择杀菌效果好，并且已经充分了解其对人体、环境、文献影响的药剂，需要查看制剂的安全评估数据和制造商提供的MSDS，选择毒性相对较低且不损害文献的除霉剂。

在熏蒸完成后，物品的表面会残留失去活性的霉菌，这也会为新产生的霉菌提供养分。因此，为了避免霉变情况反复发生，熏蒸完成后还需要清理发生过霉变的位置。

四、持续监测与复查

当IPM专员对受有害生物侵袭的物品进行了相应的消杀处理后，可以在容易再次受到害虫侵蚀的文献内夹放以拟除虫菊酯为有效成分的防虫纸张，长期预防虫害发生。

第五章 IPM 的措施与程序

表 5-8-2 有害生物感染处理方法

方法		设备	处理条件	处理时长		使用限制
物理方法	冷冻	设备冷冻室、冷冻容器、家用冷冻机、冰柜	$-20℃$	7～10 天	杀虫抑菌	不宜冷冻的材料：蜡、木质、塑料等处理过程至回温期同用聚乙烯袋包裹
			$-35℃$	2～4 天		
	高温	加热室、加热棚	52℃以上	4 小时	杀虫	熔点低的材质和需要长期保存的文献不宜加热待温度恢复到室温后才能除去聚乙烯包装袋
	低氧	低氧气调设备气调室	在相对湿度 55%、温度 25℃、氧含量≤0.5%	3～4 周	杀虫抑菌	前期投入较大，须持续供电
		柔性 RP 包覆材料除氧剂				需要专业人员指导
	捕鼠工具	黏鼠板、捕鼠笼、捕鼠夹、诱饵	在墙角、管道旁放置捕鼠器	长期	捕鼠	定期检查并更换失效的捕鼠器和诱饵
	环境清洁与控湿	75%乙醇消毒液			除霉抑菌	
	酒精消杀	75%乙醇片真空干燥箱 HEPA 吸尘器	干燥后清理，乙醇片擦拭后再次干燥		除霉抑菌	适用于以无机物为材质的家具大规模应用前须进行小范围的试验保障文献安全
生物方法	信息素诱捕	信息素诱饵捕虫陷阱	放置在发生虫害的区域	长期	杀虫	需要定期更换仅能诱捕成虫
化学方法	药剂	拟除虫菊酯类杀虫剂	在相对密闭的空间中喷洒	7 天	杀虫	处理后充分通风换气
		昆虫生长调节剂			杀虫	
	熏蒸	除霉剂			除霉	仅在紧急情况下使用

在确保完全杀灭了有害生物,去除了残留的碎屑杂质后,就可以将这些物品交还给原区域的管理人员。但是,曾发生过有害生物的物品所处的区域极有可能再次出现有害生物,需要将相关区域列为高风险区,对这些曾受到有害生物侵袭的物品及其相关区域进行长期的监测,直到风险评估时将本区域列为中低风险区。这有利于第一时间发现有害生物出没的迹象,及时阻止它们继续繁殖。

记录发生的有害生物、区域、物品/文献、采取的处理方式。表 5-8-3 是一个示例。

表 5-8-3 感染处理记录表

日期	区域	物品/文献	数量	情况说明	处理方式	处理人员
yy.mm.dd	2楼书库	古籍	10册	虫蛀	低氧	xxx

第六章 IPM 措施与程序的审查与修订

◎ **本章重点**

图书馆 IPM 方案应定期进行审查和修订，以确保其与图书馆的实际情况和目标相一致、满足图书馆藏品保护不断变化的需求和优先级、保持 IPM 工作的动态更新和持续改进。

对 IPM 的措施与程序的整体进行有效性的审查，旨在检验 IPM 措施与程序是否实现了预期的目标和效果，确保能够实际降低图书馆藏品的有害生物侵袭风险，是保证 IPM 有效、保证图书馆藏品安全的重要环节。

若 IPM 措施与程序未达到预期目标，在审查结束后能够及时发现存在的问题和不足，进一步提出修订建议，促进 IPM 工作的持续改进和优化。

本文从审查方法与修订方法两个方面出发，介绍了图书馆 IPM 有效性审查与修订的基本内容和步骤，以期提供参考和指导。

◎ **关键词**

IPM 措施；IPM 程序；审查；修订

第一节 审查与修订的意义

为了预防有害生物对藏品造成损害，图书馆采用了 IPM 措施与程序。但随着环境条件、管理规范和成本效益等因素的变化，这些措施和程序可能会失效或变得低效，因此需要根据实际情况进行调整和完善。为此，图书馆需要定期审查和修订 IPM 措施与程序，以确保 IPM 方案能够持续适应、全面覆盖和有效运行。审查时应遵循规范的程序,并基于数据,避免主观偏颇。在收集工作人员反馈时应征询倾听各方意见,保证审查效果。

通过定期审查和修订 IPM 措施与程序,图书馆可以掌握 IPM 的实施状况和效果,发现并解决问题,总结经验教训,改进方案,提高 IPM 效能。审查修订过程中,还要充分征询倾听相关部门和人员的意见和建议,进行适当调整,消除矛盾障碍,以保证修订效果。同时这也有助于提高工作人员对 IPM 的认识和执行能力,激发工作人员的积极性和责任感。图书馆还可以收集相关信息和客观证据,展示 IPM 实施过程中的优势和成果,并将其作为正面案例来推广 IPM 理念和方法,也可以在修订不足之处时向其他图书馆或机构寻求经验与建议,促进不同机构间的互动与发展。

如果审查修订方法不当,或者后续执行跟踪不力,那么审查修订就会变成一种走过场的形式主义活动,不仅违背了优化 IPM 的本心,还会浪费资源、降低工作人员的积极性与信心。

在获得审查结果后,图书馆应及时优化 IPM 措施与程序。根据审查结果,制定改进方案,明确责任分工和时间安排,执行跟踪,以保证改进效果。修订过程中,还要沟通协调相关部门和人员,并更新体系政策文件中的相应内容,同时提供必要的培训和宣传,以提高工作人员的认识和执行能力。

第二节 审 查 方 法

一、审查频率

审查频率是指对图书馆 IPM 措施与程序进行有效性审查的时间间隔,它决定了审查的及时性和有效性。

如果条件允许,最好每年年初对上年度的 IPM 措施与程序进行有效性审查。这样可以及时总结 IPM 工作的效果和问题,为新一年的 IPM 规划和实施提供参考和指导。如果年初太忙,那么可以每年选择一个相对固定的时间点,进行年度审查,以保持审查的连续性和稳定性,避免因时间差异而影响审查结果的完整性或准确性。

如果条件不允许每年审查,则建议至少每 3 年进行一次有效性审查,确保 IPM 措施与程序没有出现偏差。这样可以保证审查的必要性和基本性,避免因缺乏审查而导致 IPM 工作滞后或偏离。

二、审查内容

执行 IPM 措施与程序的过程中,可能会遇到许多问题或不足之处。制度不健全、资源不足、技术不先进、人员不专业、管理不规范、监督不严格、沟通不及时等因素,都会降低 IPM 实行过程中的有效性和效率,使有害生物活动无法得到有效控制。此外,观念落后、理念错误、目标模糊、方法失当等因素,同样也会导致有害生物活动难以得到根本控制。

为了达到 IPM 的目标,需要对正在执行或已经执行的 IPM 进行有效性审查,以判断它们是否正常运行并达到预期效果。有效性审查主要包括以下 2 个方面:一是了解 IPM 的实施情况,二是确认 IPM 的实施效果。

(一)审查实施情况

审查 IPM 措施与程序的实施情况,是判断 IPM 措施与程序是否按照计划和要求执行的重要途径,也是评估 IPM 措施与程序是否按照制定的要求和流程进行并得到有效落实的重要依据。在审查 IPM 实施情况时,需要从多个方面进行综合考量,包括基础条件是否完备、实施安排是否合理、执行情况是否达标、沟通渠道是否畅通等。这些因素都是 IPM 措施与程序顺利实施的关键,必须得到有效的支持和保障。

1. **基础条件**

审查 IPM 实施所需的基础条件是为了判断图书馆是否具备 IPM 实施所需的前提和保障,以避免因条件不足而影响 IPM 效果或导致 IPM 失败。在审查时,应明确以下基础条件是否已得到充分保障:

- 经费:应保证设备安装、材料购买、培训开展、监测进行等方面所需的开支。
- 人员:应保证执行、管理、审查等所需人员的数量和培训。
- 设备:应保证操作、记录、调控等所需设备的完好性和可靠性。
- 平台:应保证记录、反馈和沟通中信息能够及时、准确传输。

此外,在该部分可以单独列出亟需购买的设备,以便明确采购需求。

2. **实施安排**

审查实施安排时,需要关注实施标准、职责分工、工作任务和保障措施等方面。其目的在于确认 IPM 执行过程中是否有明确的目标和标准,是否有合理

的职责分工和协调,以及是否有详实的任务计划。具体审查内容包括:
- 组织管理机制和职责分工是否明确,各部门、岗位、人员的角色和职责是否清晰,相互之间的沟通和协作是否顺畅。
- 工作任务的内容和要求是否具体明确,时间和进度安排是否合理可行,各项工作任务之间的逻辑关系和优先顺序是否清晰合理。
- 是否有明确的责任和监督机制。可以考虑建立有效的考核和激励机制,以促进工作人员积极主动地执行 IPM 措施与程序。

3. 执行情况

审查 IPM 的执行情况时,应着重关注以下方面:
- 执行范围是否覆盖所有需要保护的区域和藏品,是否有疏漏或遗漏的情况。
- 执行频率是否符合规定的时间和周期,是否有延误或未执行的情况。
- 执行过程是否遵守相关的规范和标准,是否有相应的管理措施以保证规范、有效和安全。需要记录相应的操作过程,以便追溯。
- 在执行过程中遇到困难和问题时,应及时采取适当的应对措施和解决方法,并做好记录以便后续跟进和完善。需要特别关注监测与反馈机制的有效性,即问题解决的响应时间和解决效果。

4. 沟通渠道

在 IPM 的实施过程中,应建立畅通的内部和外部沟通渠道。

完善内部沟通系统,建立响应机制。鼓励员工及时反馈异常情况,尤其注重一线书库或阅览室员工的信息反馈。成立专门团队,或设立专用平台、信箱或热线等,建立快速响应通道,及时接收和处理工作人员反馈的 IPM 问题和报告,并与其他部门协作解决问题;该团队应能够定期向上级领导或相关部门汇报 IPM 措施与程序的执行情况和问题,并寻求支持或协助,以便及时调整或改进 IPM 措施与程序。

在外部沟通方面,可以选择通过参加各种研讨会、交流活动,或开展联合研究等方式,与其他图书馆或机构建立联系,交流借鉴成功经验和存在问题,从而为 IPM 的实施获取更多支持和帮助,不断提高实施效果。

(二)审查实施效果

IPM 措施与程序的实施效果是审查的核心,也是判断其是否达标的关键。这一过程应基于可量化的指标(如果有的话),分析 IPM 措施与程序对图书馆藏品保护和管理的影响和贡献，以确定是否达到预期目标。

实施效果的审查可以从以下 3 个方面入手：首先是有害生物的防治效果，包括有害生物监测捕捉数据中种类、数量、分布是否减少，以及工作人员反馈的虫害报告率是否降低；其次是图书馆环境的改善效果，如建筑围护、内务管理、温湿度等方面是否有所改善；最后是工作人员对 IPM 措施和程序的评价，包括满意度、认同度和执行难易度等方面的反馈意见。

1. 有害生物的防治效果

评价有害生物防治效果的核心指标是有害生物活动水平的变化。通过收集和分析对比实施前后的陷阱监测数据和工作人员反馈的虫害报告率，来判断 IPM 措施与程序是否达到预期目标。

陷阱监测数据是评价 IPM 有效性的重要依据，可以反映有害生物的种类、数量、分布、活动规律等信息。通过定期进行有害生物监测、记录数据，并对比实施前后的监测数据（详见第五章第六节），可以了解有害生物的活动规律和变化趋势，判断 IPM 执行后是否可以达到防治有害生物的目标。

工作人员反馈的虫害报告率也是评价 IPM 实施效果的辅助指标。工作人员（以典藏、阅览、展览区为主）在日常工作中发现有害生物或藏品蛀蚀情况时，应及时向相应的平台或团队报告，并进行记录。对比实施 IPM 前后的报告率，可以了解有害生物对藏品造成的影响是否降低，同时这也是工作人员参与 IPM 工作程度和能力水平的反映。

如果陷阱监测数据和虫害报告率都呈现下降趋势，则说明 IPM 措施与程序有效地控制和预防了有害生物。反之，如果数据不变或上升，则说明 IPM 存在问题或不足。

2. 图书馆环境的改善效果

IPM 措施和程序旨在改善图书馆环境的多个方面，其中建筑围护、内务管理、温湿度调控都是对藏品环境有直接影响的实际措施，并能够通过可观测的标准来评价效果。

评价建筑围护效果的方式有 2 种：一是现场随机抽检建筑围护是否完好无损、密封无缝、排水顺畅；二是根据定期检维表（如有）和报修检维表，查看建筑围护的缺陷检出率和维修率变化情况，判断建筑围护是否改善。

评价内务管理效果的方式有 3 种：一是核对清洁登记表（包括区域清洁和藏品清洁），查看清洁工作是否按时按量完成；二是抽样检查实际藏品和环境的清洁状况,观察储藏柜/展示柜/房间死角是否有尘土、异味、杂物等问题;三是收集工作人员对工作环境和藏品洁净度的反馈意见。

温湿度调控的效果审查可以直接通过温湿度监测数据来进行,查看温湿度是否在规定的范围内、是否波动更小即可。

3. 工作人员的评价

工作人员的评价能体现出工作人员对 IPM 措施与程序的认知和态度,反映他们是否支持和配合 IPM 的实施,是否有不满或抵触。应充分征求和听取相关部门和人员的意见和建议,进行必要的调整和修改,消除矛盾和障碍,保证 IPM 在执行过程中的合理性和可行性。

收集反馈意见时,可以从工作人员的满意度、认同度和执行难易度等方面入手。通过收集和分析工作人员的反馈评价,可以了解工作人员是否了解和遵守 IPM 措施与程序的要求,是否认同和支持 IPM 的目标和理念,以及对 IPM 措施与程序有何改进意见。如果工作人员反馈出对 IPM 措施与程序缺乏了解或存在误解或抱怨,就需要分析造成认知或态度偏差的原因,并采取相应措施改善情况。

收集反馈评价可以采用问卷调查、访谈、座谈会等方式进行,以获取工作人员对 IPM 措施与程序的真实感受和建议。收集反馈时,应采用合适的语言和方法,避免给受访者造成不必要的压力,同时充分尊重各方意见与建议,保证反馈的真实性和有效性。

第三节 修订方法

在完成对 IPM 措施和程序的审查之后,可能发现实际情况与既定目标存在一定的差距,此时便需要根据审查结果找出存在的问题和不足,制定相应的修订方法。修订方法应针对不同类型和程度的问题与原因,制定科学合理的应对措施,并明确责任分工和时间安排,落实执行和跟踪机制,以确保修订效果。

一、制定修订计划

根据审查结果明确 IPM 措施和程序现有的问题后,需要制定具体的修订计划,确立修订目标、原则和依据,并明确责任人和时间节点。在制定修订计划时,应考虑以下几个方面:

- 内容：明确需要改进的环节，并对保持不变或进行略微调整的环节进行界定。
- 方法：根据问题的具体性质和修订目标，选择恰当的修订方法，如增设设备、调整工作流程、进行人员培训等。
- 指标：制定明确的评估指标和标准，用于衡量修订措施的实施效果和达成的目标。
- 步骤：按照逻辑顺序进行分析，评估修订所需的时间、资金、人力成本以及可能面临的困难和风险，衡量修订所带来的收益和价值（参考第五章第一节），并确定修订工作的优先级和工作计划。
- 人员沟通：确定责任人和参与人员，建立有效的沟通渠道和协作机制，以获得必要的支持和资源。
- 改进效果：设定修订的目标和指标，用以评估修订前后的差异和影响，验证修订的有效性和合理性，确保改进效果符合预期。

二、执行与跟踪

为了保证修订的有效性，在执行过程中，应对修订的具体实施情况进行跟踪。及时发现和解决问题，评估修订效果和影响，并根据实际情况做出相应的调整和改进措施，确保修订目标的实现。在执行与跟踪过程中，应考虑以下几个方面：

- 工作记录：建立起修订措施执行记录表，跟踪各环节的情况，涵盖完成度、问题点、优化方案等，并及时撰写保存相关文件或数据，保障信息的完整性和安全性。
- 数据分析：收集相关数据，进行定期或实时的数据分析，以了解修订措施的执行情况和效果，并及时发现问题。
- 问题处理：及时发现和识别实施中的问题和障碍，如操作失误、流程不畅、标准不统一等，采取相应的纠正措施和解决方案，确保修订措施的顺利推进。
- 汇报反馈：及时向上级或相关部门汇报执行情况，包括完成进度、执行效果、存在问题和改进措施等，并听取意见和建议，根据实际情况调整和完善修订措施。

三、沟通和支持

为了保证修订措施的有效实施,需要多个部门和人员之间进行密切的合作和配合。在此过程中,应注意以下几点:

- 充分沟通和协调 IPM 修订的目标、内容和标准,明确各方的职责和要求并形成共识。
- 积极听取工作人员对 IPM 修订的反馈和建议,及时回应和解决他们在实施中遇到的疑问和困难,消除对修订措施的顾虑和抵触,增强工作中的认同感和参与度。
- 收集各个部门和人员对修订后的 IPM 措施与程序的执行情况和效果评价,分析存在的问题和不足,并根据情况做好调整。
- 给予工作人员必要的支持,提供修订后的 IPM 措施与程序所需的相关资料、文档、工具等,并组织一定的培训或指导来帮助工作人员熟悉和遵守修订后的 IPM 措施与程序,确保操作符合规范要求。
- 注意协调好修订措施与其他工作之间的关系,避免因此影响正常工作。

【案例学习】

从审查到修订:一次成功的地毯甲防治行动

在例行收集和分析对比某书库陷阱监测数据,审查有害生物活动水平时,上海图书馆 IPM 工作组发现该库一定区域范围内的地毯甲捕获密度远高于往年同期水平,于是推定该库有地毯甲暴发风险。为有效控制地毯甲的活动水平,工作组对该区域进行了细致的检查,发现角落有一批长期堆放的皮质箱套,且该处卫生状况较差,有大量的灰尘积累,可能为地毯甲幼虫提供了充足的营养和隐蔽的环境。工作组对箱套进行了消杀和扫灰除尘,对角落进行了彻底的清扫,同时在该处设置了地毯甲信息素陷阱,以追踪地毯甲活动水平的变化,评估这些措施是否达到了 IPM 的预期目标。

在接下来的 2 年内,信息素陷阱及其周边陷阱中捕获到的地毯甲数量几乎为零,说明该区域内的地毯甲活动水平已经降至极低的水平,证明该修订措施行之有效。

根据上海图书馆的 IPM 实践经验，IPM 若想取得成功，不仅需要管理层将 IPM 视为优先事项，提供必要资源，更必须要有全馆员工的积极参与。每个图书馆都是一个独特且持续发展的有机体，适用某馆且能保持良好运转的 IPM 方案一定离不开每一位相关馆员的支持和对每一个细节的关注。在 IPM 执行实施过程中，对馆内保存环境的监测调控、书库环境管理的完善等都有助于加强相关部门馆员的责任意识。我们也相信，IPM 永远不是孤立某个部门能独立完成的系统性项目，体制上的完备是 IPM 落地时所必须清晰思虑的基础，审查修订是 IPM 不断完善和优化的途径，而图书馆员们在方案执行中对细节的严谨、坚守与敬畏，必将是 IPM 良好有效运行的催化剂。

第七章　面向不同条件图书馆的 IPM 实施方案

◎ **本章重点**

为满足不同条件图书馆的有害生物防治需求，本章提供了三项分级方案，以便图书馆选择适合自身情况的方案，增加 IPM 方案实施时的可行性和有效性。

本章提供了政策制定与措施程序的具体分级方案的操作建议，以供参考。具体实施时应根据实际情况和需求进行灵活调整，而不必过于拘泥于预设的等级划分。

◎ **关键词**

分级方案；分级表格；有害生物综合管理；IPM

第一节　IPM 分级意义

本书是关于图书馆有害生物综合管理的工具书，旨在为图书馆提供指导和建议，依次介绍了 IPM 的概念、优势，解释了如何制定 IPM 政策，并详细说明了具体实施的措施程序中的各个部分，包括风险评估、围护结构、内务管理、温湿度监控、隔离检查，以及有害生物的监测、识别和感染处理，以期通过多种措施并行的综合方法来预防性治理有害生物，并减少对环境和人类健康的影响。然而，由于全国图书馆的定位不同、规模不一，各图书馆存在较大的个体差异，因此在执行 IPM 时不能一刀切，而是应该因馆制宜，根据不同图书馆的实际情况和需求，制定适合自己的 IPM 方案。

不同级别的图书馆在资金、人员、设备、环境等方面情况不同,如果严格按照本书前几章的要求,可能会导致一些图书馆难以执行或者浪费资源。为了协助各级图书馆制定科学可行的 IPM 方案,本章提供了 IPM 分级操作建议。

各级图书馆可以根据防治目标和实际情况,选择合适的方案,制定出科学可行的 IPM 方案。这样不仅可以避免盲目跟风或者自我放弃,还可以避免浪费资源,达到有效地保护馆藏免受有害生物侵害的目的。例如,拥有先进设备和专业人员的图书馆能够进行精细化的防治方法,实现最优的效果;而一些资源较为紧缺的图书馆则可以依靠简单的设备和有限的人员,进行基本的预防和阻断、监测和识别,以更经济的方法实现防治目标。

第二节　IPM 分级方案

本节列出 IPM 分级方案,以帮助不同条件的图书馆制定适合自己的 IPM 方案,实现有效的有害生物防治。图书馆在选择自己的 IPM 级别时,建议根据资金、人员、设备、环境等方面的优势和局限,以及图书馆的藏品和已有设施的特点来进行选择,需要兼顾实际情况和需求,并遵循 IPM 的概念和原则,旨在保证 IPM 的效果和持续性,同时节约资源和成本。

回顾本书已述的章节,本节会按照 IPM 的两个阶段,即政策制定、措施与程序,对图书馆进行分级建议。其中,措施与程序的各个部分为本书的核心内容,因此对其进行更详细的分级。针对每个部分,分别提供基础版、专业版、最优版三种方案,旨在帮助图书馆选择适合自身情况的方案。

基础版 IPM 适用于资金、人员、设备等条件较为紧张的图书馆,主要采取最基本的预防和控制措施,以减少有害生物对馆藏的危害。专业版 IPM 适用于资金、人员、设备等条件较为充裕的图书馆,采取更全面和系统的预防和控制措施,以有效阻断有害生物对馆藏的侵害。最优版 IPM 适用于资金、人员、设备等条件非常充足,以及对馆藏的保护要求非常高、愿意采取更加先进和高效的预防和控制措施的图书馆,以确保最大程度地减少有害生物对馆藏的危害。

分级方案仅对操作要求或内容做了简要概述,并未涵盖所有的细节和技巧。若需要进一步深入了解分级方案中的各项内容,建议参阅本书的第四章和第五章,以得到更详细的说明展示以及一些实用建议。

在实施 IPM 方案时,应根据实际情况和需求进行具体环节的选择安排和灵活实施,不必过于拘泥于预设的等级划分。如果在执行计划的过程中发现有充足的资源和能力可以承担更高等级的某个环节,就可以进行升级。反之,如果在现行条件下某个环节难以实施,也可以考虑降低级别。

一、政策制定

(一) 基础版

管理层应认识到 IPM 方案的重要性,并为其提供必要的人力和物力资源,以支持其开展与实施;具体实施 IPM 时,有兼任成员(大多出自典藏部门)来协调和推进工作;其他工作人员应对 IPM 有一定的了解,并积极配合相关工作。

(二) 专业版

＋基础版(即基础版要求应全部包含在本部分内,下略);IPM 政策需在图书馆全馆范围内深入推广,并逐步建立闭环管理方案和工作流程图;管理层协调各部门工作,明确各部门职能,形成相应制度;有特定成员(例如 IPM 专员、工作组)来协调、推进、推广 IPM 工作;针对与 IPM 相关的工作人员进行培训,使他们明确自身在 IPM 中所处的环节和职责。

(三) 最优版

＋专业版(即专业版要求应全部包含在本部分内,下略);全馆协作,制定 IPM 政策文件并确立标准,为未来 IPM 工作的规划提供保障,提高工作效率和效能;针对借展方、策展人、馆员、志愿者和读者开展 IPM 宣传,提高各方对 IPM 的认识,推动 IPM 工作落地;与其他馆交流学习,积极分享 IPM 实施经验,提供咨询服务。

二、措施和程序

(一) 风险评估

1. 基础版

大致掌握藏品的类型和本馆藏品文献的保存状况,并对有害生物的威胁进行简要评估。

2. 专业版

＋基础版;识别出并关注高风险/易受感染文献与材料;额外关注重点库房或重点区域。

3. 最优版

＋专业版;对全馆进行整体的风险识别;对藏品和藏品环境进行风险评级;根据影响力和可行性给应对措施的实施顺序进行排序。

(二) 围护结构

1. 基础版

在收到密封性破损、下水堵塞等方面的相关报修时,物业人员应及时维修;书库工作人员了解并关注书库内的围护结构异常情况,并及时报告。

2. 专业版

＋基础版;IPM 工作人员提出加装配件的合理需求(如门窗应配备密封条、出入风口应配备防护网等),并在日常巡查过程中留意围护结构异常;物业人员配合典藏 IPM 工作,按需加装配件,并定期检查、维护、清洁建筑物围护结构(地基/墙壁/屋顶/管道的裂缝或积水等)。

3. 最优版

＋专业版;物业人员制订定期的检维计划,其中应包括密封、积水、户外的检查,并形成记录表格;报修情况同样形成记录表格;定期比对 2 种记录表中的增减,并检查频繁出问题的位置与情况。

(三) 内务管理

1. 基础版

做好日常清洁打扫工作;禁止将食物、饮料、植物带入库房;库内禁止使用垃圾桶(可在库外非紧邻位置摆放),其他区域则应使用带盖垃圾桶,并及时清理垃圾。

2. 专业版

＋基础版;每年春或夏时彻底清洁典藏区域;实现人库分离,禁止私人物品进入库房;书库出入口可放置黏性地垫;保洁人员每日清扫垃圾区、食品区及公共区域。

3. 最优版

＋专业版;定期使用专业真空吸尘器吸尘、清洁馆藏;每季度对典藏区域进行清洁工作;私人物品不应进入阅览区、展区。

(四) 温湿度监控

1. 基础版

书库大部分时间温湿度区间为 14℃～28℃、30％～65％。

库内放置温湿度监测设备,并由书库人员记录数据;雨天门窗紧闭,晴天适当开窗通风(禁止长期敞开);梅雨季、夏季按需使用除湿盒、除湿机等;冬天按需使用加湿器。

2. 专业版

大部分时间能够实现各类库房、展厅、阅览室等区域所要求的目标温湿度及日较差(见第五章第四节)。

＋基础版;可通过空调机组、恒温恒湿机组、除湿机、加湿器等设备达到目标温湿度;定期分析温湿度数据,用以调整调控设备;定期维护温湿度监控设备。

3. 最优版

能够长期稳定达到专业版所要求的目标温湿度及日较差。

＋专业版;温湿度的监控调控设备可以联动,逐渐实现自动化、智能化、系统化;有意识地去增加建筑的防水性、气密性和隔温性。

(五) 隔离检查

1. 基础版

新进藏品(新入藏、流通/借出的藏品等)入藏前应先目视检查是否有虫、鼠、霉的侵蚀迹象,以防引入有害生物。

2. 专业版

藏品、家具、装具等入库前需要先隔离、检查、清洁,并按需处理消杀。

3. 最优版

构建单向通行路径的专业隔离空间,对所有预计入库物品进行预防性消杀处理(冷冻杀虫、低氧气调等)。

(六) 有害生物监测

1. 基础版

IPM专员应定期(春夏季每季不少于一次)对书库进行巡查,巡查时重点关注易感物品,以及窗台、空调管道、柜架下方、潮湿阴暗角落、死角等可能出现有害生物迹象的区域,并及时记录;鼓励工作人员上报发现的虫害迹象。

2. 专业版

＋基础版;针对重点书库或可能受到有害生物入侵的区域,实施陷阱(黏性陷阱、信息素陷阱、啮齿动物陷阱等)监控;定期巡查陷阱,统计记录和分析数据,及时采取防治措施;给书库工作人员发放标本瓶,鼓励员工收集库内有害生物样本。

3. 最优版

＋专业版；基于陷阱收集的有害生物信息，建立虫害数据库，包括有害生物种类、数量、活动范围、活动轨迹以及生命周期等数据，并进行分析和综合，用以提供防治策略和风险预测模型；可以尝试通过电子遥感取代人工来监测陷阱，并上传云端或人工智能（AI），实现实时的智能化生物识别与数据统计。

（七）有害生物识别

1. 基础版

利用放大镜观察所捕获的有害生物；结合查阅相关论文、专著以及咨询专业人士，借助线上昆虫图谱以及参与昆虫识别交流网站等渠道，确认捕获的有害生物种类。

2. 专业版

＋基础版；使用体视显微镜观察有害生物；在已识别的基础上，制作简易版害虫卡片并分发给相应馆员，以协助其识别和应对相应情况。

3. 最优版

＋专业版；应用数字成像体视显微镜对有害生物进行观察，并妥善保存其编号图像；利用本馆已经发现的有害生物，建立一套针对性的图像数据库，以便于日后的查询和参考。

（八）感染处理

1. 基础版

在发现有害生物感染藏品或物品时，应立即将其单独放置隔离，防止交叉感染，并持续监控周围区域；咨询技术人员或聘请具有资质的服务商，选择合适的防治措施进行处理，并保留处理记录文档。

化学熏蒸是最后的应急手段，只有在其他防治措施不可行时方可采用。

2. 专业版

＋基础版；消杀藏品时采用冷冻法、高温法（谨慎使用）等有一定风险的物理方法；清扫除尘已消杀品，去除虫卵、虫蜕和虫尸。

3. 最优版

＋专业版；统一对感染藏品或物品采用低氧/除氧气调法这类完全无损的物理气调法来杀灭有害生物；清扫除尘已消杀品；清洁消杀周边区域。

第三节 分 级 表 格

为了能够让分级方案的内容更简明易懂，IPM 工作组特别制定了分级表格，以便读者快速准确地获取分级方案中的关键信息，从而对分级方案有一个全面的了解认识(表 7-3-1)。

表 7-3-1 分级表格

			基础 支持典藏部门 实施 IPM 方案	专业 IPM 方案全馆推广 逐步建立工作流程图	最优 全馆协作 制定 IPM 政策文件
政策制定		行政业务管理	① 管理层应认识到 IPM 工作的重要性，并提供必要的人力和物力资源支持	① 同基础版(即包含左格所有内容) ② 管理层协调各部门工作，明确各部门职能，形成相应制度	① 同专业版(即包含左格所有内容)
		IPM 人员	① 具体实施 IPM 时，有兼任成员(大多出自典藏部门)来协调推进工作	① 有特定成员(例如 IPM 专员、工作组)来协调、推进、推广 IPM 工作	① 同专业版 ② 与其他馆交流学习，积极分享 IPM 实施经验，并提供咨询服务
		其他人员	① 其他工作人员应对 IPM 有一定的了解，并积极配合相关工作	① 针对与 IPM 相关的工作人员进行培训，明确自身的 IPM 职责	① 针对其他馆员、读者、志愿者、借展方和策展人开展 IPM 宣传，推动其全面落地
措施与程序	风险评估	IPM 人员	① 大致掌握藏品的类型和保存状况，并简要评估有害生物的威胁	① 同基础版 ② 识别并关注易受感染的材质与藏品 ③ 额外关注重点库房或重点区域	① 同专业版 ② 进行整体风险识别 ③ 对藏品和藏品环境进行风险评级 ④ 根据影响力和可行性来排序应对措施
	围护结构	物业人员	① 在接受相关报修时，应及时维修	① 同基础版 ② 配合典藏 IPM 工作，按需加装密封条、防护网、纱窗等 ③ 定期检查维护建筑物围护结构(地基/墙壁/屋顶/管道的裂缝或积水问题)	① 同专业版 ② 制定定期的检维计划(密封、积水、户外)，形成完整的记录表格 ③ 形成报修记录表格 ④ 定期分析两种表格的增减情况

（续　表）

		基础 支持典藏部门 实施 IPM 方案	专业 IPM 方案全馆推广 逐步建立工作流程图	最优 全馆协作 制定 IPM 政策文件
	其他人员	① 书库工作人员关注书库内的围护结构异常情况，并及时报告	① 同基础版 ② IPM 人员提出加装配件的合理需求，并在日常巡查过程中留意围护结构异常	① 同专业版
内务管理	典藏区域	① 库内禁止饮食 ② 库内禁止养植 ③ 库内禁设垃圾桶 ④ 做好日常清洁打扫工作	① 同基础版 ② 人库分离，库内禁止出现私人物品 ③ 书库出入口可放置黏性地垫 ④ 每年春或夏时应彻底清洁典藏区域	① 同专业版 ② 私人物品不应进入阅览区或展区 ③ 定期使用专业真空吸尘器吸尘、清洁馆藏 ④ 每季度对典藏区域进行清洁工作
	其他区域	① 使用带盖的垃圾桶，及时清理垃圾 ② 做好日常清洁打扫工作	① 同基础版 ② 保洁人员每日清扫垃圾区、食品区及公共区域	① 同专业版
温湿度监控	温湿度要求	① 书库大部分时间能实现温度 14℃～28℃、相对湿度 30%～65%	① 大部分时间能够实现各类书库所要求的目标温湿度及日较差（见第五章第四节）	① 能够长期稳定达到专业版要求的目标温湿度及日较差
	监测方法	① 快照式温湿度监测设备，并由书库人员记录数据	① 同基础版 ② 记录式温湿度监测设备，并由典藏或 IPM 人员定期收取、分析数据	① 同专业版
	调控方法	① 雨天门窗紧闭，晴天适当开窗通风（不能长期敞开） ② 梅雨季、夏季按需使用除湿盒、除湿机等；冬天按需使用加湿器	① 通过空调机组、除湿机、加湿器达到目标温湿度 ② 根据温湿度数据分析，调整设备；调控设备有定期维护计划	① 同专业版 ② 温湿度监控自动联动 ③ 增强建筑的防水性、气密性和隔温性

（续　表）

		基础 支持典藏部门 实施 IPM 方案	专业 IPM 方案全馆推广 逐步建立工作流程图	最优 全馆协作 制定 IPM 政策文件
隔离检查	隔离检查	① 新进藏品（新入藏、流通/借出的藏品等）入藏前应先目视检查是否有虫、鼠、霉的侵蚀迹象	① 藏品、家具、装具等入库前需要先隔离、检查、清洁（扫灰、吸尘），并按需处理消杀	① 构建单向通行路径的专业隔离空间 ② 对所有预计入库物品进行预防性消杀处理
有害生物监测	IPM 人员	① 应定期（春夏季每季不少于1次）对典藏区和展区进行巡查，巡查时应特别关注易感物品与重点区域，并及时记录	① 同基础版 ② 针对重点书库或可能受到有害生物入侵的区域，实施陷阱监控 ③ 定期巡查陷阱，统计记录和分析数据，及时采取防治措施	① 同专业版 ② 基于已捕获有害生物的信息建立虫害数据库，用以提供防治策略和风险预测模型 ③ 可以尝试通过电子遥感监测陷阱并上传云端或人工智能，实现实时的智能化生物识别与数据统计
	典藏人员	① 鼓励书库工作人员上报发现的虫害迹象	① 同基础版 ② 发放标本瓶，鼓励收集有害生物样本	① 同专业版
有害生物识别	IPM 人员	① 使用放大镜观察所捕获的有害生物	① 同基础版 ② 使用体视显微镜观察有害生物	① 同专业版 ② 应用数字成像体视显微镜对有害生物进行观察，编号图像后妥善保存
	其他人员	① 利用放大镜观察所捕获的有害生物 ② 查阅相关论文、专著 ③ 咨询专业人士 ④ 阅览线上昆虫图谱 ⑤ 参与昆虫交流平台或网站	① 同基础版 ② 使用体视显微镜观察有害生物 ③ 在已识别的基础上，制作简易版害虫卡片并分发给相应馆员，以协助其识别和应对相应情况	① 同专业版 ② 应用数字成像体视显微镜对有害生物进行观察，并妥善保存其编号图像 ③ 利用本馆已发现的有害生物建立图像数据库，以便日后查询参考

(续　表)

		基础 支持典藏部门 实施 IPM 方案	专业 IPM 方案全馆推广 逐步建立工作流程图	最优 全馆协作 制定 IPM 政策文件
感染处理	藏品&周边	① 发现有害生物感染藏品或物品时,应立即将其单独放置隔离,并持续关注感染区周边情况	① 同基础版 ② 对消杀后的藏品进行清扫除尘,去除虫卵、虫蜕和虫尸	① 同专业版 ② 清洁消杀周边区域
	处理方法	① 咨询技术人员或聘请具有资质的服务商,选择合适的防治措施进行处理,并保留处理记录文档 ② 使用杀虫药剂进行熏蒸消杀(不建议)	① 消杀藏品时采用冷冻法、高温法等成本相对较低但有一定风险的物理方法	① 消杀藏品时统一采用低氧/除氧气调法这类完全无损的物理气调法

第四节　总结与展望

本书从 IPM 的概念和原则出发,详细介绍了 IPM 的政策制定、措施与程序等方面的内容,旨在为图书馆提供一套完整的 IPM 实施指南以帮助图书馆有效防治有害生物。本章作为全书最后一章,针对不同图书馆的实际情况和需求,回顾全书内容后提供了 IPM 分级操作建议,协助图书馆制定适合自己的 IPM 方案。

IPM 是一种综合性、系统性、持续性的有害生物综合管理方法,不仅能保护图书馆的馆藏和设施免受有害生物的侵害,还能减少对人类健康和环境的影响,提高图书馆的周边环境和工作人员、读者的健康水平。随着图书馆事业的发展和社会需求的变化,IPM 工作也需要不断地创新和完善,以适应新的挑战和机遇。

我们期待有更多的图书馆能够认识到 IPM 工作的重要性和必要性,并积极地投入 IPM 工作中去,也期待着更多专业人士能够为 IPM 工作提供技术支持和服务,为图书馆的可持续发展做出贡献。

附录A 害虫卡片

地毯甲/小圆皮蠹 Varied Carpet Beetle
（鞘翅目皮蠹科）

高危

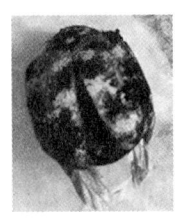  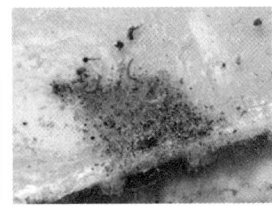 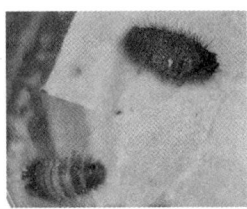

△地毯甲成虫△　　　　△地毯甲幼虫残留碎屑　　　△地毯甲幼虫

- **主要体征**

　　成虫：长 2.54～3.18 毫米，鞘翅呈现不规则的白色、棕色和暗黄色鳞片。

　　幼虫：成熟时与成虫体长相近；体表覆盖着浓密的毛发，受激后毛发直立；体表有深、浅棕色相间的横向条纹。

- **感染迹象**

　　成虫会在黑暗、隐蔽位置的地毯、毛皮或羊毛织物等地方产卵，孵化后幼虫便以这些虫卵为食。成年地毯甲善于飞行，且容易被光线吸引。受到感染的区域会出现幼虫的蜕皮和排泄物颗粒，窗台上会出现地毯甲成虫的尸体。

- **食物来源**

　　幼虫以各种动物尸体（包括其他昆虫尸体）及动物制品为食，如各类标本和织物的害虫。

　　成虫以花粉和花蜜为食，请避免在室外种植能产生大量花粉的植物。

- 生命周期与繁衍

    雌性地毯甲会在黑暗环境中产卵约 40 枚。卵在 10～20 天内孵化。幼虫的发育周期为 3～36 个月,可蜕皮 5～12 次。蛹期持续 6～24 天。

- 防治手段

    室内黑暗角落中使用食物诱饵诱捕幼虫。

    户外使用信息素诱捕成年地毯甲。

地 毯 甲

成虫：
- 体长 2.54～3.18 毫米
- 翅盖(鞘翅)上的鳞屑呈白色、棕色和暗黄色不规则图案
- 年老地毯甲为黑色鞘翅(鳞屑已经脱落)

幼虫：
- 长度与成虫近似
- 体被有浓密毛发,毛发会在被惊扰时竖直张开
- 体表上有浅棕色和深棕色相间的横向条纹

衣鱼 Silverfish

（衣鱼目衣鱼科）

高危

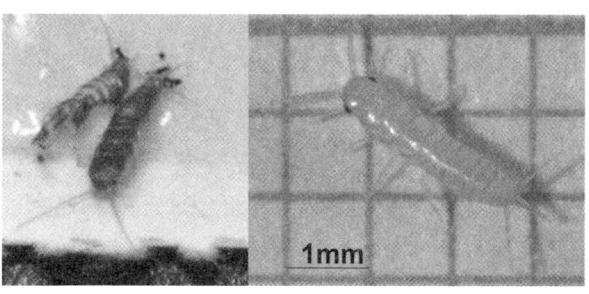

△衣鱼成虫

- 主要体征

　　成虫:长 4~20 毫米;身体狭长,背腹扁平,被鳞片,有长丝状触角。

　　幼虫:形态近成虫,体型较小,颜色较浅。

- 感染迹象

　　衣鱼爬行过程中会在纸制品表面留下刮伤痕迹和噬咬孔洞,同时还会留下粪便与鳞片。

- 食物来源

　　衣鱼取食的对象包括包装材料、书籍装帧、函套、胶水等富含淀粉的物质。

- 生命周期与繁衍

　　雌性衣鱼每年产卵 50~60 枚。卵在 35 天内孵化,无变态化蛹期,16~24 个月性成熟。平均寿命可达 5~7 年。

- 防治手段

　　衣鱼在温暖环境中发育较快,控制库房温度可以降低衣鱼活跃度。

　　清理书库堆积物品,避免摆放杂物,定期打扫墙角墙沿,减少潜在的食物与栖息地可抑制衣鱼的生长繁衍。

衣　鱼

成虫:

➢ 体长 4~20 毫米

➢ 身体狭长,背腹扁平,有长丝状触角

➢ 体被鳞片

幼虫:

➢ 形态近成虫,体型较小

档案窃蠹 Falsogastrallus Sauteri Pic
（鞘翅目窃蠹科）

高危

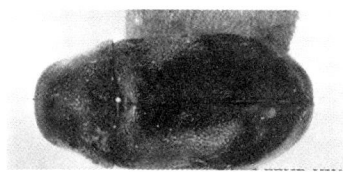 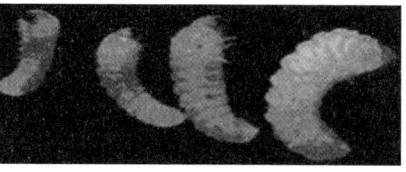

△档案窃蠹成虫

- **主要体征**

    成虫：长 2.2～2.5 毫米，宽 1 毫米；长椭圆形；栗褐色。

    蛹：长约 3 毫米，宽约 1 毫米；长椭圆形；乳白色。

    幼虫：长约 3.5 毫米；乳白色或淡黄色，被稀疏白毛；头部棕黄色，口器棕褐色。

- **感染迹象**

    成虫以爬行为主，很少飞翔。喜黑，可在书籍内部的蛀道中发现。

    幼虫啃食过的图书、胶合板、硬纸板、毛边纸等物体表面会布满芝麻大的虫孔，内部虫道密布，充满粪便、木屑或纸屑等。蛀道为条状，长 1～1.5 厘米，宽约 0.2 厘米。

- **食物来源**

    幼虫的食谱包括图书、胶合板、硬纸板、毛边纸等。由于其喜黑暗的习性，放在阴暗处不常使用的物品受害更为严重。

- **生命周期与繁衍**

    幼虫在蛀道中越冬。翌年 3 月中旬，老熟幼虫化蛹，蛹期约半月。4 月羽化成虫，雌性档案窃蠹会在所蛀食物体的裂缝中产卵，产卵量 50～60 枚，卵期 10～12 天。

- **防治手段**

    档案窃蠹偏好大豆胶、血胶、牛皮胶等传统胶合剂，在出现黏合需求时应选用适宜的化学胶合剂。

    档案窃蠹的繁殖传播集中于 4 月，在此期间应定时清除并检查易受损害的物件（感染源周边藏品），在周围喷洒防虫药液，同时打扫卫生、清理角落碎屑。

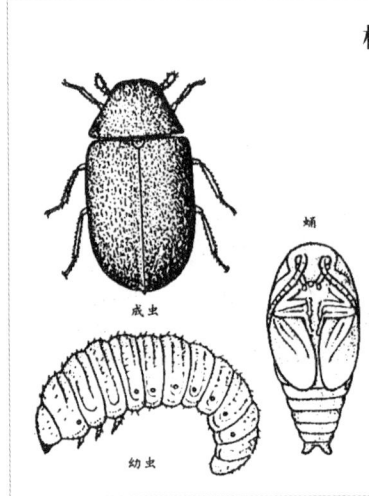

档案窃蠹

成虫：
➢ 体长 2.2~2.5 毫米，宽 1 毫米
➢ 长椭圆形，栗褐色

蛹：
➢ 长椭圆形，长约 3 毫米，宽约 1 毫米，乳白色

幼虫：
➢ 长约 3.5 毫米
➢ 乳白色或淡黄色，被稀疏白毛
➢ 头部棕黄色，口器棕褐色

烟草甲 Cigarette Beetle

（鞘翅目窃蠹科）

高危

△烟草甲成虫

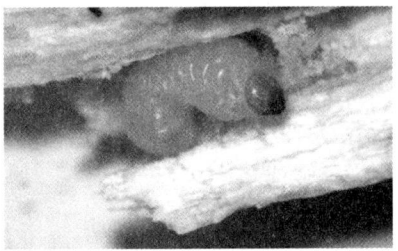

△烟草甲幼虫

- **主要体征**

   成虫：长 2~3 毫米；椭圆形；呈红褐色；鞘翅上有细小毛发，看上去光滑。
   幼虫：长 4~5 毫米；白色；体附长毛。

- **感染迹象**

   留意书架上及周围是否有成虫蛀食活动残留的碎屑，翻阅书本查看是否存在幼虫。由于烟草甲成虫会被紫外光吸引，也可使用捕虫灯进行监控。

- **食物来源**

   烟草甲以干燥的烟草、淀粉类食物、水果干、种子、鱼干及许多有机物质如植物标本、书本装订材料、覆盖有亚麻或稻草的软垫家具等为食。

- 生命周期与繁衍

烟草甲的生命周期受温度和食物影响,温度越低生长速度越慢。雌性成虫在食物中或周围产卵约 100 枚。虫卵会在 6～10 天后孵化,幼虫避光生活并取食周围的食物,经过 35～70 天的生长期后化蛹,蛹期一般为 7～21 天,羽化为成虫后可生存约 28 天。在温暖的气候下,不同世代会重叠。

- 防治手段

维持良好的内务管理能有效预防烟草甲侵袭。应将食物保存在防虫的器皿中并定期检查。被感染的物品应及时隔离,并应彻底清洁相应区域。

烟 草 甲

成虫:
- 体长 2～3 毫米
- 椭圆形,呈红褐色
- 鞘翅上有细小毛发,看上去光滑

幼虫:
- 体长 4～5 毫米,白色,体附长毛

药材甲 Drugstore Beetle

(鞘翅目窃蠹科)

高危

△药材甲成虫　　　　　△药材甲幼虫

- 主要体征

成虫:长 2～3 毫米;长椭圆形;黄褐色至赤褐色;鞘翅有明显纵点行。

幼虫:长 3～4 毫米;乳白色,头淡褐色;有稀疏短小白色细毛。

● **感染迹象**

查看书架周围是否存在成虫或蛀食碎屑,翻阅文献查看是否有虫卵、幼虫或蛀食孔道。由于成虫有趋光性,注意窗边是否有成虫尸体。

● **食物来源**

以储存的谷类、食品、药材、酒曲等有机物为食,还会蛀食图书、动物制品等藏品。

● **生命周期与繁衍**

一年产生 2～4 代。成虫在食物表面,尤其是褶皱、裂缝中产卵,卵期 6～10 天。以幼虫形态过冬,幼虫生长 35～70 天后,老熟幼虫在用唾液与食物碎屑做出的蛹室中化蛹。成虫和幼虫都喜欢在坚硬的食物上蛀孔。

● **防治手段**

发现受到药材甲蛀蚀的物品立即隔离,进行筛除或熏蒸处理。定期清理卫生死角,控制温湿度在不利于药材甲生长的范围。

药 材 甲

成虫:
- 体长 2～3 毫米
- 长椭圆形,黄褐色至赤褐色
- 鞘翅有明显纵点行

幼虫:
- 体长 3～4 毫米
- 乳白色,头淡褐色,有稀疏短小白色细毛

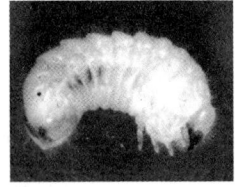

蟑螂 Cockroach

（蜚蠊目蜚蠊科）

高危

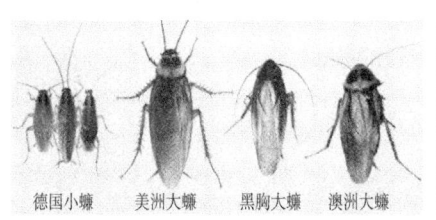
△蟑螂成虫（部分常见品种）
（德国小蠊　美洲大蠊　黑胸大蠊　澳洲大蠊）

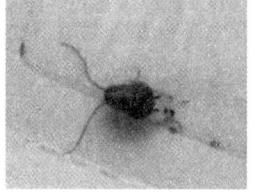
△若虫

△卵鞘

- **主要体征**

　　成虫：长 1.2～5 厘米，不同品种间体型差异较大；身体扁平；一般呈红棕色、黑色或深棕色；长丝状触角；前翅革质，后翅膜质。

　　若虫：形似成虫。

- **感染迹象**

　　成虫会沿着管道爬行。观察是否有成虫、若虫、翅膀和卵鞘的痕迹。

- **食物来源**

　　食物种类非常广泛，除了普通食品外，蟑螂可啃食腐败的有机物、棉毛制品、皮革制品、纸张、书籍等。

- **生命周期与繁衍**

　　雌蟑螂一生能产 6～14 个卵囊，每个卵囊里有 14～16 枚卵，在卵囊形成后 4 天内将其产下。根据温度和湿度的不同，从卵到成虫的发育时间需要 168～786 天，成虫能存活 102～588 天。

- **防治手段**

　　可以在受到感染的区域使用物理清理、化学接触药剂清理、诱饵诱捕等方法。同时，确定蟑螂的来源，如下水道、墙壁空隙或建筑物的其他地方，将有助于确定处理方法。

蟑 螂

成虫：
- 体长 1.2～5 厘米，不同品种间体型差异较大
- 身体扁平，一般呈红棕色、黑色或深棕色
- 长丝状触角，前翅革质，后翅膜质

成熟阶段：
- 渐变态，若虫期长
- 刚孵化的若虫集中在卵鞘周围，初白色，后颜色加深

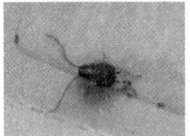

粉蠹 Powderpost Beetle/Lyctus
（鞘翅目粉蠹科）

中危

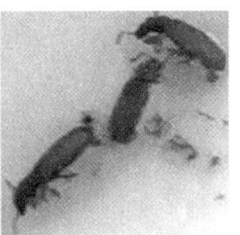

△粉蠹成虫

- **主要体征**

成虫：长 3～6 毫米，宽 0.8～1.2 毫米；躯体扁平；褐色到黑褐色。

幼虫：长 3.5～6 毫米；周身乳白，下颌深棕；体被稀疏毛；初孵呈棒形，蜕皮后为蛴螬 C 型。

- **感染迹象**

  虫害发生的迹象主要是木制品出现圆形小洞与洞口细小粉末的堆积,粉蠹的破坏力近似白蚁。

- **食物来源**

  木制品(中的淀粉、糖类和蛋白质)、霉菌。

- **生命周期与繁衍**

  一年繁殖1代,3~5月为羽化出孔时间段,成虫寿命约30天。雌虫在木材表面或虫洞中产卵,卵在10~17天后孵化,6~8个月后化蛹,蛹期10~15天。

- **防治手段**

  清理书库堆积物品,定期更换失效蟑螂药、老鼠药,打扫感染区域墙角墙沿。

  书库维持较低湿度范围,阻碍粉蠹发育。

  木制品可能本身夹带粉蠹及虫卵,为避免大范围感染,带有木制框架的藏品入库前建议进行低氧气调或化学消杀预处理。

粉 蠹

成虫
- 长3~6毫米,宽0.8~1.2毫米
- 躯体扁平,褐色到黑褐色

幼虫
- 周身乳白,下颌深棕
- 体被稀疏毛
- 初孵呈棒形,蜕皮后为蛴螬C型
- 老熟幼虫体长3.5~6毫米

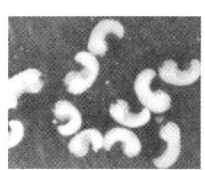

白蚁 Termite

（蜚蠊目白蚁科）

中危

  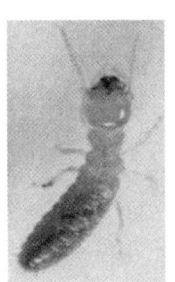

△白蚁成虫△　　　　　　　　　　△白蚁幼虫

- **主要体征**

　　成虫：长 10～30 毫米（注意：多年生蚁后由于生殖腺发达，腹部极度膨大，个体可长达 60～70 毫米）；深棕色到黑色。

- **感染迹象**

　　观察窗台边是否有脱落的翅膀或白蚁尸体。

- **食物来源**

　　白蚁食性广，以植物性纤维素及其制品为主食，兼食真菌和木质素，偶尔食用淀粉、糖类和蛋白质等。也会用蚁酸等化学物质腐蚀蛀食人造纤维、塑料、石块等物体。

- **生命周期与繁衍**

　　每年的 4～6 月是白蚁群体繁殖的季节，带翅繁殖蚁纷飞，在适宜的环境创建新群体。壮年蚁后一昼夜可产卵达万粒，20 天左右孵化，1 个月左右成年。

- **防治手段**

　　图书馆内出现白蚁多为馆外环境中存在的白蚁入侵所致，因此，改善建筑结构密封性、减少对外灯光、在白蚁暴发的季节保持门窗紧闭能有效预防白蚁入侵。

白 蚁

成虫:
- 体长 10～30 毫米
- 多年生蚁后由于生殖腺发达,腹部极度膨大,个体可长达 60～70 毫米
- 深棕色到黑色
- 分为繁殖型和非繁殖型

成熟阶段:
- 根据需要,幼虫可以分化为不同类型的成虫

衣蛾 Clothes Moth
（鳞翅目谷蛾科）

中危

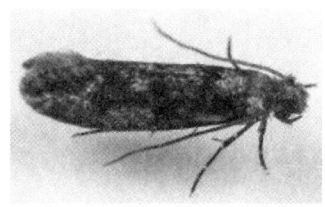 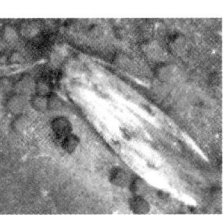 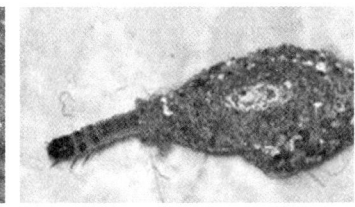

△衣蛾成虫△　　　　　　　△衣蛾幼虫与衣袋

- **主要体征**

成虫:长 6～11 毫米,翼展可达 14 毫米;翅膀折叠长而窄,带絮状毛镶边;触角为念珠状。

幼虫:长约 11 毫米;头部棕色至黑色,颜色深于躯干;一直携带衣袋。

- **感染迹象**

幼虫出生 12 小时内完成织袋,在羽化之前都会负袋生活,可以在角落缝隙观察是否有衣袋踪迹。

由于衣蛾仅幼虫有噬咬能力且厌光,通常集中在黑暗角落中的纺织品和地毯上。

- **食物来源**

衣蛾幼虫以羊毛、羽毛、毛皮、毛发、棉绒、昆虫尸体等各类天然动物纤维组成的材料为食。在服装、地毯、毛皮、织物、毯子、羊毛制品、刷毛、室内装潢用品中都可能出现衣蛾的感染迹象。

- **生命周期与繁衍**

雌性衣蛾在毛皮上产卵约 40 枚。发育速度根据温度改变：卵在 4 天至 3 周内孵化；幼虫发育需要 35 天至 2 年；蛹期持续 1~4 周。

衣袋的织造材料来自衣蛾的食物，并在食物源内或表面形成。成虫不进食，寿命约 1 个月。

- **防治手段**

通过布设衣蛾的性信息素陷阱来诱捕成年衣蛾。

少量藏品被感染时可以通过低氧气调处理。

处理已被衣蛾感染的物品时需要预先套袋，以防在物品搬动过程中衣蛾散落逃逸。用真空吸尘器清扫虫害附近的区域。

衣 蛾

成虫：
- 体长 6~11 毫米，翼展可达 14 毫米
- 翅膀折叠长而窄，带絮状毛镶边
- 触角为念珠状

幼虫：
- 头部棕色至黑色，颜色深于躯干
- 老熟幼虫体长约 11 毫米
- 一直携带衣袋

书虱 Book Lice

(啮虫目虱啮科)

低危

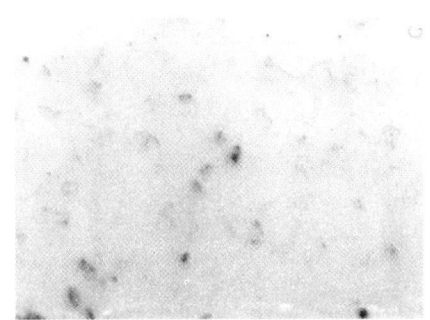
△IPM陷阱书虱实拍图

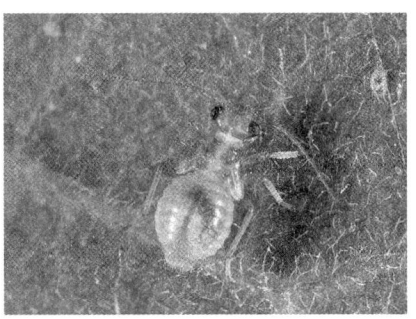
△书虱显微放大图

- **主要体征**

  成虫:体长小于 4 毫米(通常为 1~2 毫米);有长而纤细的触角和咀嚼口器;后股大而平;常见品种无翅。

  若虫:与成虫外貌相似,但体型较小,颜色较浅,部分有图案。

- **感染迹象**

  由于书虱体形微小,除非数量长期失控,该类虫种造成的破坏通常是很小的。书虱可能会出现在食物包装袋的折叠处、书籍和杂志上。轻敲可能受到感染的物体,在深色平面上可以发现小而浅色的书虱。

- **食物来源**

  书虱主要以食物、小麦淀粉糊和纸张上的微霉菌和其他真菌为食。但书虱并不局限于原有食谱,能随着食物供应的变化而改变它们的饮食。

- **生命周期与繁衍**

  书虱为孤雌生殖(不受精生殖),并且可以在任何地方产卵。根据季节的不同,可产卵 20~50 枚。它们的总寿命为 24~110 天。一些品种一年只产 1 代,而另一些则可能一年产 8 代,在理想条件下,25 天就能完成 1 代。

- **防治手段**

  加强空气循环,除湿至相对湿度低于 50%,营造低湿、不利于霉菌生长的环境能够控制书虱数量。此外,加热至 55℃以上或冷冻至零下 18℃能速效处理。

书 虱

成虫：
- 体长小于 4 毫米（通常为 1～2 毫米）
- 软体昆虫，有长而纤细的触角和咀嚼口器
- 后股大而平
- 常见品种无翅

成熟阶段：
- 不完全变态（卵—若虫—成虫）
- 若虫与成虫外貌相似，但体型较小
- 幼年若虫颜色较浅，部分有图案

蛾蠓 Moth Fly
（双翅目蛾蠓科）

低危

△蛾蠓成虫

△蛾蠓幼虫

- **主要体征**

成虫：长 4～5 毫米；身体粗短；颜色从棕到黑；翼静脉的尖端有白斑；强有力的脉状翅膀；身体和翅膀都有绒毛。

幼虫：长 9.5 毫米；蠕虫状；灰身体；黑眼；无腿。

- **感染迹象**

若发现大量成虫则表明虫害来临。成虫飞行能力很差，几乎无法飞离蛹的所在地。可以检查下水道是否受到感染，或者用透明胶或覆膜密封开口，查看是否捕捉到成虫。成虫在干燥的地方会很快死亡，尸体掉落在地面。黏胶陷阱能捕获蛾蠓成虫。

- **食物来源**

　　幼虫以腐烂的有机物形成的凝胶状薄膜黏液（下水道里积聚的物质）或者腐湿植物为食。成虫以花蜜和其他液体碳水化合物为食。

- **生命周期与繁衍**

　　蛾蠓常滋生于排水沟，任何有腐烂有机物的潮湿区域都有可能被感染。成年雌虫产卵30~100枚，48小时后孵化，幼虫期为8~24天，经5天蛹期后羽化为成虫，寿命3~21天。

- **防治手段**

　　黏性陷阱可以捕捉成虫，确认虫害发生情况并控制成虫数量，但无法从源头消灭蛾蠓。

　　应检查并封堵附近的开放水源，减少建筑物外部的积水，也可将沸水倒入下水道进行消杀，减少蛾蠓的数量。

蛾　蠓

成虫：
- 体长4~5毫米，身体粗短
- 颜色从棕到黑
- 翼静脉的尖端有白斑
- 强有力的脉状翅膀
- 身体和翅膀都有绒毛

幼虫：
- 体长9.5毫米，蠕虫状
- 灰身体、黑眼
- 无腿

跳虫 Springtail
（弹尾目）

低危

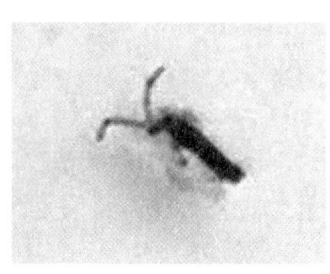 

△跳虫实拍图　　　　△跳虫手绘图

- **主要体征**

  成虫：长 1.1～1.5 毫米；无翅；腹部下有弹器。

  若虫：与成虫相似。

- **感染迹象**

  由于跳虫体形微小细长、颜色偏深，难以察觉到感染现象。大多数情况下只有在 IPM 陷阱上才能够发现跳虫。

- **食物来源**

  以腐烂物质、菌类为主要食物，主要取食孢子、发芽种子。

- **生命周期与繁衍**

  跳虫一年至少繁殖 4 代，在 20℃～28℃、相对湿度 85% 的条件下一年最快可产生六七代。若虫蜕皮 5～13 次后达到成虫期，成虫期持续蜕皮。低龄若虫活动分散，成虫喜群体活动。

- **防治手段**

  跳虫体表油质，药液难以渗入体内，关键在于预防，通过清除垃圾、排除积水、调控书库内相对湿度防止跳虫的孳生。

跳 虫

成虫：
- 体长 1.1~1.5 毫米
- 无翅非昆虫六足动物
- 腹部下有弹器

若虫：
- 与成虫相似

附录B 典藏环境调研表

保存环境调研(分卷)				xx 书库				
调研类目	调研内容	内容细目	参考值	1F	2F	3F	4F	5F
书库基本概况	书库	建成时间	时间					
		面积	面积					
		含辅助用房或通道	有/无					
		顶层/地下						
	藏品类型与数量	主要种类	见备注1					
		多种藏品混合保存	是/否					
		数量	数量					
	内部硬件设施	书架材质	铁/木/不锈钢					
		缓冲间	有/无					
		给、排水管	有/无					
		空调、热力水管线	有/无					
		双层固定窗	双层/可开					
		墙体墙面	正常/渗水/发霉/起壳					
		温度	无数据/最热月均值					
			无数据/最冷月均值					
			超上限天数/年					

(续 表)

调研类目	调研内容	内容细目	参考值	xx书库				
		保存环境调研(分卷)		1F	2F	3F	4F	5F
文献状况与保存环境现状	温湿度情况	相对湿度	无数据/最潮月均值					
			无数据/最干月均值					
			超上限天数/年					
	光照情况	照度	年曝光量					
		紫外	年均值					
	内务管理	环境积尘	严重/尚可/洁净					
		杂物	有/无					
	有害生物暴发史	虫	无数据/无/暴发时间、虫种、位置					
		霉	无数据/无/暴发时间、位置					
	酸化情况	藏品酸化	脆/黄/无					
		装具酸化	脆/黄/无					
文献保护措施	温湿度监测	监测手段	周记仪/监测系统					
		设备检查维护	无/检维频率					
		统计分析	定期/无					
	温湿度调控(防潮)	小环境	除湿机/空调等					
		设备检查维护	无/检维频率					
		微环境	除湿盒/干燥剂					
		材料维护计划	检维频率					
	防尘措施	定期文献除尘	有/无					
		定期环境清洁	有/无					
		柜架密闭	是/否					
		监测手段	紫外/照度/无					
		设备检查维护	无/检维频率					

(续表)

调研类目	调研内容	内容细目	参考值	1F	2F	3F	4F	5F
		保存环境调研(分卷)		xx 书库				
	防光措施	窗帘	无/遮光/半遮光					
			与书架正面距离					
			与书架侧面距离					
		人工照明光源	类型、冷暖光					
			与文献垂直距离					
			是/否分区					
	防虫措施	虫害监测陷阱	(不)定期/无					
		入库前预防性消杀	有/无					
		窗缝隙	有/无					
		防护纱窗	有/无					
		门下密封条	有/无					
		进风口滤网	有/无、目数					
		出风口滤网	有/无、目数					
		滤网定期维护	有/无					
		防蠹纸	全库/部分/无					
		防蠹液喷洒	定期/否					
	防鼠措施	金属门	是/否					
		门缝	下沿与地面缝隙					
	装具配置	主要装具种类	无/函套/夹板等					
	空气质量	调控手段	有/无					
	书库防盗报警系统与监控设施	安全监控系统	有/无					
		自动防盗报警系统	有/无					
		门禁系统	有/无					
		窗户处防盗设施	有/无					
		安全监控系统	有/无					

(续 表)

保存环境调研(分卷)				xx书库				
调研类目	调研内容	内容细目	参考值	1F	2F	3F	4F	5F
文献安全防范措施	火灾报警系统与灭火系统	防火分区	有/无					
		防火门	有/无					
		气体灭火系统	有/无					
		喷淋灭火系统	有/无					
		灭火器	有/无					
	水灾报警系统与防汛措施	水灾报警系统	有/无					
		沙袋	有/无					
	用电安全	违章电器	有/无					
		私接电线	有/无					
制度建设与执行	书库管理制度	查看门口相应KT板	有/无					
		工作人员知晓执行	是/否					
	书库文献保护制度	查看门口相应KT板	有/无					.
		工作人员知晓执行	是/否					

备注1	善本、古籍、近代图书、近代报纸、近代期刊、手稿文献、家谱文献、碑帖文献、历史原照、视听资料、缩微胶片、现代图书、现代报纸、现代期刊合订本

附录C 上海图书馆 IPM 实施方案细则

一、建筑围护

1. 人员安排

(1) 典藏中心

- IPM 专员:负责收集各部门反馈的建筑围护结构异常情况,提出有效建议,并在常规陷阱巡查中对书库环境中的建筑围护查漏补缺。
- 书库管理人员:将所负责书库中的建筑围护结构异常情况告知保护组。

(2) 物业安保中心

- 物业安保人员:完成具体的报修检查维护、改造修补操作、日常检查养护工作,确保建筑物得到维护并正常运行。

2. 建筑围护方法

(1) 密封建筑围护结构:从改善虫害高发区域的建筑结构着手,修缮存在明显漏洞的建筑结构,逐步推进完善整个图书馆的建筑围护结构。

- 地基/墙体/屋顶

填补建筑物内外发现的所有裂纹、缝隙。同时关注设备(空调、缆线、管道等等)安装过程中穿刺所导致的缺陷。

- 门窗

限制门窗数量面积;安装扫门器;为门框、窗框安装密封条;为可开关的窗户窗装配网眼低于0.5毫米的铝筛网。拆除门上灯具,减少使用外部可见的室内照明设备。

- 管道

书库的管道通风口外部及库内出风处均应安装金属防护网(不影响通风的前提下选用1毫米网眼的可拆卸不锈金属丝网作为防护网),并定期清洗。除通道本身外还需密封管道、电缆等构件与墙体间的缝隙。为下水管安装反水弯结构。

（2）定期检查和维护：针对建筑物内外的各个部分，需要物业安保中心安排定期的巡检，具体频率可以根据报修情况以及检查维护时间表决定。

➢ 密封性

根据时间表对建筑外部结构、门窗、风管水管及其配件的密封性进行检查，并维修破损、清洁脏污。

➢ 积水

定期检查并维护：检查屋顶和平台防水层是否完整牢固、无老化破损；检查排水系统是否无破损、畅通无阻；检查排水管、下水道、沟渠等是否有积水或积物现象。

➢ 户外

日常保持户外区域整洁良好，避免杂物、树叶的堆积；垃圾箱保持闭合，并将其安置在远离门窗等建筑开口处；建筑物周围 1 米内不应有任何植被，且周边无花卉果树。

二、清洁

1. 人员安排

（1）典藏中心

➢ 书库管理人员负责办公区域清洁工作，辅助保持书库区域、卫生间等区域干净整洁，日常清洁情况观察反馈。
➢ IPM 专员负责指导清洁的步骤及要求，复查大扫除清洁成果。
➢ 安排外聘人员完成工作量较大的清洁工作，如文献清洁。

（2）物业安保中心

➢ 物业安保中心负责安排保洁人员，进行书库及辅助区域的日常清洁和大扫除工作。

2. 出入库规范

非书库管理人员进入书库应填写出入库登记簿，记录出入时间，所有人员签名。保洁人员在经过 IPM 专员培训后开始清洁工作。

3. 清洁工具

➢ 拖把和抹布使用前应提前洗净，晾至潮湿状态。如遇库内地面打蜡，应配备吸水力强的干燥拖把，及时拖干。使用抹布或拖把时远离文献，防止损伤或污染文献。
- 吸尘器：可用于高效清洁地面、窗帘，更换扁平刷头可清洁文献上端。
- 84等杀菌剂：用于处理霉变的窗帘。

4. 清洁安排

(1) 日常清洁

- 辅助区域的清洁

辅助区域包括书库管理员办公室、配套卫生间及书库门口走道区域。

书库管理员应保持办公室环境整洁，每日清扫地面清理桌面，湿垃圾统一收集后丢弃至专用垃圾桶。

保洁人员定期清洁配套卫生间及书库门口走道区域，倾倒垃圾桶。卫生间应保持马桶、水池无污垢无水锈，地面无积水，空气清新无异味，发现设施故障及时维修。走道地面洁净，无杂物堆放。

- 书库的清洁

每季度完成一次清洁，清洁顺序自上而下。首先，逐排擦拭书架，先顶部后外立面。注意不要将灰尘杂物推落书架任其肆意飘落。随后，清洁窗台、桌椅。最后，沿墙角、柜架逐排有序清扫地面，注意窗台上、灭火器后等死角。

(2) 书库内大扫除

- 清洁周期：每年春季一次。
- 清洁步骤

在完成日常清洁内容的基础上，按顺序完成以下工作：书库管理人员清理库内堆放的杂物；拆洗窗帘，注意先用吸尘器清洁表面后拆下，洗净晾干后及时安装，发霉的窗帘可使用84等杀菌剂浸泡；地面打蜡，配备吸水力强的拖把，及时吸干；更换上一年残留的老鼠药和蟑螂药。

(3) 文献清洁

- 清洁周期：根据文献实际积尘情况安排清洁工作。
- 清洁步骤：
  ◇ 使用扁平除尘刷头的吸尘器清洁

  清洁竖直紧密排架且机械强度较好的文献，如：现代文献、期刊合订本等。

  手持刷头伸入图书上部与上层书架底部的空隙间，逐册清理上书口，吸走积聚的灰尘和污染颗粒物。

◇ 使用干洗工具清洁

清洁旧西文图书、版画、油画等外部机械强度较好的纸质文献。

使用清洁泥逐册轻柔地摩擦书籍封面、书脊、大书口及上下书口,清除黏着灰尘和污渍。完成后使用软毛刷轻扫表面,去除残留颗粒。

◇ 扫尘清洁

清洁古籍、碑帖、家谱等质地薄软、机械强度差的纸质文献。

工作人员两人一组,一人负责文献的上下架及书架擦洗,注意及时将书架擦干。另一人在除尘台上进行除尘操作,首先去除文献中夹杂的物品,然后一手捏住书口防止灰尘进入书页之间,一手使用软毛刷或排笔依次扫过书籍的6个表面。

注意定时清理更换毛刷和吸尘器集尘袋,破损和标题位置应轻微拂拭或避开,破碎掉落的书页应夹回原处,若发现活跃的虫蛀现象及时上报。

5. 检查

(1) 日常检查

书库管理人员在日常工作中应注意文献和书库环境的积尘情况,发现问题及时联系保洁人员清理。

(2) 清洁后复查

由该库管理人员复查,确认经清洁的部位无可除去的污渍残留,着重注意物品下方、书架周围、窗台、墙角等卫生死角后,在清洁记录本签名。

三、温度与相对湿度监控

1. 温度与相对湿度要求

(1) 温度要求:善本书库16℃～20℃,普通古籍书库16℃～22℃,基藏书库16℃～24℃。

(2) 相对湿度要求:善本书库50%～60%,普通古籍书库45%～60%,基藏书库45%～60%。

2. 参与人员

(1) 典藏中心:书库管理人员每日关注库内温湿度数据,向IPM工作组反应异常情况,并根据实际情况控制调湿调温设备,改善库房温湿度;IPM工作组周期性统筹评估各书库温湿度情况,提出改进建议。

(2) 物业安保中心：保障温湿度调控设备正常运行，及时配合调整相应设备参数。

3. **温度与相对湿度监测**

(1) 监测设备的选用及负责人员

- 快照式设备：大部分基藏书库，由各楼层书库人员负责观察与记录。
- 记录式设备之自记型设备：所有普通古籍书库、善本书库与部分基藏书库，由 IPM 工作组负责定期更换记录纸与设备维护。
- 记录式设备之数字化设备：外围书库和徐家汇藏书楼，由 IPM 工作组负责云端数据查看，但书库人员依然给予访问权，同时负责设备的充电与安装。上海图书馆东馆精品馆展厅温湿度情况暂不由 IPM 工作组负责，但 IPM 工作组有云端访问权。

(2) 实施温湿度监测值班制度

- 由 IPM 工作组成员每周轮值。
- 每日保证至少 2 次的温湿度云端数据查看。
- 值班记录内容主要有：当日温湿度数据波动范围、气候情况、调控设备运行情况、其他异常情况、值班人员等。

(3) IPM 工作组周期性收集分析书库温湿度监测数据与异常情况，并提出改善建议：

- 每周收集各库房内自记型温湿度（即毛发周记仪）数据；
- 通过无线温湿度监测设备实时监测外围书库温湿度，针对异常温湿度情况及时向书库人员发布检查要求与调控指令；
- 追溯监测数据并进行统计与分析，出具季度、年度环境监测报告，合理评估掌握不同书库的温湿度水平与季节规律，为书库管理提供有效建议，并为未来继续改善书库环境的着力方向提供数据支撑。

4. **温度与相对湿度控制**

(1) 温湿度调控设备及材料的使用

- 中央空调：淮海路书库所有书库。
- 恒温恒湿机组：外围航头书库、上海图书馆东馆书库。
- 单体式除湿机：淮海路基藏书库与外围书库的部分楼层，IPM 工作组备有一台供机动使用。
- 单体式加湿机：IPM 工作组备有两台供机动使用。

- 除湿盒/植物纤维干燥机：部分古籍书库和基藏书库的储藏柜。

（2）其他调控手段

- 密闭：极端气候发生且调控设备效果有限时，保持书库门窗、窗帘紧闭，减少热交换。
- 通风：IPM 工作组适时发布书库自然通风建议表，在适宜天气情况下通知书库人员开窗通风；
- 降雨天以及潮湿天气须保持门窗紧闭。

（3）库房及设备维护

- 定期维护清洁设备，及时解决设备维修要求。
- 建议铲除发霉、反碱墙皮并重新涂刷。
- 联系物业安保中心维修破损漏水的管道、窗户等。

四、隔离检查

1. 参与人员

- 历史文献中心：文献接收及查验，做好验收登记。
- 典藏中心：IPM 工作组负责检查和消杀处理，保障隔离检查期间的文献安全；书库管理人员根据清单接收处理完毕的文献，完成上架工作。

2. 处理对象

- 新采购或受捐的古籍、家谱、碑帖等文献以及装具。
- 出库超过 1 个月的易感文献。

3. 处理方法

- 化学药剂：预处理室位于附楼一楼，在放了被处理物品的预处理室中喷洒杀虫剂，紧闭门窗熏蒸 1 周后，通风待残留药剂散去后可取出。
- 低氧气调：预处理室位于 A 区 B 楼，将被处理物品放入处理室，低氧保存 2 周以上。

4. 操作流程

- 接收待处理物品后，拆除原包装，丢弃无用的包装材料，按清单清点、装箱。
- 送至预隔离检查室，移交 IPM 工作组，物品清单一式两份并签字。
- IPM 专员收到待处理物品后，先目视检查，由外向内查看装具、文献表面是否有有害生物活跃的痕迹，周围及文献内部是否有碎屑、虫尸或其他有害生物残留的杂质。
- 隔离已受到有害生物侵袭的物品。
- 清理受感染物品内的杂质,根据物品类型和有害生物种类选用相应预处理方式。
- 未发现感染迹象的物品,放入低氧处理室进行为期两周的预防性消杀。
- 记录发现问题的物品、发现的有害生物、采取的处理方式。
- 与相关人员交接,根据清单清点后签字,交由书库管理人员入库上架。

五、监测

1. 人员安排

- IPM 专员:进行周期性的监测操作,统计监测结果并提供改良建议。
- 书库管理人员:发现有害生物及时上报,配合 IPM 专员完成监测工作。

2. 监测方法

(1) 目视检查:主要由书库管理人员负责。
- 在日常书库工作中,发现有害生物出没迹象(蛀屑、粪便、尸体、虫蜕、文献蛀孔、霉斑等)时,拍摄照片,并及时告知 IPM 专员。

(2) 陷阱监测:主要由 IPM 专员负责。
- 布点:根据库房结构确定陷阱布置方案。选用陷阱时,以黏性陷阱为主、信息素陷阱为辅,优先布置在窗户、门口、墙角、立柱,以及出现虫害侵袭迹象的位置。
    ◇ 在选用信息素诱饵进行针对性诱捕时,注意远离门窗,防止吸引外来害虫。
- 绘制地图:将陷阱位点标注在对应楼层地图上。
- 定期巡查:定期巡查陷阱,记录捕捉到的害虫种类和数量;及时更换失效陷阱(沾满灰尘或捕捉到大量害虫等)。本馆每月巡查一次,外围书库每年 1、4、6、8、10 月巡查。
- 识别:对陷阱捕获到的生物进行种类识别,通常熟练者在巡查现场即可完成,如遇未知昆虫则带回实验室留待进一步放大观察对比确认。除危害性较大的昆虫外,普通昆虫一般仅需分类至所属科即可。
- 监测报告:分析监测数据中捕获的有害生物数量、种类、位置,绘制虫害地图,撰写报告并提出改善建议。

◇ 根据监测结果及时调整陷阱分布及检查频率。

3. 数据保存

➤ 巡查记录：包括日期、地点、区域、陷阱编号、品种、阶段（成虫、幼虫等）、类型（翅膀、碎屑等）、数量以及采取的措施等。将巡查结果录入电子总表，妥善保存以供回溯。

➤ 有害生物数据库：捕获的每种害虫拍摄清晰照片，正确标注种类，留档。应建立常见文献害虫卡片，内容包括外形特征、生命周期、侵袭迹象、防治手段等。用于培训及科普。

➤ 风险区域：根据长期的监测记录，在书库布局图划分风险区域，预测虫害暴发时间段和害虫入侵路径。

六、感染与补救

1. 人员安排

（1）典藏中心

书库管理人员在日常工作中应留意文献是否存在被有害生物侵袭的迹象，并将发现的有害生物活动情况及时告知IPM工作组。

IPM工作组负责检查、隔离、消杀、清洁受到感染藏品的操作过程，并持续跟踪。

（2）物业安保中心

加强清理出现感染的位置。

2. 处理对象

在隔离检查或书库日常管理中发现的被感染的文献和其他物品。

3. 处理流程

（1）隔离受感染文献

➤ 将所有待处理藏品报备登记并核对清单后装入塑封袋或转运箱中带离书库。

（2）检查邻近区域是否有感染迹象。

（3）清洁受感染区域及其周围，尤其是窗台、裂缝、角落、下水管等黑暗潮湿的区域。

（4）处理受感染藏品

➤ 虫害：使用真空吸尘器或软毛刷进行除灰扫虫，对清理完成的物品进行化学熏蒸或低氧气调消杀。
- ◇ 化学熏蒸：将清理后的受感染物品放置在处理室内,喷洒以拟除虫菊酯为主要成分的复配杀虫剂,紧闭门窗熏蒸1个月。熏蒸完成后,打开门窗充分换气后人员进入处理室取出文献。
- ◇ 低氧气调消杀：使用低氧气调设备,将经过清理的受感染物品转运至低氧杀虫室,设置氧含量在0.5%以下,处理3~4周。

➢ 霉蚀：先放入烘箱烘干,使霉菌失活,随后用75%乙醇棉片擦拭杀灭残余霉菌,再次干燥除去处理过程中带来的水分。

➢ 鼠啮：清理粪便和其他残留杂质。

(5) 清点核对后回库。

(6) 记录

➢ 记录所有采取的措施并妥善保存：日期时间、藏品编号、区域位置、受害程度、清洁处理方式、感染虫种,以及各处理经手人。

➢ 在楼层平面图标注具体时间中出现的虫害区域,以持续追踪和控制害虫活动。

(7) 追踪监控

➢ 对感染区域加强检查,增设信息素陷阱或增加失误陷阱数量,监控该区域有害生物活动水平,确保感染不会再次暴发。

附录D 文献资料阅读推荐

一、IPM 员工培训资料

名称	类型	备注
Cultural Heritage Science	专著	Print ISSN 2366—6226
文化財の虫菌害（Insect & Fungus Damage to Cultural Properties）	期刊	官网（https://www.bunchuken.or.jp/information/organ/）可直接浏览部分文章
Integrated Pest Management for Collections Proceedings of 2001：A Pest Odyssey	会议论文集	会议举办通知与历史记录常发布于 https://www.pestodyssey.org/
Integrated Pest Management for Collections Proceedings of 2011：A Pest Odyssey，10 Years Later		
Integrated Pest Management for Collections Proceedings of 2021：A Pest Odyssey，The Nest Generation		
https://museumpests.net/ https://www.culturalheritage.org/ https://www.nedcc.org/	网站	含有大量 IPM 理论知识和国外文博机构使用案例简介

二、书库温度与相对湿度监测数据统计示例教学视频

上海图书馆 IPM 工作组选择使用开源软件 SciDAVis（下载网址 https://sourceforge.net/projects/scidavis/files/）对书库温湿度数据进行统计分析。为了帮助读者们更好地理解 SciDAVis 折线图的制作过程，IPM 工作组以 2023 年 1—

2月上海图书馆某外围书库四楼和五楼的相对湿度数据为例进行可视化教学,教程视频链接:https://pan.baidu.com/s/1HoRJT2mwjLcHzEIvnQlqJQ,提取码:0000。

三、有害生物识别常用参考书目/网站

		名称、作者	类型	备注
国内外文献资料	1	《我国档案图书害虫种类》李灿,李子忠	论文	初步了解我国文献害虫的种类分布
	2	《全国档案害虫种类及分布调查》冯惠芬,荆秀昆,陶琴		
	3	《有害生物治理》汪诚信,2005	专著	针对常见文物文献害虫有详细的生物学特性和防治措施介绍,且有相应的昆虫实物彩图或黑白手绘图
	4	《古籍保护原理与方法》刘家真,2015		
	5	《储藏物甲虫》张生芳等,2016		
	6	《文化財害虫事典:博物館・美術館におけるIPM(総合的害虫管理)推進のために》独立行政文化財研究所東京文化財研究所,2004		
	7	《昆虫分类学》蔡邦华,2017		全面阐明昆虫分类学的理论、原则、法规和方法,完整著有目、亚目、总科、科、亚科、属、种等阶元相应的多层次检索表。
	8	《中国昆虫生态大图鉴》张巍巍等,2019		图文并茂介绍29目2 200余种昆虫,图片全彩高清,帮助培养新手对不同目昆虫的基本分目能力
	9	《上海昆虫1000种》大城小虫工作室	非正式出版物	针对上海地区所编,匹配程度较高,小开本随身携带便捷
	10	文化遗产病虫害综合防治 https://museumpests.net/	网站	包含全球各地的害虫知识与防治新技术进展
	11	英国有害生物奥德赛集团 http://www.pestodyssey.org/		
	12	美国爱荷华州立大学园艺和家庭害虫新闻 https://hortnews.extension.iastate.edu		

(续　表)

		名称、作者	类型	备注
	13	宾夕法尼亚州立大学农业科学院 https://extension.psu.edu		
	14	美国保护研究所和保护促进基金会 https://www.culturalheritage.org/		
	15	日本公益财团法人文化财虫菌害研究所 https://www.bunchuken.or.jp/		
线上图片数据库	1	文化遗产病虫害综合防治 http://museumpests.net/identification/identification-pest-fact-sheets/	网站	拥有大量的昆虫和物品蛀蚀实拍图片，其中部分网站还附有常见文献害虫的生物学知识和防治措施
	2	食品储藏害虫网 https://pantrypest.com/index.html		
	3	中国台湾昆虫谱 http://gaga.biodiv.tw/new23/cp021.htm		
	4	害虫信息交流网 https://bugguide.net/node/view/15740		
	5	英国国家害虫数据与识别网 www.whatseatingyourcollection.com		

附录E 图书馆有害生物综合管理情况调查问卷

基本信息采集板块：

1. 图书馆等级
☐国家图书馆
☐省/直辖市级公共图书馆
☐地市级公共图书馆
☐县(区)级公共图书馆
☐科学、专业图书馆
☐高校图书馆
☐少年儿童图书馆

2. 贵馆所处地理位置
☐东北地区(黑龙江、吉林、辽宁)
☐华北地区(北京、天津、河北、山西、内蒙古)
☐华中地区(河南、湖北、湖南)
☐华东地区(山东、江苏、安徽、上海、浙江、江西、福建)
☐华南地区(广东、广西、海南)
☐西北地区(陕西、甘肃、宁夏、青海、新疆)
☐西南地区(四川、贵州、云南、重庆、西藏)
☐港澳台地区(香港、澳门、台湾)

预防性保护措施情况板块：

3. 贵馆是否有系统的典藏环境有害生物防治管理制度
☐有
☐无
☐不清楚

4. 贵馆针对有害生物防治是否有以下措施(可多选)
☐根据不同藏品的特点(藏品价值、保存状态、受有害生物影响等)进行分级保护
☐对户外环境风险进行检查与评估，如植物、大面积水源，本地主要威胁生物等
☐定期检查建筑围护结构并养护
☐有系统的清洁规范与标准
☐虫霉监测措施
☐对典藏环境温湿度进行监测
☐对典藏环境温湿度进行调控
☐对存在虫霉风险的藏品进行隔离检查
☐不清楚

5. 贵馆典藏环境使用的温湿度调控设备/材料有(可多选)
☐单体除湿机
☐加湿器
☐单体空调
☐中央空调
☐恒温恒湿机组
☐被动调湿材料(干燥剂、除湿盒、调湿片等)
☐其他_____

6. 贵馆是否有有害生物监测措施
☐有,定期巡查且频率较高(每季度2~3次)
☐有,定期巡查(每季度1次)
☐有,不定期
☐无
☐不清楚

7. 贵馆的有害生物监测手段有(可多选)
☐黏性陷阱
☐信息素陷阱
☐捕鼠盒
☐人工巡查
☐其他_____

8. 贵馆是否对有害生物监测结果进行数据分析
☐是
☐否
☐不清楚

9. 贵馆是否对受侵害区域进行风险等级划分
☐是
☐否
☐不清楚

虫害情况调查板块:

10. 贵馆文献虫害现象发生的频率
☐经常
☐偶尔
☐基本没有
☐不清楚

11. 贵馆文献虫害现象出现的季节(可多选)
☐春
☐夏
☐秋
☐冬

12. 贵馆是否对出现的虫害种类进行识别
☐是
☐否
☐不清楚

13. 发现虫害后,贵馆采取的处理方式有(可多选)
☐物理方法(低氧、冷冻、隔离等)
☐化学方法(药剂喷洒、熏蒸)
☐生物方法(投放天然植物材料或提取物)
☐其他_____

14. 贵馆采取的虫害预防措施主要有(可多选)
☐投放挥发性药物(如樟脑、防虫草药

等）
☐樟木书柜
☐定期喷洒熏蒸
☐文献入库前冷冻杀虫
☐文献入库前低氧气调处理
☐温湿度控制
☐其他_____

霉变情况调查板块：

15. 贵馆文献霉变现象发生的频率
☐经常
☐偶尔
☐基本没有
☐不清楚

16. 贵馆文献霉变发生的季节（可多选）
☐春
☐夏
☐秋
☐冬

17. 贵馆哪些文献反复出现霉变
☐库内通风设备出风口附近的文献等
☐流通较少的文献
☐库房阴暗角落处的文献
☐不清楚
☐其他_____

18. 发现霉变情况时，贵馆采取的处理方式有（可多选）
☐使用乙醇擦拭
☐低氧
☐控制温湿度

☐使用抑霉药剂或喷洒药液
☐先继续观察
☐其他_____

19. 贵馆采取的霉菌预防措施主要有（可多选）
☐定期检查针对性除霉
☐定期环境喷洒熏蒸
☐低氧气调处理
☐温湿度控制
☐其他_____

20. 贵馆馆员对所使用的虫霉防治措施有何顾虑？
☐防治过程中使用的化学药物会对人体健康产生危害
☐防治过程中使用的化学药物会对文献材质造成其他损伤，如纸张变黄等
☐防治措施和设备操作技术较复杂难以掌握
☐所采取的防治措施需要投入较大的人力物力等
☐采取防治措施后，没有发现较明显的改善
☐无顾虑
☐其他_____

21. 贵馆馆员希望如何解决他们的顾虑
☐防治过程中尽量不使用化学药物
☐证明所使用的化学药剂不会对文献和人员造成损害
☐防治措施和设备操作方法简单易学，并提供必要的培训

☐委托第三方机构进行虫霉防治操作
☐所采取的措施有前人的应用实例证明其有效性
☐采取防治措施后,有较明显的直观改善
☐其他

有害生物防治需求情况板块:

22. 贵馆是否有专职的文献保护部门(组)
☐有
☐无

23. 有害生物管理工作能否得到充足的经费支持?
☐充足
☐一般
☐较少
☐几乎没有

24. 您觉得落实馆藏文献有害生物防治更需要在哪方面着力(可多选)
☐领导重视与支持
☐完善管理制度
☐升级专业设备
☐引进或培训专业技术人才
☐提高馆员意识
☐其他_____

25. 贵馆愿意为哪些有害生物管理项目投入资源(可多选)
☐有害生物监测耗材
☐温湿度监控仪器
☐处理仪器(如低氧、冷冻等)
☐杀虫、除霉药剂
☐有害生物防治服务
☐其他_____

26. 贵馆是否对以下人员进行过有害生物防治管理培训或科普(可多选)
☐行政管理人员
☐书库管理人员
☐物业管理人员
☐其他岗位员工
☐读者及志愿者
☐借展方和布展人员
☐其他_____

27. 贵馆在典藏环境有害生物管理中遇到的主要问题
_____